ESG 아는 척하기 딱 좋은 이슈 모음.zip

지속가능한 내일을 위해,

ESG

알지?

추천사

하윤희
고려대 에너지환경대학원 교수

『지속가능한 내일을 위해 ESG 알지?』는 복잡하고 추상적일 수 있는 ESG의 개념을 우리 삶 속에 자연스럽게 녹여냅니다. 가족을 돌보는 영케어러, 외국인 노동자, 환경 보호와 같은 구체적 사례들을 통해 ESG는 더 이상 기업만의 책임이 아니라, 우리가 일상 속에서 실천할 수 있는 변화임을 강조합니다. 이 책은 우리의 선택이 어떤 영향을 미치는지 깨닫고, 더 나은 내일을 위한 작은 행동들이 모여 거대한 변화를 만들어가는 길을 제시합니다. ESG를 실천하고 싶은 모두에게 강력히 추천합니다.

새로운 지표가 된 ESG를 실제 한국의 대표 기업들은 어떻게 인식하고 있을까요? 또 그런 기업들과 함께 사회에서 ESG 경쟁력을 쌓아가기 위해 사람들이 무엇을 하고 있고 앞으로 또 무엇을 할 수 있을까요? 저는 이 책이 이런 의문에 대해 답을 해 줄 수 있는 좋은 책이 될 수 있다고 생각합니다. 그냥 ESG를 위해서는 뭐를 하면 좋다, 무슨 일을 하면 착한 일이다 라고 알려주기만 하는 이야기가 아니라, 이 책에는 사회 공헌 활동의 일부로 우리 기업이 나서서 진행한 일의 결과가 담겨 있기 때문입니다. 책에서 얻은 아이디어를 활용해 독자님들 모두 우리 사회와 우리나라의 경제의 미래를 더 밝게 하기 위한 기회를 얻으시기 바랍니다.

곽재식
작가

앞으로 어떤 회사가 탄탄하게 오래갈 수 있을지, 미래 사회에서는 어느 나라 산업이 더 경쟁력이 있을지, 이제는 어느 나라 경제가 성공 가능한지 알아볼 수 있는 지표로 ESG는 활발히 언급되고 있는 시대입니다. 이렇게 기업 활동의

김정훈
UN SDGs 협회 대표

UN SDGs(유엔지속가능발전목표)의 핵심가치는 'Leave no one behind(아무도 뒤에 남겨두지 않는다)'입니다. 지속가능성을 향한 긴 여정에, 모든 이들이 참여하고, 함께 혜택을 누리며, 지구의 모든 존재(인류, 환경, 동물)가 균

형 있는 조화와 발전을 이뤄내는 것입니다. 기준과 선을 정하여 내 편과 네 편을 구분하지 않고, '함께'하는 가치를 만들어 가는 목표입니다. '알지?'는 SDGs를 실천하는 반짝이는 콘텐츠를 발행하고, 이를 '메시지', '미션', '기부', '리워드'의 선순환 구조를 통해 '모든 이들의 지속가능한 미래를 위한 실천'을 함께 만들어 가는 앱입니다. 알지?를 운영해온 지속가능한 멋진 리더들이 기록한 이 책이, 사회 곳곳에 선한 영향력으로 자리 잡길 응원합니다.

김정화
배우

지속가능한사회를 위한 ESG는 이제 우리가 살아가는 세상에서 필수를 넘어 삶의 일부가 되었습니다. 처음엔 어색했던 분리배출이 지금은 우리의 일상이 된 것처럼 이 책을 통해 우리는 지속가능한 사회를 위한 일상생활 속의 ESG에 더욱 가까워질 것입니다. 이 책에서 배울 수 있는 실천들은 세상을 넷제로로 이끌 작은 씨앗이 될 것이기에 독자 여러분께 이 책을 추천합니다.

남보라
배우

세상은 이타적인 삶을 통해 발전해 나갑니다. '알지?'는 바로 그러한 이타적인 정신을 바탕으로 환경 보호와 사회적 책임을 실천할 수 있도록 돕는 특별한 책과 애플리케이션입니다. 우리가 미처 알지 못했던 환경 문제와 그로 인해 더 큰 고통을 겪는 취약계층의 현실을 깊이 있게 조명합니다. 더 나은 세상을 위해 우리 모두가 함께해야 함을 강조하고 더불어 이러한 메시지를 실천으로 옮길 수 있는 구체적인 방법도 제공합니다. 우리의 작은 관심과 후원이 모여 세상을 더 나은 곳으로 변화시킬 수 있다는 확실한 믿음을 심어줍니다. '알지?'는 사회 정의와 평등을 중시하는 모든 이들에게 중요한 통찰을 제공하며, 우리가 더 나은 세상을 만들기 위해 나아가야 할 길을 제시하는 중요한 길잡이가 될 것입니다. 이타적인 삶의 가치를 실천하며 지속가능한 미래를 만들어 나가는 데 중요한 안내자 역할을 하는 '알지?'를 열렬히 응원합니다.

머리말

세계경제포럼(WEF·World Economic Forum)이 펴낸 'The Global Risks Report 2024'에서 전 세계 기업, 학계, 정부, 시민사회 전문가 1천490명은 환경분야에서 '기후위기', 비환경분야에서 '사회적·정치적 양극화'를 인류에 위협이 되는 글로벌 재앙 문제로 손꼽았습니다. 기후위기와 양극화가 눈앞에 현실로 다가온 당장 해결해야 할 문제로 대두된 지금, 문제 해결의 해답으로 지속가능성이 떠오르고 있습니다.

최근 몇 년 동안 국내외 많은 기업들이 비재무영역인 ESG(환경, 사회, 지배구조)를 중시하며, 지속가능경영을 기업 경영의 중심으로 내재화 시키고, 중장기 사업 전략에 반영해 나갔습니다. 기업도 사회의 한 구성원으로서 다양한 이해관계자들과 함께 지속적으로 성장하고 영속하기 위해서 ESG 경영은 선택이 아닌 필수가 되었기 때문입니다.

ESG라는 용어를 처음 듣는 분들도, ESG를 들어보긴 했지만 정확히 무엇인지 설명하기 어려웠던 분들도, ESG 문제에 관심은 많지만 관련 정보와 소식을 어디서 어떻게 접해야 할지 몰랐던 분들도 모두 이 책을 읽다 보면 어느새 다양한 ESG 관련 지식을 자연스럽게 습득하고, 쉽게 이해하며, 적극적인 실천까지 연결되길 바라는 마음입니다.

ESG 실천 기부 챌린지 앱 '알지?'를 통해 전하던 이야기를 이렇게 책으로 만들어 더 많은 독자분들과 함께할 수 있어 감회가 새롭습니다. 책이 나오기까지 노력해 주신 많은 분들, 그리고 더 나은 내일과 더 나은 알지?를 위해 항상 함께해 주시는 알지? 회원 알친분들께 감사 인사를 전합니다.

2024년
모두 함께 공존하고 상생하는
지속가능한 내일을 꿈꾸며, 저자 일동

Contents

지배구조(G)

기업의 지속가능한 성장을 위해,
알지?

알지?의 탄생

알지?의 시간 흐름(역사)

2022년 1월 10일, 누구나 쉽고 재미있게 ESG를 경험하고 다양한 기부에 직접 참여할 수 있도록 알지?를 공개했습니다.

2022.01	2022.07	2022.11	2022, 2023
알지? 공개	회원 참여 100만 건 돌파	회원과 함께하는 첫 오프라인 봉사 활동	앱 어워드 코리아 올해의 앱 공공서비스 대상 2년 연속 수상

~ ING	2024.02	2023.05	2023.02
알지?는 국민 앱을 향해 오늘도 달려가는 중!	회원 참여 1,000만 건 돌파	회원 참여 500만 건 돌파	앱 누적 다운로드 10만 건 돌파

'환경 문제 ZERO, 불균형 ZERO, 사회적 갈등 ZERO'

알지?는 re:act to zero의 줄임말로, 우리 사회의 다양한 문제를 zero(0)로 만들기 위해 '함께 반응하고, 행동하자'는 의미를 담고 있습니다. 낯설고 어렵게 느껴질 수 있는 ESG를 쉽게 이해하고, 일상생활 속에서 행동으로 실천하며 선한 영향력을 펼치는 ESG 실천 기부 챌린지 앱입니다.

환경 문제
ZERO

사회적 갈등
ZERO

불균형
ZERO

알지?는 ESG에 주목했습니다. 모두의 더 나은 삶을 위한 지속가능한 미래를 위해 ESG를 기업뿐만 아닌 개인도 함께 관심을 가지며 실천해야 할 영역으로 생각했습니다. 알지?는 콘텐츠를 읽고 실천에 동참하는 간단한 행동만으로 기부까지 이어지는 프로세스를 만들었습니다.

가까운 일상에서 ESG를 알아가고, 함께 힘을 모으면 우리 사회의 다양한 문제를 해결할 수 있습니다. 알지?와 함께 모두의 더 나은 삶을 위한 지속가능한 내일을 만들어낼 수 있다고 우리는 믿습니다.

E

환경

지구환경을 지키기 위해, 알지?

The era of global warming has ended,
the era of global boiling has arrived.

ANTONIO GUTERRES, United Nations Secretary-General, 2023

지구온난화는 끝났습니다.
지구가 끓어오르는 시대가 도래했습니다.

안토니오 구테흐스, 유엔 사무총장, 2023

이 '과일' 한국에서 사라질지도 몰라요

과일은 항상 맛있지만 제철에 먹어야 맛도 좋고 영양도 풍부합니다. 그런데 지구온난화 때문에 수확이 계절을 앞서가며 제철 과일이라는 개념이 사라지고 있다는 사실, 알고 계셨나요? 심지어 몇몇 과일은 50년 후 우리나라에서 맛보기 힘들 수도 있다고 합니다.

우리나라에... 아열대 기후의 등장

2020년에 공개된 기후변화에 관한 정부간 협의체(IPCC) 예측을 활용한 농촌진흥청의 '작물별 재배지 변동 예측 지도'에 따르면 2081년~2100년 사이에 전 세계와 한반도의 연평균 기온이 각각 6.9℃, 7℃ 상승하는 것으로 나타났습니다. 당장 올해도 봄이 일찍 찾아왔듯 기후변화의 영향으로 지구 온도가 높아지면서 약 80년 후에는 우리나라 50%의 면적이 아열대 기후 지역으로 바뀌게 될 거라고 합니다.

아열대 기후에 접어들게 되면 특히 우리나라 대표 과일 중 하나인 사과가 점점 귀해질 예정입니다. 서늘한 기후에서 잘 자라는 사과를 재배할 수 있는 면적이 줄어들 것으로 예상되기 때문입니다. 과거 대구가 사과 주산지로 유명했으나 너무 더워지면서 사과 재배 면적이 10년 만에 22%가 줄었습니다. 재배지가 북상하여 현재는 대한민국 전역에서, 특히 강원도나 충청, 경기에서 많이 재배되고 있지만, 이 추세대로라면 50년 뒤에는 사과 재배 가능 지역이 사라져 비싼 수입산 사과를 먹게 될 날이 올 수도 있습니다.

온난화 영향으로 겨울이 짧아지고 따뜻해지며 여름 과일로 알려진 참외, 수박 등도 출하 시기가 당겨져 봄·여름 과일이 되고 있습니다. 제철 과일이라는 의미가 희미해지는 것뿐만 아니라 제주도 특산물인 한라봉, 천혜향이 중부지방에서 생산되고 있습니다. 머지않아 마트에서 국산 패션푸르트, 국산 파파야 등 열대과일을 더 자연스럽게 보게 될지도 모릅니다.

지구가 이렇게 더워지는 이유로 과학자들은 인간의 활동으로 인해 이산화탄소나 메탄 같은 온실가스 배출이 증가한 것을 가장 주목하고 있습니다. 과일뿐만 아니라 해산물이나 가축 등 다양한 식재료에도 큰 영향을 미칠 수 있다는 사실을 기억하며 지금보다 더 많은 관심과 온실가스 감축을 위한 노력이 필요합니다.

기후변화로 인한 병,
기후우울증

봄·가을이 짧아지고, 이상고온·폭우 등 이례적인 징후들이 나타나며 기후 위기 심각성을 체감하는 사람들이 많아지고 있습니다. 문제는 기후 위기와 관련된 부정적인 뉴스를 보며 무력감을 느끼고 우울감을 호소하는 기후우울증을 앓는 사람들이 많아졌다는 것입니다. 어쩌면 여러분도 한 번쯤 겪었을지도 모를 기후우울증에 대해서 알아보겠습니다.

기후우울증, 나도 혹시?

기후우울증이란 기후 위기가 다가오는 것을 알고 있지만 개인의 작은 실천이 의미 없다고 느껴 슬픔, 분노, 불안과 같은 부정적인 감정을 느끼거나, 기후 위기로 인해 미래에 벌어질 재난을 생각하며 우울감을 느끼는 심리 상태를 말합니다.

공식적인 정신질환 분류가 있는 것은 아니지만 미국심리학회(APA)는 기후우울증이 우울장애의 일종이라고 정의했으며, 세계보건기구(WHO)도 기후변화에 대응할 정책브리핑을 발표하며 기후우울증의 심각성을 경고하기도 했습니다.

"우리가 마지막 세대가 될 수 있대요..."

특히 청년, 청소년 등 젊은 세대일수록 기후우울증을 더 잘 겪는다는 연구 결과가 나오기도 했습니다. 초록우산어린이재단이 2021년 청소년 500명에게 물은 조사에서 답변자 중 80% 이상이 '기후 위기가 일상에 미치는 영향을 걱정한다'라고 답변했습니다. 젊은 세대일수록 기후 위기로 인한 재난을 더 많이 마주해야 하는 만큼, 기후우울증으로 인한 우울감에서 빠져나오기 어려울 수 있어 기후우울증의 문제가 심각해질 것으로 예상됩니다.

기후우울증이 기후변화에 대해서 개인이 할 수 있는 일이 없다고 생각해 겪는 증상이긴 하지만, 기후우울증을 앓는 사람들은 환경을 위한 사소한 행동이라도 할 때에 우울감이 해소되는 것 같다고 말합니다.

기후 위기는 우리의 생활, 정신 건강까지 위협하고 있습니다. 우리 모두의 노력이 모이면 큰 변화를 만들어낼 수 있다는 믿음과 실천 속에서 기후 위기와 기후우울증을 극복해나가야 합니다.

지구의 건강검진 결과는?

점점 더워지는 여름, 눈이 오지 않는 겨울... 우리가 살고 있는 지구가 기후 위기에 처해 있다는 것이 점차 피부로 느껴집니다. 하지만 아직 기후 위기가 먼 훗날의 이야기처럼 느껴지는 분들도 계실지 모르겠습니다.

지구에서 안전하게 살 수 있는 조건, 9가지 중 6가지가 이미 위험 수준

과학 저널 'Science Advances'에 발표된 연구에 따르면, 인간이 지구에서 안전하게 살 수 있는 환경을 나타내는 '지구 위험 한계선'의 9가지 지표 중 6가지가 이미 위험 수준을 넘었다고 합니다.

지구 위험 한계선의 지표 9가지

① 기후변화
② 생물다양성
③ 토지 이용 변화(산림 파괴 등)
④ 담수 이용 변화 해양산성화
⑤ 비료 사용 등으로 인한 영양화(인P, 질소N)
⑥ 새로운 물질(미세 플라스틱, 핵 등)
⑦ 오존층 변화
⑧ 대기질
⑨ 해양 산성화

* 이 중 오존층 변화, 대기질, 해양 산성화를 제외한 6가지가 한계치 위반

지구 위험 한계선

	2009년	2015년	2023년
기후변화	●	●	●
생물다양성	●	●	●
영양화	●	●	●
토양 이용 변화	○	●	●
담수 이용 변화	○	○	●
새로운 물질	○	○	●
오존층 변화	○	○	○
대기질	○	○	○
해양 산성화	○	○	○

● 위험 수준을 넘어선 지표
○ 위험 수준을 넘어서지 않은 지표

해당 연구에 참여한 캐서린 리처드슨 코펜하겐대 생물해양학과 교수는 지구를 고혈압 환자에 비유하며 "고혈압 상태가 계속되면 심장마비가 발생할 위험이 높아진다.", "이들 6개 지표도 한계치 밑으로 낮추도록 노력해야 한다."라고 했습니다.

함께라면 할 수 있다!
아직 포기하긴 일러요

이미 6가지 지표가 위험 수준이지만 해결책이 없는 것은 아닙니다. 지구 위험 한계선 지표 중 '오존층 변화'는 1990년대에 이미 한계치를 넘어섰습니다. 오존층 파괴 문제가 떠오르자 국제 사회는 1989년 '몬트리올 의정서'를 체결해 프레온가스, 할론 등 오존층을 파괴하는 물질을 줄이기로 약속했습니다.

각국이 오존층 파괴 물질에 대한 규제를 강화하고 소비를 억제한 결과, 파괴된 오존층이 2040년까지 1980년대 수준으로 회복될 것이라는 세계기상기구(WMO)의 전망이 나왔습니다. 국제 사회의 협력과 대응이 지구 환경 개선에 도움이 될 수 있음을 보여주는 사례라고 할 수 있습니다.

결국 해결책은 우리 모두의 노력과 협력입니다. 지구 건강을 보호하고, 우리를 보호하기 위해서는 환경 보호와 지속가능한 생활 방식이 필수적입니다.

우리 20년 후에도 축구할 수 있을까?

우리 삶의 활력소가 되어 주는 스포츠가 기후 위기로 점점 위협받고 있습니다. 기후 위기 대응 네트워크 Rapid Transition Alliance에 따르면, 앞으로 30년 동안 영국 프로 축구팀 경기장의 4분의 1이 침수 위험에 처할 것이라고 합니다.

"우리는 모두 지구에 미치는 영향에 대해 책임져야 한다. 전 세계적으로 수백만 명의 팬을 보유한 축구 클럽으로서, 이것이 우리가 진지하게 받아들이고 해결해야 하는 중요한 문제임을 인식하고 있다."
- 맨체스터 유나이티드 최고 운영책임자 콜레트 로슈

물에 잠긴 경기장, 우리 책임도 있다고요?

스포츠 산업은 기후변화로 위협을 받는 동시에 기후변화의 책임에서 자유로울 수는 없다는 비판을 받고 있습니다. 경기장을 건설하고, 선수와 팬들이 경기장으로 이동하고, 경기를 진행하는 등의 과정에서 탄소가 배출되기 때문입니다. 전 인류의 탄소 배출량 중 스포츠계가 차지하는 비중은 약 0.3~0.4%로, 이는 덴마크의 배출량과 맞먹습니다.

축구계 "우리가 앞장설게요"

이에 스포츠계는 탄소 발자국을 줄여 기후변화를 막기 위해 노력하고 있습니다. 특히 전 세계적으로 많은 인기를 끄는 축구 산업은 그 영향력이 큰 만큼 더 많은 책임감을 느끼며 노력을 기울이고 있습니다.

토트넘 "우리가 영국 축구 1위!"

BBC는 영국 프리미어 리그 팀들의 지속가능성 순위를 발표했습니다. 2022년과 2023년 2년 연속 1위에 오른 토트넘은 탄소 배출을 줄이기 위해 선수들에게 지속가능성 교육을 실시하고, 재활용 플라스틱 소재의 유니폼을 착용하며, 선수와 팬, 임직원들이 경기장으로 이동하면서 배출하는 탄소량을 조사하고 있습니다.

20년 후에도 경기할 수 있으려면

"20년 후에도 우리는 축구를 할 수 있을까?" 국내 프로 축구 리그인 K리그가 친환경 캠페인 '그린 킥오프'를 시작하면서 던진 질문입니다. K리그는 그린 킥오프 캠페인의 일환으로 유엔기후변화협약 스포츠 기후 행동 협정(UNFCCC Sports for Climate Action)에 국내 최초로 참여하기도 했습니다. 스포츠의 진정한 즐거움은 선수와 팬이 함께 만들어 가는 것인 만큼, 스포츠를 더 오래오래 즐길 수 있도록 여러분도 함께 관심을 가져주시길 바랍니다.

초콜릿 값이 오르는 이유,
이것 때문이래요

소중한 사람에게 마음을 전하기 위해, 달달함을 충전하기 위해, 스트레스를 해소하기 위해... 다양한 상황에서 우리는 초콜릿을 찾습니다. 하지만 초콜릿의 원료인 카카오의 가격이 급등하면서 초콜릿의 가격도 오르게 되었습니다. 카카오 가격은 2023년에만 40% 이상 올랐는데, 엘니뇨에 의한 기후 이상 증세로 세계적으로 카카오 공급 부족 현상이 나타났기 때문입니다.

근데 '엘니뇨'가 뭐예요?

엘니뇨는 동태평양 해수면 온도가 평년보다 0.5℃ 이상 높은 상황이 5개월 이상 지속되는 현상을 의미합니다. 서태평양에서 동태평양으로 부는 무역풍이 약화하면서 동태평양에 따뜻한 물이 해수층을 형성하여 발생하게 됩니다.

엘니뇨는 지구온난화 때문일까요?

그렇지는 않습니다. 엘니뇨는 2~7년의 불규칙한 주기로 발생하는 자연 현상으로, 지구 열 순환에 기여하기도 합니다. 그러나 지구온난화로 이미 뜨거운 지구에 엘니뇨가 더해져 각종 피해가 발생하고 있습니다.

해수면 위의 기압이 상승해 동쪽에는 가뭄이, 서쪽에는 폭우가 발생하는 등 강수 불균형이 일어납니다. 또한 가뭄과 폭우 등의 이상기후로 농산물 수확량이 감소합니다. 뿐만 아니라 축사 온도가 상승해 가축이 폐사할 가능성이 커지고, 해수면 온도가 상승해 해조류가 소실될 수 있습니다.

"나 엘니뇨인데, 여름 더위 조심해야 해..."

영국 기상청에 따르면 2024년은 지구 역사상 가장 뜨거운 해가 될 것으로 예측됩니다. 엘니뇨의 영향으로 태평양 해수면 온도가 3도 오르면서 지구 평균 온도가 0.3℃가 오를 것이라고 보고 있기 때문입니다. 자연현상인 엘니뇨를 막을 수는 없지만, 환경을 생각하는 작은 실천은 지구의 온도 상승을 늦출 수 있습니다. 지구를 위한 한 걸음, 같이 나아가볼까요?

대형 산불 발생의 범인을 찾았습니다

우리나라를 비롯한 세계 곳곳에서 대형 산불*로 막대한 피해가 발생하고 있습니다. 산림청 통계에 따르면 대형 산불의 발생 빈도는 2010년대 556건에서 2020년대 8,105건으로 약 14배 이상 증가했습니다.

미국 텍사스에서는 2024년 2월 발생한 산불이 짧은 시간 동안 빠르게 퍼지면서 일주일 만에 서울의 7배 이상에 달하는 면적이 잿더미가 되었습니다. 일주일이 지나도 화재 진압률이 약 15%에 불과했을 정도로 진압의 어려움을 겪었다고 합니다. 강원도 강릉시에서는 2023년 4월 대형 산불이 발생하면서 산림과 주택이 화재로 소실되고, 시내가 검은 연기로 뒤덮였습니다.

불을 퍼트리던 범인, 기후변화

산불은 자연재해, 사람의 실수 등으로도 발생하지만, 진압이 어려운 대형 산불이 발생하는 주요 원인으로는 기후변화를 꼽을 수 있습니다. 기후변화 시나리오**에 따르면 기온이 1.5°C 상승하게 되면 산불 발생 위험성은 8.6% 증가하고, 2°C 상승하면 13.5% 증가하게 됩니다. 기온이 상승하면 습도가 낮아지고, 건조해진 나무와 풀이 산불의 연료가 되기 때문입니다. 특히 올해는 엘니뇨로 인해 '역사상 지구가 가장 뜨거운 해'가 될 것으로 예측되면서 산불 피해에 대한 우려가 더욱 커지고 있습니다.

반복되는 악순환
기후변화 → 대형 산불 → 기후변화

1헥타르 크기의 숲은 1년에 약 5~10톤의 탄소를 흡수합니다. 만일 그 숲에 불이 난다고 가정한다면 배출되는 탄소의 양은 약 50~70톤으로, 이는 10년간 흡수한 탄소의 양이 한 번에 배출되는 수준입니다. 이처럼 산불이 발생하면 숲이 머금고 있던 탄소가 순식간에 대기 중으로 배출되면서 기후변화를 심화시키는 악순환이 일어나게 됩니다.

산불을 막을 방법은 없는 건가요?

기후변화로 인해 대형 산불의 발생이 증가한 만큼, 산불을 막기 위해서는 환경을 위한 작은 실천들이 필요합니다. 여러분은 일상 속에서 환경을 위해 어떤 노력을 하고 계신가요? 만약 어떤 것부터 시작할지 모르겠다면 알지?와 함께 폐기물 배출을 줄여 소각량을 줄이고, 겨울철에는 적정 실내온도를 유지하는 등 기후변화를 위한 사소하지만 중요한 실천 방법부터 시작해 보는 것을 추천합니다!

---

*대형 산불: 피해 면적이 30헥타르 이상, 연소 시간이 24시간 이상인 산불
**기후변화 시나리오: 기후변화에 관한 정부간 협의체(IPCC)가 기후변화협약(UNFCC)에 참여한 당사국에게 제공하는 미래 기후 전망 정보

도시의 온도를 낮추는 방법 '도시녹화'

폭염, 폭설, 폭우... 기후변화로 이제는 이런 단어가 일상이 되어버렸습니다. 해마다 지구온난화의 영향으로 이상 기후가 발생하면서 국제사회는 이에 대응하기 위한 다양한 기후 시나리오를 고안하고 있습니다. 한여름 도심의 온도를 낮추기 위한 방법으로는 무엇이 있을까요?

한여름 폭염! 필요한 것은 무엇? '도시녹화'

기후변화를 위한 대처에서 도시녹화는 도시 지역에서 효과적인 방법으로 알려져 있습니다. 도시녹화는 도시 지역 중 일부에 녹지를 배치하거나 녹지망* 형성 등을 통해 녹지를 창출하는 것을 의미합니다. 과밀화된 도시에 녹지가 늘어나면 열섬현상**을 감소시키고 미세먼지 등의 환경문제 개선에 효과가 있다고 합니다. 또한 도시의 탄소 배출량을 감소시키고, 녹지에 다양한 생명체들이 서식하면서 도심 속 생물다양성도 확보할 수 있습니다.

유럽 전역 내 도시녹화의 이점을 정량화한 EU공동연구센터의 연구 결과에 따르면 도시 표면의 녹화는 여름철 기온을 약 2.5~6°C까지 낮추고, 도시 열섬현상에 대해서도 즉각적인 감소 효과가 있다고 발표했습니다.

도시녹화? 어디서 볼 수 있나요?

도시녹화는 이름에 비해 거창한 것이 아니라 우리 주변에서 쉽게 찾아볼 수 있습니다. 아파트를 둘러싼 벽면에 푸른 옷을 늘어뜨린 담쟁이덩굴, '북서울꿈의숲' 공원, 건축물 옥상에 조성한 푸른 녹지가 모두 도시녹화입니다.

인간의 무분별한 개발과 환경오염으로 이상기후 현상이 발생하면서 다른 누구도 아닌 우리가 피해를 보고 있습니다. 지구를 위해 지금 해야 하는 일로써 우리 일상, 가까운 곳에서 식물을 키우거나 작은 텃밭과 같이 식물을 활용한 공간을 만들어 기후변화를 막기 위한 노력이 필요합니다.

---

*녹지망(Green Network): 도시지역에 공원녹지를 확대하는 도시 녹지화를 통해 녹지들이 서로 연결된 것
**열섬현상: 도시로의 인구집중과 팽창으로 인해 비교적 좁은 지역 내에서 이루어지는 대표적인 기후변화 현상

명절 음식, 이런 맛은 어때요?

명절하면 차례상 다리가 부러지도록 차려진 음식이 떠오르곤 합니다. 맛있는 차례 음식이지만, 여러 가지 기름진 음식 냄새에 약간은 속이 울렁거렸던 경험도 많을 것입니다. 조금 색다른 차례 음식을 준비해 보는 건 어떨까요? 바로 알지?가 소개하는 비건 차례상에 도전해 보는 것입니다.

비건 잡채, '이것'만 바꾸면 돼요!

잡채 앞의 '비건'이라는 단어 때문에 낯설게 느껴질지도 모릅니다. 사실 바뀌는 건 잡채의 재료로 들어가는 계란과 고기뿐입니다. 계란 대신 유부를 얇게 썰어 굽거나 두부면을 적당한 크기로 썰어 볶아 넣고, 고기는 간장 양념에 볶은 표고버섯으로 바꿔볼 수 있습니다.

동그랑땡, 너 더 고소해질 수 있구나?

고기와 계란을 사용하지 않는 동그랑땡도 있습니다.

꾹꾹 눌러 수분을 뺀 두부를 고기 대신 넣으면 단백질도 챙겨주고 동그랑땡의 모양도 잘 잡아줄 수 있습니다.

한국인 입맛에 빠질 수 없는 찜 요리는 이렇게!

명절 대표 음식 중 하나인 갈비찜. "빠지면 심심하지"라고 생각하실 수도 있겠지만, 새로운 찜 요리를 추천해 드리겠습니다. 바로 두부와 버섯이 주인공인 두부버섯찜입니다. 단단한 두부와 표고버섯, 양파와 감자, 고추와 같이 맛있는 채소들을 곁들여 채소 육수, 간장 소스에 푹 끓이면 갈비찜처럼 짭짤하고 부드러운 두부버섯찜을 만나볼 수 있습니다.

채식, '한 번'부터 시작해 보세요

조길예 기후행동비건네트워크 상임대표는 "불고기나 육류가 아닌 대체육으로 만든 비건식 차례상의 경우, 온실가스를 10분의 1 정도 감축하는 효과가 있다"면서 특별한 날 하는 간헐적 채식 역시 중요하다고 강조한 바 있습니다. 완전한 채식인으로 살지 않더라도, 간헐적으로 실천하는 채식도 환경에 도움이 된다는 점을 기억하며 한 끼 정도는 채식으로 건강하게 먹어보는 건 어떨까요? 알지?가 소개한 새로운 차례 음식이 여러분의 채식, 그 첫 번째가 되길 바랍니다.

황사, 미세먼지에 갇힌 야외노동자

구름 한 점 없이 파란 하늘에도 '미세먼지' 농도는 '매우 나쁨'을 기록할 때가 많습니다. 잠깐 하는 외출에도 목이 칼칼하고 눈이 따가워지기도 합니다. 전국적으로 외출 자제를 권고할 정도인 상황에서, 근무 장소가 바깥인 야외노동자들에게 미세먼지는 치명적입니다.

미세먼지 속 노동 환경 보호!

미세먼지의 발생 원인은 자연적인 원인과 인위적인 원인 두 가지로 구분되지만, 인위적인 발생이 대부분입니다. 눈에 보이지 않을 만큼 매우 작은 미세먼지는 대기 중에 머물러 있다 코, 구강, 기관지에서 걸러지지 않고 우리 몸속까지 스며듭니다. 미세먼지는 세계보건기구(WHO)가 발암물질로 지정할 정도로 우리 건강에 나쁜 영향을 미칩니다.

하지만 환경미화원이나 배달업 종사자, 교통경찰, 건설 노동자 등 야외에서 일해야 하는 근로자들은 미세먼지를 피하고 싶어도 피하기 어렵습니다. 미세먼지 노출을 최대한 막기 위해 마스크를 착용하긴 하지만, 노출된 눈 표면에 붙은 미세먼지로 인한 충혈과 눈 시림 등 질환으로 불편함을 겪기도 하고, 여름에는 폭염 속 마스크 착용으로 인해 피로감과 무력감, 어지럼증, 구토 등을 유발하는 온열질환의 위험성이 증가하기도 합니다.

미세먼지 경보에 따른 야외노동자 보호 조치 가이드라인

미세먼지 농도 정보 제공
마스크 지급 및 착용
적절한 휴식
민감군(폐·심장질환자, 고령자 등) 노동 단축
일반 노동자의 중노동 일정 조정 또는 단축

출처: 고용노동부

고용노동부는 미세먼지에 취약한 야외노동자 건강을 보호하기 위해 가이드라인을 마련해 두고 있습니다. '미세먼지로 인한 건강장해 예방 가이드'를 배포하고, 영세 소규모 사업장에는 방진 마스크를 무상 지원하는 등의 방안이 포함돼 있습니다. 미세먼지에 노출된 야외노동자들이 건강을 지키며 일할 수 있는 환경을 위해 지역과 사회, 우리 모두의 관심이 필요한 때입니다.

사람뿐만 아니라
숲도 고령화 시대?!

우리나라는 국토 면적의 약 3분의 2가 산림일 정도로 푸르른 나라입니다. 특히 1970~1980년대에 대규모로 나무를 심으면서 황폐해졌던 숲을 살려냈습니다.

하지만, 이때 심은 나무들이 어느덧 40~50세가 되면서 점점 숲이 나이 들고 있습니다. 현재 우리나라의 나무 중 77.2%가 30세 이상이고, 2050년대에는 76.2%가 50세 이상이 될 전망입니다.

나이 든 숲, 문제 될 게 있나요?

숲의 고령화 현상이 문제가 되는 이유는 탄소 흡수량이 줄어들기 때문입니다.

전 세계에서 배출된 탄소 중 31%를 흡수할 정도로 숲은 중요한 탄소흡수원 역할을 하고 있습니다. 하지만 나무는 평균적으로 25세 때 가장 많은 탄소를 흡수하고(12.1톤), 그 후에는 흡수량이 급격하게 줄어들게 됩니다. 이대로 숲의 고령화 현상이 계속된다면 결국 푸르른 숲이라도 탄소 흡수 효과는 점점 떨어지게 됩니다.

우리 힘을 합치면 못 할 게 없지요!

독일은 중장기적인 전략을 통해 숲을 가꿔 '산림 강국'으로 평가받고 있습니다. 2011년에는 '숲 전략 2020'을, 2021년에는 '숲 전략 2050'을 마련했습니다. 전략을 세우면서 정부뿐만 아니라 산의 주인, 숲 관련 단체, 생물학·임학 등 다양한 분야의 전문가들도 함께 참여하고 토론했습니다.
숲의 고령화 문제해결을 위해 다양한 사람과 함께하고 있는 독일처럼 우리도 숲의 고령화 문제에 대한 많은 사람들의 관심과 참여가 큰 힘이 될 것입니다.

에취! 바다가 콧물을 흘리게 된 사연은?

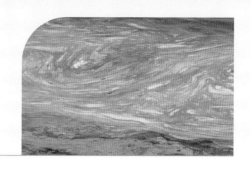

2021년 여름, '바다의 콧물'이라고 불리는 해양 점액이 터키 북서부에 위치한 마르마라해를 뒤덮은 일이 발생했습니다. 해양 점액은 바다에서 식물성 플랑크톤*이 지나치게 많이 번식하게 되고, 이로 인해 과도한 유기물이 생성되면서 만들어지게 됩니다.

---

*식물성 플랑크톤: 스스로 광합성을 통해 산소를 생성하는 작은 생물로, 지나치게 많은 경우 과도한 유기물을 생성함

바다가 콧물 흘리는 이유, 더 자세히 살펴보자면

오폐수 배출
육지에서 산업 및 도시 폐기물이 제대로 처리되지 않고, 그대로 바다로 흘러갔습니다.

지구온난화로 인한 수온 상승
수온이 상승하면서 이전에 배출된 오폐수가 정체되는 현상이 발생했습니다.

해양 점액 발생
바다에 질소(N)와 인(P)의 농도가 짙어지면서 식물성 플랑크톤 증가 ⬆
플랑크톤이 배출하는 유기물의 양 증가 ⬆

해양 점액, 안 좋은 건가요?

· 해양 생물 폐사
터키 마르마라해처럼 유기물이 바다 표면을 모두 뒤덮게 될 경우 햇빛과 산소가 차단되어 해양 생물 폐사의 위험이 있습니다.

· 악취 발생
해양 점액은 처음에는 해산물 냄새가 나지만, 시간이 지나면서 썩은 달걀 냄새로 변하면서 악취를 발생시킵니다.

· 경제적 피해
해양 점액으로 인해 물고기를 잡는 그물이 파손되거나, 어선이 손상되는 등 경제적 피해가 발생합니다.

콧물 치료제로 다시마 등장!

최근 호주 뉴사우스웨일스대 연구진은 바다 콧물을 제거할 실마리를 찾았습니다. 그 방법은 바로 '다시마숲'입니다.

다시마숲은 다시마류에 속하는 식물이 바닷속에 모여 조성한 숲입니다. 해양 점액을 발생시키는 요인인 질소와 인을 다시마숲이 흡수해 오염을 막는다고 합니다. 다시마숲은 질소와 인뿐만 아니라 매년 약 1,800만 톤

의 이산화탄소를 흡수한다고 밝혀져 바다의 아마존이라고도 불리고 있습니다.

바다에 다시마가 있다면, 육지에는 우리가 있다.

우리가 직접 바다를 정화할 수는 없지만, 기름 하수구에 버리지 않기, 바다에 갔을 때 쓰레기 되가져오기 등 일상에서 우리가 할 수 있는 방법으로 지구의 건강을 함께 지켜볼 수 있습니다.

수도꼭지 꾹 잠가놓고 쓴 물, 물 발자국

아침에 일어나서 잠들기 전까지, 우리가 생활하면서 쓰는 물은 어느 정도일지 생각해 보신 적 있으신가요? 우리가 하루동안 설거지하고, 빨래하고, 씻고 마시며 사용하는 물의 양은 인당 282L라고 합니다. 생각보다 많은 양에 놀랄 수밖에 없습니다. 하지만 더 놀랄 만한 사실이 있습니다. 바로 직접 물을 사용하지 않아도 남는 '물 발자국' 때문에 우리는 일상에서 더 많은 물을 사용하고 있다는 것입니다.

물 발자국이 뭔데요?

우리가 사용하거나 먹는 모든 것들을 생산, 유통, 사용, 폐기하는 과정에서 필요한 물의 양을 말합니다. 우리가 일상에서 사용하는 물건들, 그리고 음식들은 생산과 소비, 폐기 과정에서 모두 물을 사용하고 있습니다. 이때 필요한 물의 양을 지표로 나타낸 것이 물 발자국입니다. 물 발자국 지표가 높으면 생산과 유통 과정 중 많은 양의 물을 사용한 것과 같습니다. 즉, 우리는 물을 직접 사용하지 않는 동안에도 물을 사용하고 있습니다.

출처: Mesfin Mekonnen & Arjen Hoekstra (2011), The green, blue and grey water footprint of crops and derived crop products

직장인의 생명수라 할 수 있는 커피의 경우, 커피 한 잔을 만들기 위해서 따르는 물의 양이 750ml 정도라면, 750ml의 커피 한 잔의 물 발자국은 840L나 됩니다. 소고기 300g의 물 발자국은 4,650L나 됩니다. 생각보다 많은 양에 놀라셨나요?

그렇다고 먹지 않거나 쓰지 않을 수는 없는데!

맞습니다. 물 발자국의 취지 또한 무조건 '물 낭비니까 이것, 저것 다 쓰지 마!'인 것은 아닙니다. 물건 하나를 쓰더라도 물 발자국을 적게 만들어내는 물건을 쓴다면 도움이 될 것입니다.

출처: 한국환경산업기술원

2017년, 물 발자국 인증 제도가 국내에도 도입되며 환경부에서는 국내 10개 제품을 대상으로 물 발자국 인증을 부여하고 있습니다.

이 인증은 제품의 전 과정에서 소모되는 물의 양과 수질에 미치는 영향을 고려해 관련 정보를 제품에 표시하는 것입니다. 이 제도로 기업들은 제품의 전 과정에서 사용되는 물의 양, 수질 영향을 파악해서 제품의 원가를 절감하고, 소비자들 역시 수질 환경에 영향을 적게 미치는 제품을 구매할 수 있다는 장점이 있습니다.

점점 부족해지는 물, 물 발자국을 기억해 주세요!

국제인구행동연구소(PAI)는 세계 각국의 연간 1인당 이용할 수 있는 수자원량을 기준으로 물 기근 국가, 물 스트레스 국가, 물 풍요 국가로 분류하고 있습니다. 우리나라의 경우 이미 2000년, 1인당 연간 사용할 수 있는 물의 양이 1,488㎥로 지금까지 '물 스트레스 국가'로 분류되어 오고 있습니다. 이런 상황에서 우리가 사용하는 물의 양을 물 발자국이란 지표를 통해 알 수 있

는 건, 미래를 위해서라도 물을 절약할 수 있는 구체적인 길잡이가 되어줄 것 같습니다.

우리도 물 발자국 지표를 통해 우리 생활 속 어디에나 물이 사용되고 있음을 기억하고, 물 아끼는 실천을 함께해야 합니다.

물 절약, 이렇게 함께해요!

- ✓ 세안, 면도, 양치를 할 때는 **수도꼭지를 꼭 잠가 주세요!**
- ✓ **양치 컵**을 사용해요!
- ✓ **샤워 시간**을 조금이라도 더 줄여주세요!
- ✓ **절수용품을 사용**하면 물도 절약되고, 수도 요금도 아낄 수 있어요!
- ✓ 빨래는 **적당량을 모아서 한 번에** 하면 좋아요!
- ✓ 설거지, 식재료 세척 시에는 **물을 받아서 사용해요!**

지구를 지키기 위해선 목표가 필요해!

2016년에 체결된 파리 협정은 지구온난화를 막기 위해 온실가스를 줄이려는 최초의 기후 합의입니다. 7개 국가를 제외한 전 세계 국가들이 가입해 있어 전 지구인이 지켜야 할 약속이라고 할 수 있습니다.

지구온난화 그만! 전 지구인의 약속

파리 협정은 산업화 이전 대비 지구 평균 온도 상승을 2°C 아래로 억제하고, 1.5°C를 넘지 않도록 노력하는 것을 목표로 하고 있습니다. 이 목표를 지키기 위해 협정에 가입한 각 나라들은 온실가스를 어떻게, 얼마나 줄일지 계획을 세워서 제출해야 하는데요. 바로 장기 저탄소 발전 전략(LEDS)과 국가 온실가스 감축 목표(NDC)입니다!

파리 협정, 어떻게 지킬까요?

① 장기 저탄소 발전 전략(LEDS)

장기 저탄소 발전 전략(LEDS: Long-term low greenhouse gas Emission Development Strategies)은 파리 협정을 어떻게 지킬지 큰 방향성을 보여주는 장기적인 원칙이라고 할 수 있습니다.

우리나라의 경우, 2050년까지 깨끗하게 생산된 전기와 수소를 활용하고, 에너지 효율을 향상시키고, 탄소

제거 등의 미래 기술을 상용화하며, 순환 경제를 통한 지속가능한 산업을 이루고, 탄소 흡수 수단을 강화하는 방향으로 LEDS를 수립했습니다.

② 국가 온실가스 감축목표(NDC)

LEDS가 장기적인 원칙이라면, 국가 온실가스 감축목표(NDC: Nationally Determined Contributions)는 그 과정에서 지켜야 할 구체적인 중간 계획이라고 할 수 있습니다.

우리나라는 2030년까지 탄소 배출량을 2018년 대비 40%로 감축하는 것을 목표로 세우고, 에너지, 건물, 폐기물 등의 11개 부문에서 탄소 배출을 어떻게 줄일지 그 방법을 계획했습니다.

여러분의 탄소 절감 목표는?

우리나라에서 LEDS를 설정할 때 바탕으로 한 원칙 중하나는 '국민 모두의 공동 노력 추진'이었습니다. 국제 사회가 지구온난화를 막기 위해 목표를 세워서 노력하듯, 일상에서 실천할 수 있는 여러분만의 탄소 절감 목표를 세워보아도 좋겠습니다.

기후변화를 막기 위한 전 세계의 연대 COP

COP란?

'유엔기후변화협약 당사국총회'라는 의미의 COP(The Conference of the Parties)는 지구온난화에 따른 기후변화에 적극 대처하고 논의하기 위해 1995년 이래 매년 개최되고 있는 국제 외교 회의입니다.

출처: 유엔글로벌콤팩트

COP 뒤에는 항상 숫자가 따라다니는데, 이 숫자는 '회차'를 의미합니다. 즉 이번이 몇 번째 COP인지 나타내며, 1995년 최초의 COP1부터 2023년 아랍에미리트(UAE)에서 열린 COP28까지 총 28차의 기후변화 회의가 개최되었습니다.

모여서 어떤 걸 논의하는 걸까요?

COP는 유엔기후변화협약(UNFCCC)의 최고 의사결정기구로 유엔기후변화협약의 이행을 확인하고, 지난 COP에서 논의했던 내용을 점검합니다. 또 이행에 필요한 것들을 지원하고 제도를 결정하고 있습니다. 기후 위기 대응에 중요한 협약으로 여겨지는 교토의정서(COP3)와 파리협정(COP21)도 COP의 노력으로 만들어졌습니다.

교토의정서(COP3)

1997년 COP3 총회에서 온실가스에 해당하는 이산화탄소 외 6개 종류의 배출을 감축하는 목표를 지정한 내용의 조약입니다.

파리협정(COP21)

온실가스 배출량이 더 줄지 않으면 세계적 재앙을 피할 수 없다는 데 전 세계가 공감하여 채택한 조약입니다.

전 세계가 주목하는 COP의 의제

2022년 COP의 회의 결과에 전 세계가 주목했습니다. 그 이유는 바로 '손실과 피해', 즉 기후 위기로 피해를 겪고 있는 개발도상국에 대한 금전적 보상 문제 때문입니다. 선진국들이 산업 발전을 이루기 위해 수백 년에 걸쳐 석탄, 석유, 가스 등 화석연료를 태웠고 오늘날의 글로벌 기후 위기에 큰 책임이 있는 데 반해, 현재 기후 위기로 큰 고통을 겪고 있는 건 개발도상국이기 때문입니다. 이에 대한 보상 여부가 처음으로 논의되어 결과적으로 취약한 국가를 위한 기금(Fund)을 설립하기로 협의했습니다.

기후변화를 막기 위해 가장 중요한 건

COP를 통해서 각국의 정상들과 전문가들은 기후변화를 막기 위해 많은 방법들을 논의하고 조정하고 있습니다. 하지만 기후 위기는 우리 모두에게 해당되는 현실이라는 것이 가장 중요합니다. 우리 모두가 ESG를 이해하고 일상 속에서 작은 것부터 실천해 나간다면 기후변화를 막는 데 큰 힘이 될 것입니다.

지구 환경을 괴롭히던
폐플라스틱의 놀라운 변신

플라스틱은 만들기 쉽고 사용하기 편하다는 이유로 생수병, 화장품 용기 등 우리 생활 곳곳에서 사용되고 있습니다. 플라스틱이 만들어지면서 우리의 삶은 더 편리해졌지만, 과도한 사용으로 인해 지구는 병들어 가고 있습니다. 이렇게 지구 환경을 괴롭히던 폐플라스틱의 놀라운 변신에 대해 알아보겠습니다.

오늘의 편리함,
내일은 골칫덩이 신세

경제협력개발기구(OECD)의 '글로벌 플라스틱 전망보고서'에 따르면 2019년 한 해 동안 전 세계에서 배출된 플라스틱 쓰레기양은 3억 5,300만 톤으로 에펠탑 3만 5천 개를 만들 수 있는 어마어마한 양이라고 합니다. 하지만 플라스틱 쓰레기 처리 비율 중 재활용은 9%에 불과하며 소각이 19%, 매립이 50%입니다. 그리고 나머지 22%는 미세 플라스틱 등의 형태로 일반 환경에 유출되고 있다고 합니다.

우리의 미래와 지구를 지키는
지속가능한 움직임

무분별한 플라스틱 사용으로 인해 발생하는 환경문제를 해결하고자 국가와 개인은 물론, 기업들도 지속 가능한 움직임을 보이고 있습니다. 최근에는 폐플라스틱을 가공해 의류 원료로 활용하는 기업들이 많아지고 있습니다.

폐플라스틱으로 옷도 만들더니,
화장품 용기도?!

LG생활건강은 국내 화장품 업계 최초로 순도 100% '폐플라스틱 열분해유'를 원료로 만든 친환경 화장품 용기를 제품에 적용했습니다. 폐플라스틱 열분해유는 폐비닐, 복합 재질 등 재활용이 어려운 플라스틱 폐기물을 무산소 상태에서 300~500°C의 고열로 가열해 만든 기름으로, 폐플라스틱을 소각하지 않고 다시 원료로 사용해 온실가스 감축효과가 매우 큽니다. 특히 플라스틱 원료를 일반 원유에서 열분해유로 대체하면 온실가스 배출량이 절반 가량 줄어드는 것으로 나타났습니다.

지구 환경에 많은 부담을 가져다주는 폐플라스틱 문제를 해결하려면 기업들의 지속가능한 움직임에 우리 모두 관심을 가지고 함께해야 합니다. 뿐만 아니라 플라스틱 사용을 줄이고, 올바르게 분리배출하여 더 많은 플라스틱이 재활용될 수 있도록 노력해야 합니다.

커피박, 당신이 몰랐던 3가지 사실

우리나라 커피 소비량은 2018년 기준 전 세계 6위 수준으로, 성인 1명이 1년간 소비하는 커피양은 약 353잔이라고 합니다. 그만큼 우리나라 사람들이 커피를 좋아하고, 많이 마신다는 것을 알 수 있습니다. 하지만 커피의 소비량이 증가한 만큼 버려지는 '커피박'의 양도 함께 증가하고 있습니다.

커피박, 당신이 몰랐던 3가지 사실

1. 남은 99.8%
'커피박'은 커피콩에서 커피액을 추출하고 남은 부산물(커피 찌꺼기)을 말합니다. 우리가 마시는 커피 추출물의 양은 커피콩 전체 무게의 0.2%에 불과합니다. 즉, 남은 99.8%가 커피박이 되어 버려지게 되는 것입니다. 전국적으로 버려지는 커피박의 무게는 2019년 기준 약 15만 톤이라고 합니다.

2. 커피박 1톤 = 자동차 1,000대 매연
대부분의 커피박은 버려져 매립되거나 소각됩니다. 이 과정에서 배출되는 이산화탄소가 커피박 1톤당 338kg으로 자동차 1,000대가 뿜어내는 매연의 양과 맞먹는 수준입니다. 또한, 폐기물로 버려진 커피박을 처리하는 비용으로 2019년 기준 매립에는 약 22억 원, 소각에는 약 14억 원이 사용되었습니다.

3. 숨겨진 정체, 커피박이면서 커피박이 아니다.
커피박은 식물성 부산물로 지방과 단백질, 섬유질 등 유기영양분이 풍부합니다. 주요 커피 생산 국가에서는 커피박을 비료, 가축 사료, 퇴비 등으로 활용하고 있고, 커피박에 들어있는 목재 성분을 활용해 버섯을 재배하기도 합니다. 또한 커피박은 기존 바이오 원료*인 목재나 볏짚 등에 비해 탄소 함량이 높고, 발열량이 2배에 가깝기 때문에 좋은 바이오 원료로 활용됩니다. 2019년에 배출된 커피박 15만 톤을 바이오 에너지 원료로 재활용했다면 약 18억 원의 비용이 절감되었을 것으로 추산됩니다.

---

*바이오 원료: 생물체(바이오매스)와 음식쓰레기, 축산폐기물 등을 열분해하거나 발효시켜 만들어낸 연료

폐기물의 다양한 변신!

커피박은 비료, 퇴비, 바이오 원료 외에도 학용품, 화분, 점토 등 우리 일상생활에서도 유용하게 재활용되고 있습니다. 폐기물인 줄만 알았던 커피박이 다양하게 변신하는 것처럼, 우리가 배출하는 폐기물에 어떤 쓰임이 있는지 관심을 가져보시길 바랍니다.

소가 풀 대신 옷을 먹고 살고 있대요!

우리가 접하는 광고 속에는 화려하고 멋진 옷들이 가득합니다. 옷장에 아직 입을 수 있는 옷이 많아도 매년 유행하는 패션이 달라지면 괜히 그 핑계로 다시 지갑을 열게 됩니다. 패션 업계 또한 끊임없이 옷을 생산하고 있습니다. 그런데 드넓은 초원에서 풀을 뜯어 먹어야 할 소들이 버려진 폐섬유를 먹고 있다고 합니다.

잠깐 퀴즈!

Q. 지구에서 한 해 만들어지는 옷은 몇 벌일까요?
A. 정답은 1,000억 벌!
그렇다면 버려지는 옷은 얼마나 될까요?
지구에서 한 해 동안 버려지는 옷은 330억 벌로, 이는 1인당 30kg 정도 되는 수치입니다.

한국은 세계 5위 헌 옷 수출국!

국내 헌 옷 수거함 관리 업체를 통해 모인 옷들은 수출업체로 보내집니다. 매일 약 40톤의 옷이 수출업체의 창고에 들어오고, 이런 업체가 우리나라에만 100여 곳이 있습니다. 이 옷 중 80%는 수출되고, 15%는 쓰레기로 분류되며 나머지 5%만이 빈티지 의류로 유통되고 있습니다.

출처: 아트인사이트

우리가 버린 옷은 어디로 갈까요?

우리나라의 헌 옷을 수입하는 국가는 인도, 캄보디아, 필리핀, 방글라데시, 파키스탄, 이라크, 인도네시아, 탄자니아, 케냐, 가나 등과 같은 개발도상국입니다. 그들은 생계 수단으로서 수입된 옷 중에서 그나마 수익이 되는 것을 팔고, 남은 대부분의 옷은 쓸모를 잃은 채 방치되고, 썩지 않고 남아 심각한 환경문제를 일으키고 있습니다.

근데 헌 옷 수거함에 넣거나 버리면 누군가가 다시 입는 거 아니었나요? (feat. 착각)

인구가 3,000만 명인 가나에는 매주 1,500만 벌의 헌 옷이 수입됩니다. 상인들은 무게에 따라 값을 내고 선진국에서 온 옷을 삽니다. 그렇게 수입된 옷 중 40%는 중고 시장에서도 가치가 없어서 버려지고, 지구상에서 아무도 원하지 않는 이 옷들은 중고 시장 근처 강가의 매립지로 보내집니다.

우리가 버린 옷은 소의 먹이가 되고 있습니다

드넓은 초원에서 풀을 뜯어 먹어야 할 소들이 버려진 폐섬유를 먹고, 식수로 사용되던 강은 오염되고 말았습니다. 현재 개발도상국의 지역 폐기물 처리 시스템으로는 이 모든 쓰레기를 처리할 여력이 없어 많은 쓰레기가 강에 던져지거나 불태워지는 등 비공식적인 방식으로 처리되고 있습니다. 이로 인한 대기 오염, 식수 오염과 토양 오염은 다시 그곳의 생명들을 고통스럽게 합니다.

결국 부메랑이 되어 돌아올 재앙

매일 버려지는 수많은 헌 옷. 누군가 고맙게 입으리라 생각하며 헌 옷 수거함에 넣었던 옷은 결국 그 누구에게도 필요 없는 쓰레기가 되고 있습니다. 이런 엄청난 환경오염을 우리는 알아채지 못하고 있습니다. 유행을 따라가는 소비를 하기보다 우리 모두 살아갈 지구를 위해 지속가능한 소비를 해야 할 때입니다.

물고기보다 플라스틱이
더 많은 바다?

'여수 밤바다' 하면 왠지 머릿속에 노래가 맴돌면서 아름다운 바다 풍경이 떠오르고는 합니다. 하지만 '낭만의 대명사' 여수 바다가 최근 쓰레기로 몸살을 앓고 있습니다. 2017년부터 2021년까지 5년 동안 여수에서 수거된 해양 폐기물이 1만 톤이 넘는다고 합니다.

쓰레기는 돌고 돌아 결국 나에게로

이러한 해양 폐기물은 여수뿐만 아니라 전 세계에서 심각한 문제로 떠오르고 있습니다. 유엔환경계획(UNEP)에 따르면 연간 10만 마리 이상의 해양 포유류, 100만 마리 이상의 바닷새가 해양 폐기물로 인해 생명을 위협받고 있다고 합니다. 해양 폐기물은 그 영향이 넓게 퍼져 나가기 때문에 더 위협적입니다. 바다의 특성상 쓰레기의 위치를 정확히 파악해 수거하기가 어렵고, 하나의 쓰레기도 바다에서는 잘게 쪼개져 수십만 개의 작은 오염원이 되어 퍼지게 됩니다.

특히 해양 폐기물의 80% 이상을 차지하는 플라스틱은 해양 생물들이 먹이로 오인해 섭취한 후 체내에 축적되어 먹이사슬을 따라 결국 인간의 건강에도 악영향을 끼치게 됩니다.

물고기보다 플라스틱이 더 많은 바다가
현실이 되지 않도록

출처: LG생활건강TV

2017년 세계경제포럼에서는 "지금 노력하지 않으면, 2050년 바다에는 해양생물보다 플라스틱이 더 많아질 것"이라는 경고가 나왔습니다. 듣기만 해도 마음 아픈 경고가 현실이 되지 않도록, 해양 폐기물을 줄이기 위해 그리고 해양 폐기물로 인한 피해를 복구하기 위해 어떤 노력이 이어지고 있는지 살펴보겠습니다.

해변을 살리는 빗질, 함께해요!

LG생활건강은 2022년 7월, 동해 망상해변에서 대학생 기후활동가 '글로벌 에코리더 YOUTH', 임직원 가족 등과 함께 비치코밍* 캠페인을 진행했습니다. 활동 2시간 만에 30L 용량의 쓰레기봉투 59개를 가득 채웠다고 합니다.

---

*비치코밍: 해변(Beach)과 빗질(Combing)의 합성어로, 빗질하듯이 세심하게 해변의 쓰레기를 수거하는 환경 정화 활동

바닷속에 나무 심기, 진짜 했다!

LG화학은 잘피*서식지를 복원하는 '블루 포레스트' 사업을 진행하였습니다. 시민들이 바다숲을 만드는 메타버스 게임에 참여하고, LG화학이 실제 바다숲을 만드는 사업입니다. 2023년 6월 8일 해양의 날에 오픈된 메타버스에는 오픈 한 달 만에 100만 명이 방문했고, 여수 앞바다에 실제로 잘피를 심었습니다.
지구온난화와 해양 폐기물의 영향으로 몸살을 앓고 있던 잘피 서식지가 되살아날 수 있도록 여러분도 함께 지켜봐 주시길 바랍니다.

---

*잘피: 해수에 완전히 잠겨서 자라는 속씨식물을 통칭함. 바

닷속에서 유일하게 꽃을 피우는 해초류로 이산화탄소를 흡수하여 '바다의 허파'로 불리기도 함

쓰레기 분리배출,
언제부터 시작됐을까?

대한민국은 전 세계적으로도 쓰레기 분리배출이 잘 되는 나라 중 하나입니다. 그렇다면 이러한 쓰레기 분리배출은 언제부터 시작되었을까요?

예전에는 쓰레기를 어떻게 처리했지?

우리나라의 쓰레기는 매립 또는 소각으로 처리되었습니다. 그리고 그 땅 위에 흙을 덮어 다시 농사를 짓기도 했지요. 하지만 경제성장이 급속도로 진행되고 소비도 급격하게 늘어나면서 포장재, 건설 폐기물 등 쓰레기도 많이 증가했습니다. 도시마다 쓰레기 매립장을 찾고 만드는 과정에서도 어려움이 있었습니다.

쓰레기 종량제에서 시작된 분리배출

무분별한 쓰레기 발생을 막기 위해 쓰레기 종량제 정책이 도입되었습니다. 1994년부터는 일부 시·군·구에서 시범으로 실시하고 1995년부터 전국적으로 확대하기로 했습니다. 이를 통해 쓰레기를 재활용하고 자원을 절약하며 환경을 보호하는 것을 목표로 삼았습니다. 국가가 주도해 전국적으로 쓰레기 종량제를 실시한 건 우리나라가 세계 최초였습니다.

쓰레기 종량제, 그 효과는 놀라웠다...!

쓰레기 종량제 이후 40% 감소

지난 4월부터 전국 33개 시·군·구에서 시범 실시되고 있는 쓰레기종량제는 해당 지역 주민들의 적극적인 참여로 쓰레기 감량 및 재활용품 수거량의 급증 등 가시적인 효과가 나타나고 있는 것으로 조사됐다. ⋯ 또 주민들의 참여의식과 태도에 관한 설문조사 결과 종량제를 계속 실시해야 한다는 의견이 지배적으로 제시됐다.

1994년 10월 6일 <경향신문>

시작은 어려웠지만 이제는 일상이 된 분리배출

처음 쓰레기 종량제가 시작될 때는 '쓰레기를 돈을 주고 버려야 하냐'는 반발도 있었지만, 이제는 일상으로 정착되었습니다. 이러한 한국의 분리배출 문화는 해외에서도 주목받고 있습니다. 2024년부터 음식물 쓰레기 분리배출을 의무화한 프랑스의 언론매체들은 "한국은 20년 넘게 음식물 쓰레기 분리수거의 선두 주자"로 소개하였습니다. 그냥 버려지면 쓰레기지만, 잘 분리배출 된다면 또 다른 자원이 될 수 있다는 사실, 그리고 버리기 이전에 쓰레기를 만들지 않는 것도 중요하다는 사실을 기억하며 지구를 위한 실천을 함께해 나가면 좋겠습니다.

이건 음식물 쓰레기통에 넣지 마세요!

"귤껍질은 일반 쓰레기인가?"
"파인애플 껍질은 어디에 버려야 하나?"
먹고 남은 음식을 버릴 때 일반 쓰레기인지 음식물 쓰레기인지 헷갈린 적 있으시죠? 음식물 쓰레기 분류를 확실하게 정리해 드리겠습니다.

음식물 쓰레기와 일반 쓰레기, 어떻게 구분할까요?

음식물 쓰레기는 대부분 가공 후 퇴비, 바이오 가스, 가축의 사료 등으로 재활용됩니다. 그러나 플라스틱, 비닐을 분리배출하듯 음식물 쓰레기도 올바른 방법으로 분리 배출해야 재활용할 수 있습니다. 방법이 고민될 때는 퇴비 품질에 영향을 미칠지, 가축이 먹을 수 있는 식품인지를 생각하면 쉽게 구분할 수 있습니다.

딱딱한 씨앗, 껍질, 뼈는 일반 쓰레기

감, 복숭아, 아보카도 등 단단한 씨앗은 음식물 쓰레기 분쇄시설의 고장을 유발할 수 있어 일반 쓰레기로 배출해야 합니다.

마찬가지로 밤, 호두 등 딱딱한 견과류 껍데기, 소라, 굴 등 어패류 껍데기, 고기나 생선의 뼈 역시 일반 쓰레기에 해당합니다.

수박, 멜론 껍질은 음식물 쓰레기 파인애플 껍질은 일반 쓰레기!

귤, 바나나, 오렌지 등 부드러운 과일 껍질은 발효와 분해 등이 어렵지 않아 음식물 쓰레기에 포함됩니다. 수박, 멜론 껍질은 단단하지만 쉽게 분해되기 때문에 음식물 쓰레기로 분류됩니다. 단, 파인애플 껍질과 줄기는 분해가 어렵기 때문에 일반 쓰레기로 버려야 합니다.

부드러운 음식이 모두 음식물 쓰레기에 해당하는 건 아니랍니다!

콩 껍질, 옥수수 껍질 등 채소의 마른 껍질과 쪽파, 대파 등의 뿌리, 단단한 꼭지 부분은 섬유질이 많아 분쇄가 쉽지 않고 가축의 소화능력을 떨어뜨리는 성분이 있어 일반 쓰레기로 배출해야 합니다.

각종 가루는 어떻게 버릴까요?

고춧가루, 고추씨, 고춧대는 캡사이신 성분이 많아 사료·퇴비를 만들기 적합하지 않기 때문에 일반 쓰레기로 배출해야 합니다.

밀가루, 카레 가루, 부침가루 등은 음식물 쓰레기로 분류됩니다. 단, 미숫가루의 경우 소량일 때는 음식물 쓰레기로 버리고, 대량으로 배출할 경우 일반 쓰레기로 배출해야 합니다. 대량의 미숫가루가 수분이 많은 다른 음식물과 섞이면 점성을 높여 수거 과정에 문제를 유발할 수 있기 때문입니다.

유산균 가루, 단백질 가루는?!
포장 용기에 의약품(전문의약품/일반의약품)이라고 표시되어 있는 경우 반드시 폐의약품 수거함에 버려야 합니다.

포장 용기에 건강기능식품, 건강보조식품이라고 표시되어 있거나 의약품 표시가 없으면 일반 쓰레기로 배출해야 합니다. 가루의 양이 많다면 비닐봉지에 담아 배출해야 합니다.

위와 같이 통상적인 배출 방법을 확인한 후에는 꼭 내가 살고 있는 지역의 음식물 쓰레기 배출 기준을 확인해야 합니다. 음식물 쓰레기를 처리하는 시설 여건이 다르고, 퇴비화·사료화를 하지 않는 지역도 있어 지자체마다 배출 기준을 일부 다르게 적용하고 있기 때문입니다.

예를 들어 생선·고기의 비계나 내장은 일부 지역에서 음식물 쓰레기로 배출하는 게 허용되지만, 다른 지역에선 사료화에 방해가 되는 포화지방산이 많다는 이유로 일반 쓰레기로 분류됩니다.

아는 만큼 줄이는 음식물 쓰레기

올바른 분리배출보다 더 좋은 방법은 먹을 만큼만 구매하고 조리해 음식물 쓰레기를 줄이는 것입니다. 국내에서 하루 배출되는 식품 관련 쓰레기가 2만 톤이 넘고, 이 쓰레기를 20%만 줄여도 소나무 3억 6천만 그루를 심는 것과 같은 효과를 낼 수 있다고 합니다.

먹을 만큼만 음식을 차린다면 음식물 쓰레기도 환경도 지킬 수 있다는 사실, 잊지 말고 기억해 주시길 바랍니다.

쓰레기통 속 배터리도 다시 보자!

더 이상 사용하지 못하는 보조배터리나 노트북, 토스터 같은 소형 가전제품을 어떻게 버리고 있으신가요? 혹시 어떻게 버려야 할지 모르겠거나, 일반 쓰레기로 버려본 경험이 있다면 이 글이 꼭 도움이 될 것입니다.

소형 가전과 배터리, 잘못 버리면...

전자제품은 리튬, 니켈, 코발트, 망간, 구리 등의 금속 물질로 만들어져있습니다. 전자 제품이 일반 쓰레기로 잘못 버려지면, 재활용할 수 있는 금속 물질도 그대로 버려지고, 사람들을 위험에 빠뜨릴 수도 있습니다.

이런 위험이 발생합니다

· 매립 시 중금속으로 인한 토양·수질 오염이 일어날 수 있습니다.
· 소각 시 유독 물질이 배출될 수 있습니다.
· 배터리는 폭발의 위험이 있습니다.

그래서 어떻게 버려야 하냐면...!

✓ 보조배터리
· 폐전지 수거함에 버리기
주민센터, 아파트 단지 등에 설치되어 있습니다.

✓ 가전제품
· 소형 가전제품은 폐가전 수거함에 버리기
폐가전 수거함의 위치는 자원순환 실천 플랫폼 홈페이지의 '내 집 앞 폐가전 수거함'에서 확인할 수 있습니다.

· E-순환 거버넌스 사이트에서 무상 수거 신청하기
청소기, 모니터 등의 소형 가전제품은 5개 이상일 때 수거를 신청할 수 있고, 냉장고와 같은 대형 가전제품은 1개도 신청할 수 있습니다.

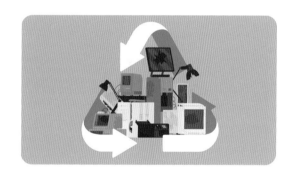

잘 사용한 배터리 잘 버릴 수 있도록! 기업에서는 이렇게 했습니다.

LG유플러스에서는 전국 30개 직영 매장과 사옥에서 폐배터리 수거 캠페인을 진행하였습니다. 일반 배터리 1만 6,346개, 보조배터리 3,600개 등을 모아 배터리 재활용 업체에 전달하였습니다. 앞으로 전국 매장에서 폐배터리 수거 캠페인을 진행하고, 지역별 수거 거점도 운영할 예정입니다.

LG전자에서는 무선 청소기 폐배터리를 수거하고, 폐배터리를 반납한 고객에게 새 배터리 가격을 할인해주는 캠페인을 진행하였습니다. 지난 2년 동안 LG전자가 수거한 폐배터리의 총무게는 51만 2천 톤. 여기에서 추출된 희유금속*은 약 10만 개의 새 배터리를 만들 수 있는 양에 해당한다고 합니다. 이밖에 대형 가전제품을 수거해 또 다른 가전제품으로 재탄생시키는 자원순환도 실천하고 있습니다.

---

*희유금속: 산출량이 매우 적은 금속으로 니켈, 코발트, 크로뮴, 망가니즈, 타이타늄 등이 있음

함께 실천합니다!

배터리나 가전제품은 새로 구매하기보다 사용할 수 있을 때까지 최대한 사용하고, 더 이상 사용하지 못하게 된다면 올바른 방법으로 버리는 것이 꼭 필요합니다. 그것이 일상에서 자원순환을 실천하는 방법입니다.

100억 개의 빨대가 그냥 버려진다고요?

카페나 패스트푸드점에서 간편하게 사용하는 일회용 빨대, 우리는 얼마나 사용하고 있을까요?

환경부에 따르면, 2019년 기준 국내 15개 커피전문점 브랜드와 4개 패스트푸드점 브랜드가 사용한 빨대는 약 9억 3,800만 개였다고 합니다. 무게로 따지면 약 657톤에 달합니다.

19개 브랜드에서 사용한 것만 따져도 이 정도인데, 우리나라 전체로 따지면 어떨까요? 국내에서 발생하는 플라스틱 빨대 폐기량은 무려 연간 100억 개로 추정된다고 합니다.

이 많은 빨대, 재활용이 되고 있을까요?

플라스틱 일회용 빨대는 아쉽게도 재활용이 되지 않고 있습니다.

분리배출 된 플라스틱은 보통 선별장에서 PET, PE, PP 등의 세부 재질에 따라 나뉘어 재활용이 이뤄지고 있습니다. 하지만 너무 작은 플라스틱은 선별 과정에서 분리가 어려워 재활용할 수 없습니다. 작고 얇은 빨대도 선별이 어려워 현실적으로 재활용이 어렵습니다.

플라스틱 빨대를 줄이기 위한 노력은 현재진행형!

일회용 플라스틱 빨대는 매년 많이 버려짐에도 재활용이 어려운 만큼, 빨대 사용을 줄이기 위해 개인과 기업의 노력이 꼭 필요합니다.

우리가 할 수 있는 일

· 스테인리스, 대나무, 실리콘 소재의 다회용 빨대를 사
  용합니다.

기업이 할 수 있는 일

· 기업들은 빨대 없는 음료를 출시하거나, 생분해성 소
  재나 종이 소재로 빨대를 만들고 있습니다.

몇 년 전, 코스타리카 연안에서 발견된 바다거북의 코
에 빨대가 꽂혀있는 모습이 공개되어 많은 사람들에게
충격으로 다가왔습니다. 전 세계의 많은 사람들에게
환경 보호의 중요성을 전한 상징적인 장면 중 하나가
되었습니다.

재활용이 안 되는 일회용 빨대를 줄이는 일이 우리 일
상에서 가장 빠르고, 효과적으로 환경 보호를 실천할
수 있는 방법입니다. 환경을 위하여 조금 불편하고 번
거롭더라도 다회용 빨대를 사용하거나, 빨대를 아예
사용하지 않는 실천이 중요합니다.

우주에도 쓰레기가 있다니...

지구에 사람들이 버린 쓰레기로 몸살을 앓는 것처럼 우주 공간을 떠돌아다니는 '우주 쓰레기'. 우주 쓰레기는 우주 공간을 떠도는 다양한 크기의 인공적인 모든 물체로 수명이 지나 고장 난 인공위성, 로켓, 이로 인해 생긴 각종 파편, 그리고 우주비행사가 떨어뜨린 공구나 장갑까지도 모두 포함됩니다.

근데 우주공간은 무한히 넓으니까... 쓰레기가 있어도 괜찮은 거 아닌가요?

우주는 넓지만, 우주 쓰레기가 단순히 지구 주위를 돌고만 있지는 않다는 것이 문제입니다. 시속 약 2만 7,300km에 달하는 빠른 속도로 움직이기 때문에 다른 위성이나 우주선에 엄청난 위협이 됩니다.

한국천문연구원의 자료에 의하면 우주 쓰레기 추락 사례가 2018년~2022년, 최근 5년 사이에 884% 증가했다는 분석도 있습니다. 더 큰 문제는 '지구의 몸살'인 기후 위기가 우주 쓰레기양을 급격히 늘릴 수 있다는 점입니다. ESA 주재로 열린 '유럽 우주 쓰레기 회의'에서는 지구온난화로 인해 대기권 상부 공기층 밀도가 감소하고, 이로 인해 '천연 우주 쓰레기 청소부'인 대기가 우주 쓰레기를 태워버리지 못한다는 연구 결과가 발표됐습니다.

시속 약 2만 7,300km 감이 잘 안 오는데?

해외여행을 할 때 주로 타는 항공기의 순항 속도는 평균 시속 900km라고 합니다. 우주 쓰레기는 2만 7,300km니까 항공기 속도의 약 32배 정도 빠른 것입니다.

그럼 우주 쓰레기는 어떻게 치우나요?

인간이 버린 각종 쓰레기가 우리들이 함께 살아가고 있는 지구를 병들게 하는 것처럼, 우주 공간에서도 처치 곤란한 쓰레기들이 떠돌아다니고 있습니다. 이 쓰레기를 치울 때는 다음과 같은 처리 방법이 있습니다.

✔ 우주 그물: 청소 인공위성이 그물로 물고기를 잡듯 쓰레기를 모으는 방법
✔ 청소 위성: 청소 위성이 집게로 우주 쓰레기를 붙잡아 함께 떨어지는 방법

✓ 레이저 빗자루: 지상에서 레이저를 발사하여 궤도를 바꾸어 떨어트리는 방법
✓ 전자기 밧줄: 인공위성에 부착한 후 지구 자기장의 상호작용으로 스스로 지구 대기권으로 향하게 하는 방법

이런 방법 외에도 우주 끈끈이, 우주 플라스마, 우주 자석, 태양 돛단배 등의 기술이 있습니다.

출처: 스타트로켓

어쩌면 낯설고 생소한
'우주 쓰레기'

우주 쓰레기는 이미 오래전부터 관련 분야 전문가들에게 관심의 대상이었고 언젠가는 반드시 해결해야 할 과제로 주목받고 있습니다.

매년 발사되는 인공위성이 많아지면서 우주 쓰레기의 양도 많아지는 만큼, 우주 환경의 장기적인 지속가능성을 위한 해결책을 고민하지 않는다면 우리에게 더 큰 위험이 다가올지 모릅니다.

지속가능한 성장을 위한 현실적 방법 '순환경제'

전 세계적인 문제로 떠오르고 있는 기후변화에 대한 우려의 목소리가 커지고 있는 가운데 지속가능한 성장의 중요성은 부각되고, 탄소중립을 이루기 위한 현실적인 해결방안으로 '순환경제'라는 개념이 대두되고 있습니다.

'순환경제'란 무엇일까요?

순환경제(Circular Economy)란 자원 절약과 재활용을 통해 지속가능성을 추구하는 친환경 경제 모델을 뜻합니다. 자원을 최대한 장기간 순환시키면서 이용하고 폐기물 등의 낭비를 줄이는 경제 모델이라고 할 수 있습니다. 이와 함께 제품 소비와 매립, 소각으로 끝나는 선형 경제의 한계를 극복하고 탄소중립을 달성하기 위한 새로운 전략이 요구되고 있습니다.

순환경제는 단순한 자원 재활용을 넘어 설계 단계부터 기술적 주기와 생물학적 주기를 고려하여 제품을 설계하고, 동일한 품질로 활용될 수 있도록 하므로 지속가능한 미래를 위한 가장 현실적인 방법으로 각광받고 있습니다.

지속가능한 미래를 위한 다양한 노력!

LG화학 '렛제로(LETZero)'

LG화학은 친환경 제품 통합브랜드 '렛제로'를 런칭했습니다. 렛제로는 LET(하게 두다)과 Zero(0)의 조합어로, 환경에 해로운 요소나 탄소배출 순증가를 0으로 만들겠다는 의지를 담고 있습니다. 폐플라스틱을 재가공한 리사이클 제품, 재생 가능한 식물성 원료로 만든 바이오 소재, 옥수수 등에서 추출한 포도당 및 폐글리세롤 등을 활용해 만든 생분해 소재 등을 끊임없이 연구하여, 혁신적인 과학 기술로 지구와 다음 세대를 위해 미래로 나아가는 친환경 여정을 시작하였습니다.

LG에너지솔루션, 비즈니스와 접목한 순환경제

LG에너지솔루션은 사용 후 배터리 재활용을 중심으로 순환경제 생태계 구축에 나서고 있습니다. 배터리가 사업 핵심 아이템인 만큼 사용 후 배터리 재활용 경쟁력을 극대화하기 위해 전기차 충전소를 설치하고, 신재생 발전 연계 ESS를 구축하는 등 시범사업을 추진하고 있습니다. 또한 사용 후 배터리를 분해하여 금속을 추출, 새로운 배터리 제조에 활용하는 등의 시스템을 마련하여 자원 선순환 체계를 구축하는 노력을 기울이고 있습니다.

순환경제로의 전환이 기업의 미래 경쟁력을 좌우하는 ESG 경영의 핵심 이슈로 부상하고 있습니다.

가짜 친환경?
그린워싱주의보

최근 많은 기업이 친환경 마케팅을 내세우고 있습니다. 환경에 대한 소비자의 관심이 높아진 만큼 다소 비싼 값을 치르더라도 환경친화적인 제품에 지갑을 열고 있기 때문입니다. 하지만 기업들이 내세우는 제품들이 정말로 친환경적인지, 아니면 친환경을 무늬로만 앞세운 홍보전략인지 궁금하신 적 없으셨나요? 가짜 친환경을 골라낼 수 있는 똑똑한 소비자가 되는 방법을 알려드립니다.

그린워싱이란?

그린워싱은 'green'과 'washing(세탁)'의 합성어로 기업이나 단체에서 실제로는 환경에 악영향을 끼치는 제품을 생산하면서도 허위·과장광고나 선전, 홍보 수단 등을 이용해 친환경적인 모습으로 포장하는 '위장환경주의' 또는 '친환경 위장술'을 말합니다.

그린워싱을 가려내는 7가지 기준

넘쳐나는 상품들 중에서 소비자들이 그린워싱을 구분할 수 있도록 글로벌 친환경 컨설팅 기업 테라초이스(Terrachoice)에서는 '그린워싱의 7가지 죄악(The Seven Sins of Greenwashing)'을 공개했습니다.

1. 상충효과 감추기 (Sin of Hidden Trade-off)

일부 친환경적인 속성만 강조해 환경 파괴를 유발하는 다른 속성을 감추는 행위

2. 증거 불충분 (Sin of No Proof)

정확한 근거 없이 해당 제품을 친환경적이라고 주장하는 행위

3. 애매모호한 주장 (Sin of Vagueness)

명확한 의미 전달이 어려운 광범위한 용어를 사용하는 행위

4. 부적절한 라벨 (Sin of Worshipping False Labels)

인증서와 비슷한 이미지를 부착해 인증된 상품처럼 위장하는 행위

5. 관련성 없는 주장 (Sin of Irreleavance)

친환경과 관련 없는 내용을 연결해 왜곡시키는 행위

6. 유해상품 정당화 (Sin of Lesser of Two Evils)

친환경적이지 않으나 타사 제품보다 환경적이라는 근거로 친환경적인 제품이라고 주장하는 행위

7. 거짓말 (Sin of Fibbing)

미취득·미인증된 마크를 무단 도용하는 행위

환경에 대한 진정성이 없는 친환경 제품이나 마케팅을 골라내는 똑똑한 소비자가 늘어난다면 사람들의 눈을 속이는 가짜 친환경 제품이 설 자리는 더 이상 없어질 것입니다.

그린워싱을 가려내는 방법

1. 환경부의 친환경 인증 마크* 확인

기업의 자체적인 마크가 아닌, 환경부의 인증 사유가 표시된 '법정인증마크' 확인

출처: 한국환경산업기술원

---

*환경부 친환경 인증 마크: 생산과 소비, 폐기를 하는 과정에서 다른 제품들과 비교해 환경오염을 적게 일으키거나 자원절약을 할 수 있는 제품을 대상으로 부여하는 친환경 마크

2. 제품 라벨이나 홈페이지 등에서 생산 방식과 인증 여부, 재활용 가능 여부 확인

'이것'을 하지 않는
회사는 퇴사하겠습니다

심각한 기후 위기에 특정 기업에서 퇴사를 선택하는 사람들이 늘고 있다고 합니다. 이 현상은 기후 위기 대응에 소홀하거나 부정적인 영향을 끼치는 회사를 퇴사하는 것으로 '기후 사직(Climate Quitter)'이라는 이름이 등장하기에 이르렀습니다.

'기후사직(Climate Quitter)'이란?

기후 위기에 당장 대응하지 않으면 안 된다는 인식을 가진 사람들이 원래 직업을 그만두고, 기후와 관련된 일을 찾아 나서는 움직임을 말합니다. 특히 '기후 사직'은 일시적인 일부 현상이 아닌 노동시장 자체에 변화를 줄 잠재력을 지녔으며, 기후 위기 대응이 노동자와 구직자에게 영향을 미칠 것이라는 예측도 나오고 있습니다.

기후 위기 대응을 하지 않는 기업에서는 일하지 않겠다는 현상, 정말로 일어나고 있을까요?

국제 회계·경영 컨설팅 회사인 'KPMG' 영국 지부가 6,000명의 노동자 및 학생들을 대상으로 한 설문조사에 따르면 기업의 ESG 활동이 구직자가 회사를 선택하는 데에도 크게 영향을 미친다는 결과를 확인할 수 있습니다.

18세에서 24세 사이 응답자 중 약 3분의 1은 기업 ESG 대응이 자신의 가치관에 일치하지 않을 경우 해당 기업의 입사 제안은 거절하겠다고 응답했다고 합니다. 또한 연령과 관계없이 새로운 직업을 선택할 때 고용주의 ESG 성과 및 경영 의지를 평가하고 있는 것으로 나타났습니다.

해외에서만 나타나는 현상일까요?

2022년, 국내 MZ세대 구직자 1,183명을 대상으로 한 'ESG 경영 기업 취업선호도'에 대해 조사 결과 응답자의 51.6%(573명)가 '취업 희망 기업 선정 시, 기업의 ESG 경영 여부를 확인한다'고 답했다고 합니다.

참고: 잡코리아×알바몬 설문조사

ESG 경영을 실천하는 기업은 더욱 성장할 것이라는 기대감, 개인의 가치관 등의 영역에서 기후 위기와 개인의 일 사이의 관계성이 강화되고 있다는 분석도 나오고 있습니다. ESG는 이제 생존, 멀지 않은 날에 벌어질 미래와 닿아 있습니다.

지속가능한 생산/소비

지속가능한 미래를 위해, 소비자의 권리와 책임

3월 15일은 세계 OOO 권리의 날!

빈칸에 들어갈 말은 세계 '소비자' 권리의 날입니다. 1962년 3월 15일 미국 케네디 대통령이 소비자의 4대 권리(안전할 권리, 알 권리, 선택할 권리, 의사를 반영할 권리)를 선언했고, 이날을 1983년 국제소비자기구가 세계 소비자 권리의 날로 제정해 오늘날까지 기념되고 있습니다.

소비자 기본 권리에는 8가지가 있다!

우리나라에서는 1979년 12월 3일 소비자보호법이 국회를 통과했습니다. 2006년 소비자기본법으로 이름이 바뀐 이 법에서는 소비자의 기본 권리를 8가지로 규정하고 있습니다.

안전할 권리

구매한 제품과 서비스에서 생겨난 각종 위험으로 부터 안전하게 보호받아야 합니다.

알 권리

상품을 선택하는 데 필요한 지식과 정보를 생산자·판매자로부터 제공받아야 합니다.

선택할 권리

상품을 구매할 때 가격, 상표, 장소 등을 자유롭게 선택해야 합니다.

의견을 반영할 권리

자신의 소비 생활에 영향을 주는 국가 정책에 자신의 의견을 표현하고, 반영시킬 수 있습니다.

피해를 보상받을 권리

상품을 사용하는 도중에 피해를 받았다면 보상을 받아야 합니다.

소비자교육을 받을 권리

소비자는 합리적인 소비 생활 능력을 계발하는 데 필요한 교육을 받을 권리를 지닙니다.

단체를 조직하고 활동할 권리

소비자는 자신의 권리와 이익을 높이기 위해 단체를 만들고, 집단으로 활동할 수 있습니다.

안전하고 쾌적한 환경에서 소비할 권리

안전하고 쾌적한 소비 환경에서 소비할 수 있어야 합니다.

소비자에게 주어진 책임

소비자보호법에서는 소비자의 권리뿐만 아니라 책임 또한 규정하고 있습니다.

- ✓ **상품을 올바르게 선택**해야 합니다.
- ✓ 소비자의 **권리를 정당하게 행사**해야 합니다.
- ✓ 소비자의 권리를 지키기 위해 필요한 **지식과 정보를 배우려 노력**해야 합니다.
- ✓ **자주적이고 합리적인 소비**를 해야 합니다.
- ✓ **자원 절약적이고 환경친화적인** 소비를 해야 합니다.

지속가능한 미래를 위한 소비

유엔 지속가능발전목표(SDGs)의 17가지 목표 중 12번째 목표는 책임 있는 소비와 생산(Responsible Consumption and Production)입니다. 그만큼 우리의 소비가 지속가능한 미래에도 큰 영향을 미친다는 뜻일 것입니다. 여러분도 지속가능한 미래를 위해 권리와 책임을 모두 챙길 줄 아는 현명한 소비자가 되길 바랍니다.

과자, 완두콩 너 이런 것도 할 수 있었어?

일회용품 사용을 자제하려는 움직임이 늘어나고 일상에서도 다양한 변화가 일어나면서, 물건과 음식을 예쁘고 안전하게 보호하는 역할을 하는 포장재에도 변화가 생기고 있습니다.

먹는 포장재?

포장까지 먹을 수 있도록 설계되거나 자연에서 생분해될 수 있도록 만든 포장재를 '식용 포장재(Edible Packaging)'라고 부릅니다. 우리에게 익숙한 콘 아이스크림도 과자로 만들어져 있는 식용 포장재라는 것을 생각하면 낯설게만 느껴지지는 않죠.

뉴질랜드의 한 기업에서 만든 커피 컵은 과자로 만들어졌지만, 따뜻한 액체를 담아도 새지 않고 컵까지 먹을 수 있습니다. 이 커피 컵은 뉴질랜드의 국영항공사인 에어뉴질랜드에서 기내 커피잔과 디저트 그릇으로도 활용되었고, 2021년에는 축구팀 맨체스터 시티의 홈경기장에서도 사용되었다고 합니다.

이런 것도 있어요!

✔ **완두콩을 활용한 식용 육수 큐브:** 완두콩 단백질 큐브를 활용한 이 큐브는 냄비에 통째로 넣고 끓일 수 있어 개별 포장으로 인한 추가 폐기물이 나오지 않습니다. 맛과 질감에도 영향이 없다고 합니다.

✔ **미역으로 만든 빨대:** 식품으로 만들어져 먹을 수도 있고 혹시 버려지더라도 자연 분해될 수 있습니다.

이 밖에도 옥수수, 감자 전분, 해조류, 버섯 등 다양한 재료를 활용한 포장재 생산 기술이 지금도 개발되고 있습니다.

지속가능한 포장의 끝?
포장재를 사용하지 않는 포장도 있어요!

농산물의 인증 마크, 원산지, 브랜드 등의 표기는 일반적으로 스티커, 비닐 등으로 별도 포장되어 있습니다. 스페인, 스웨덴, 벨기에, 뉴질랜드 등에서는 고화질 레이저로 농산물 자체에 표기해서 추가적인 쓰레기가 발생하지 않는 방법을 사용하고 있습니다.

아직 갈 길은 멀지만…

먹는 포장재는 사용되는 성분이 알레르기를 일으킬 수 있고, 운송 중 위생 조건도 고려해야 합니다. 또한 새로운 기술은 제조 과정이나 설비 시설의 가격 등 여러 가지로 제약 사항이 많습니다. 하지만, 이러한 변화의 움직임에 많은 이들이 관심을 가지고 실제로 소비로 이어진다면 더욱 다양한 기술이 만들어질 것이고 언젠가 우리의 일상이 될 것입니다.

기후와 생태계를 위해 '만날 결심', 대체해산물

육류 소비가 환경에 좋지 않다는 이야기는 많이 들어 보셨을 것입니다. 고기를 생산하는 과정에서 온실가스가 많이 발생하기 때문입니다. 그런데, 해산물 소비도 온실가스를 배출한다는 사실 알고 계셨나요? 많은 사람들이 잘 몰랐던 비밀 아닌 비밀에 대해 알아보겠습니다.

해산물 소비도 온실가스를 배출합니다

해산물 소비는 환경에 어떤 영향을 주고 있을까요?

① 생태계를 해치고 있습니다.

넷플릭스 다큐멘터리 <씨스피라시>에 따르면, 8마리의 참치를 잡는 과정에서 45마리의 돌고래가, 샥스핀을 얻기 위해 시간당 3만 마리 이상의 상어들이 죽고 있다고 합니다. 또한 미국에서 포획으로 인해 다치거나 죽는 바다거북의 수는 약 25만 마리로 추산하고 있습니다. 어업 과정에서 우리가 먹는 해산물뿐만 아니라 해양 생태계 자체가 위협받고 있습니다.

② 온실가스 배출량도 적지 않습니다.

온실가스를 가장 많이 배출하는 해산물은 바로 양식 새우입니다. 양식 새우의 단백질 100g당 온실가스 배출량은 18kg으로, 이는 돼지나 방목 소보다 더 많습니다. 닭고기와는 거의 4배 가까이 차이 납니다. 전 세계에서 소비되는 새우의 절반은 양식으로 만들어지고 있고, 지구 환경의 보호막 역할을 하는 해안가 습지는 새우 양식으로 인해 파괴되고 있습니다.

게다가 해산물 가공을 위한 공장 가동과 운반 등에 화석 연료가 쓰이면서 더 많은 온실가스가 배출되고 있습니다.

여기서 잠깐!
식품별 온실가스 배출량을 알아볼까요?

식품 1kg당 온실가스 배출량

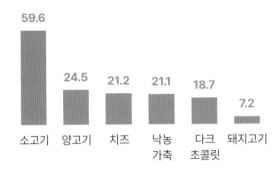

소고기	양고기	치즈	낙농 가축	다크 초콜릿	돼지고기
59.6	24.5	21.2	21.1	18.7	7.2

출처: Interactive: What is the climate
impact of eating meat and dairy?

나 지구 사랑하는데,
그럼 이제 해산물도 못 먹는 거야...?

환경도 사랑하고, 해산물도 좋아하는 여러분 너무 걱
정마세요 기후와 생태계 보호를 위해 노력하는 해산물
도 있습니다. 최근 주목받고 있는 '대체해산물'입니다.

출처: 위 'Mimic Seafood'
아래 'Sophie's Kitchen'

대체해산물은 해조류 같은 식물성 재료로 진짜 해산물
과 똑같은 맛과 식감, 영양소를 가지도록 개발한 식품
입니다.

토마토로 만든 참치회, 해조류와 완두콩 단백질을 원
료로 만든 연어는 사진만 봐도 감쪽같지 않나요? 남획
과 어업 폐기물로 발생하는 생태계 파괴, 온실가스 배
출 문제를 감소시키고 더 나아가 식량 위기에 대한 방
안 중 하나로 주목받고 있습니다.

아직 우리에겐 생소하게 들릴 수 있지만, 미국에는 이
미 대체해산물의 바람이 부는 중입니다. 미국 소비자
들은 돼지고기 대체육보다 대체해산물을 더 찾는 추세
라, 그 시장도 점점 커져 10년 뒤에는 지금의 약 2배
규모인 13억 달러에 달할 것으로 예상하고 있습니다.

K-POP, 친환경과 같이 글로벌 해 줄래?

여러분은 케이팝 음악을 좋아하시나요? 한국을 넘어 세계로 뻗어나가는 중인 케이팝의 열기는 점점 뜨거워지고 있습니다. 관세청 자료에 따르면, 2022년 우리나라의 음반 수출액은 전년 대비 5.6% 증가한 약 2억 3천311만 달러를 기록하는 등 매년 성장을 거듭하고 있습니다.

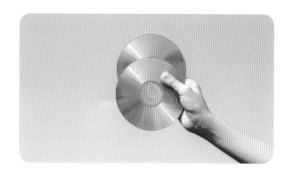

플라스틱과 코팅 종이 등으로 이루어진 두꺼운 포장재, 혼합 플라스틱으로 만들어진 CD 등 앨범 구성품은 재활용이 어려운 경우가 많습니다. 환경부 자료에 따르면 실물 음반으로 인한 폐기물이 매년 100톤 이상 발생하고 있다고 합니다.

버려지는 앨범이 환경오염을 불러온다?

이러한 케이팝 시장의 성장과 글로벌한 인기는 긍정적인 현상이지만, 늘어나는 앨범 판매량은 환경오염에 대한 고민도 불러옵니다. 한국소비자원이 최근 2년간 유료 케이팝 팬덤 활동 경험이 있는 만 14세 이상 소비자 500명을 대상으로 조사한 결과, CD로 음악을 감상하는 소비자는 5.7%에 불과한 것으로 나타났습니다. 이렇게 음원 스트리밍 문화가 정착된 지금, 실물 앨범은 팬들에게 음악을 듣기 위한 수단보다는 포토카드를 얻기 위한 수단이 되었습니다.

지구를 위한 케이팝

이에 케이팝 팬들은 보다 친환경적인 케이팝을 요구하며 목소리를 높이고 있습니다. 전 세계 케이팝 팬들이 주축이 된 단체 'Kpop4Planet(케이팝포플래닛)'은 인도네시아 전자상거래업체에 2030년까지 100% 재생에너지를 사용하라는 청원을 하고, 엔터사에 친환경 앨범을 제작해달라고 요구하는 등 '죽은 지구에 케이팝은 없다'는 슬로건 아래 다양한 활동을 펼치고 있습니다.

높아지는 팬들의 목소리와 함께 엔터사들도 앨범으로 인한 환경오염을 줄이기 위해 노력하고 있습니다. 친환경 용지, 콩기름 잉크, 생분해 플라스틱 등의 친환경 소재로 앨범을 제작하거나 포토카드만 실물로 받고 음원, 화보 등의 나머지 구성품은 디지털 콘텐츠로 받아보는 '플랫폼 앨범'을 선보이며 플라스틱 발생을 줄이고 있습니다.

케이팝이 이끄는 선한 영향력

최광호 한국음악콘텐츠협회 사무총장은 "케이팝이 가진 화제성을 활용해 환경보호의 중요성과 탄소 배출의 심각성을 전 세계에 공론화하여 지속가능성에 관한 계획을 범세계적으로 조성하는 것이 케이팝의 새로운 역할이다"라며, ESG 경영과 지속가능성에 대해 활발하게 논의 중이라고 밝혔습니다.

블랙핑크는 COP26(제 26차 유엔기후변화협약 당사국총회)와 유엔 지속가능발전목표(SDGs)의 홍보대사를 맡아 "기후 위기를 막기 위한 작은 노력이 큰 변화를 만들어 낼 수 있다"는 메시지를 전했습니다.

이처럼 케이팝의 글로벌한 화제성과 영향력은 많은 이들에게 환경 문제를 널리 알리고, 관심을 촉구하는 데에 도움이 되기도 합니다. 케이팝이 만들어 낼 선한 영향력에 여러분도 함께 주목해 보시기 바랍니다.

데이터의 홍수 속, 0과 1의 친환경 '데이터센터'

기업들의 디지털 전환이 가속화되면서 데이터와 이를 저장하는 물리적 시설, 데이터센터의 수요가 증가하고 있습니다. 우리가 정보를 찾고, 쇼핑하고, 영상을 시청하는 등 인터넷을 사용하면서 만들어 내는 방대한 데이터들은 우리가 따로 보관하지 않더라도 기업들이 구축한 데이터센터에 저장되고 보관됩니다. 이렇게 중요한 책임을 안고 있는 데이터센터이지만, 동시에 지구 온난화에 영향을 미친다는 지적도 있습니다.

데이터센터와 지구, 친해질 수 있을까요?

데이터센터와 지구온난화라는 단어가 나란히 놓이는 이유는 바로 전기 소비량에 있습니다. 데이터센터를 24시간 구동하기 위해 막대한 전기가 사용되기 때문입니다. 데이터센터는 지금의 문명을 유지하고 발전시키는 데 필수적이고, 지구는 우리를 넘어 미래 세대도 살아갈 터전으로서 소중합니다. 그렇다면 우리에게 너무 소중한 이 둘, 친해질 수는 없을까요?

완전 가능! '우리'가 만들어 볼게요!

데이터센터가 환경에 미치는 영향이 화제가 되면서, 기업들이 문제 해결을 위해 적극적인 모습을 보이고 있습니다. 반드시 필요한 만큼 구축은 불가피하지만, 설계·운영 측면에서 친환경 전략을 세워 발전해나가고 있습니다.

해외의 경우 마이크로소프트가 북해의 차가운 바닷물을 이용하는 시험을 진행 중에 있습니다. 데이터센터의 냉각을 심해의 차가운 바닷물이 대신하고, 센터 운영을 위한 전력은 조력과 같은 친환경 에너지를 활용해 탄소 배출 없는 데이터센터를 운영하고자 한 것입니다.

이런 이야기가 먼 나라의 것만은 아닙니다. 국내의 경우 LG유플러스가 친환경적으로 인터넷데이터센터(IDC)를 운영하고 있습니다.

출처: LG유플러스

신규 인터넷 데이터센터 설계 시 에너지 사용량을 줄이기 위해 차가운 외기를 전산실에 유입하여 서버 발열을 낮추는 외기냉방시스템을 적용했으며, 서버가 놓인 바닥 아래에 이중마루 구조를 없애고 찬바람을 서버에 직접 공급해 냉방 효율을 높일 예정입니다.

우리는 디지털 기반 기술을 통해 계속해서 성장하고 있습니다. 디지털 시대에 유익한 정보를 제공하기 위해 필요한 핵심적인 시설인 만큼 데이터센터를 더 안전하고 건강하게 운영할 수 있다면 기술과 지구는 더 가까워질 수 있을 것입니다.

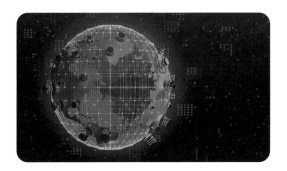

새롭게 성장하고 있다는 이 산업, 기후테크?!

2023년 12월, 우리나라에서 포근한 날씨가 이어지며 반소매 차림을 한 시민들의 모습이 뉴스에 등장했습니다. 당시 호주 시드니도 12월 초 40도를 기록했는데, 이는 호주의 12월 평균기온보다 약 15도 높은 기온이었다고 합니다. 이렇게 심각한 기후 위기 속에 기후 변화 대응 기술, 기후테크가 주목받고 있습니다.

기후 위기에 뜨는 기술, 기후테크!

기후테크(Climate Tech)는 기후(Climate)와 기술(Technology)의 합성어로 온실가스와 오염물질 배출 감축을 통해 기후변화에 대응하는 기술들을 의미합니다.

클린테크(Clean Tech)

태양, 바람, 물, 식물과 같은 자연으로부터 공급받는 재생 에너지는 화석 연료와 달리 이산화탄소를 배출하

지 않아 대기 오염도 적고, 자연적으로 보충되는 에너지원입니다. 클린테크는 재생 에너지처럼 에너지와 자원의 소비를 줄이면서 오염의 원인을 없애거나, 폐기물에서 에너지나 원료 등을 회수해 재사용하는 기술을 의미합니다.

카본테크(Carbon Tech)

제철소 등 공장 굴뚝에서 나오는 배기가스를 포집*해 이산화탄소만 걸러내어 드라이아이스를 만들거나, 메탄올 등의 물질을 만드는 데 이용하기도 합니다. 이렇게 대기 중으로 배출되는 탄소량을 줄이고, 배출된 탄

소를 다양한 산업의 재료로 재사용하는 기술을 카본테크라고 합니다.

---

*포집: 여러 가지 방법으로 일정한 물질 속에 있는 미량 성분을 분리하여 잡아 모으는 일

에코테크(Eco Tech)

버려지는 제품을 재활용하거나 대나무 칫솔, 다회용기를 만드는 등 자원순환을 돕는 기술은 에코테크에 해당합니다. 에코테크는 자원순환과 저탄소 원료 및 친환경 제품 개발에 초점을 둔 기술입니다.

푸드테크(Food Tech)

소가 배출하는 온실가스를 감소시키고 동물 윤리 문제, 식량난 등의 문제들을 해결할 수 있을 것으로 기대되는 '대체육 개발'은 푸드테크의 대표적 사례입니다. 푸드테크는 먹는 것과 연관된 문제를 해결하는 기술로 식품 산업의 생산성, 효율성, 안정성, 지속가능성 등 개선을 목적으로 합니다.

지오테크(Geo Tech)

기후변화로 인한 기상이변이 심각해지며 일기예보의 정확도가 중요해진 만큼, 인공지능을 활용한 기상 예측 모델 개발이 활성화되고 있습니다. 기상 예측 모델 외에도 온실가스 관측 모니터링 기술 등 기후 위험 요인 관리를 위한 기상 예측 기술을 지오테크라고 합니다.

선택이 아닌 필수가 된 기후테크

지속가능한 삶을 위해 기후테크는 선택이 아닌 필수가 되었고, 관련 산업이 빠르게 성장하고 있습니다. 여러분도 일상 속 기후 위기 대응을 위해 알지?와 함께 보다 적극적으로 탄소중립을 실천해 주시길 바랍니다.

제품 뒤에 동물 있어요!
'세계 실험동물의 날'

사람이 먹거나 바르는 약, 식품, 화장품 등을 개발하는 과정에서 안전성과 효과를 살펴보기 위해 동물에게 실험을 합니다. 4월24일 세계 실험동물의 날은 이러한 동물실험을 대체하기 위한 방법을 찾고, 실험 현장에서 일어나는 동물의 희생을 없애기 위해 유엔(UN)에서 기념일로 지정한 날입니다. 농림축산검역본부의 조사 결과에 따르면 2021년 우리나라에서 실험에 사용된 동물은 488만 마리로, 매년 이 수가 늘고 있다고 합니다. 전 세계적으로는 5억 마리 이상의 동물이 실험에 사용되고 있습니다.

동물실험, 얼마나 효과 있을까요?

동물을 이용하는 것에 대한 윤리적인 문제뿐만 아니라, 동물실험의 효과에 대해서도 의견이 나뉩니다.

> 인류의 건강과 과학 기술 발전을 위해서는 꼭 필요한 절차야!

> 동물과 인간의 몸은 다르기 때문에 인간에게 미치는 영향을 정확하게 예측하기는 어려워!

당장 동물실험을 없애기는 어렵지만...

당장 모든 동물실험을 없애는 건 어려운 일이겠지만, 동물의 권리에 대한 사회적 관심이 높아지면서 변화들은 생기고 있습니다.

사전 승인을 받아야 합니다
학교, 연구 기관, 의료 기관, 기업 연구소에서는 동물실험 전에 동물실험윤리위원회의 사전 승인을 받아야 합니다.

동물실험 3R 원칙을 지켜야 합니다
대체(Replacement): 비동물 실험으로 대체합니다.
축소(Reduction): 실험동물의 수를 축소합니다.
개선(Refinement): 동물의 고통을 줄입니다.

우리는 무엇을 할 수 있을까요?

불필요한 동물실험을 하지 않는 크루얼티 프리 인증이나 비건 인증을 받은 제품이 늘어나고 있습니다. 이러한 제품에 관심을 가지고 이용하는 것 또한 동물의 희생과 고통을 줄이는 일입니다. 우리가 소비하는 물건이 어떻게 연구되고 만들어지는지 생각해 보면서, 사람과 동물의 안전이 모두 지켜질 수 있도록 많은 관심을 보여 주시길 바랍니다.

내가 바른 자외선차단제가 바다를 오염시킨다고?

바다에 사는 수많은 해양 생물들에게 산호초는 꼭 필요한 존재입니다. 산호초의 면적은 전 세계 바다의 0.2%도 안 되지만, 사람과 지구를 위해서도 많은 역할을 하고 있습니다. 이런 우리 생태계에 없으면 안 될 산호초가 인간이 사용하는 '자외선차단제' 때문에 몸살을 앓고 있다고 합니다.

바다의 열대우림, 산호초

산호는 파도 힘의 약 90%를 흡수하는 효과가 있습니다. 쓰나미나 태풍 등 높은 파도나 해일이 일 때, 산호초는 연안과 연안 지역의 주민들을 보호하는 천연 방파제 역할을 합니다. 또한 나무와 같이 산호초를 중심으로 형성된 바다숲은 주요한 이산화탄소 흡수원입니다. 산호가 직접 바닷속에서 산소를 만드는 것은 물론, 광합성을 하면서 대기 중의 이산화탄소를 흡수해 지구 온난화를 막는 데 크게 기여하고 있습니다.

하얗게 변한 산호초 - 백화현상

하지만 우리에게 중요한 산호초가 아름다운 색을 잃고 하얗게 변하며 서서히 폐사하고 있습니다. 이러한 증상을 산호초의 백화현상이라고 합니다. 바다의 수온 상승과 산성화, 해수면 상승 등 기후 위기로 인한 환경의 변화도 원인이지만 해수욕 관광객으로 인한 직접적인 원인 또한 있습니다.

사람들의 여름휴가가 반갑지 않은 바다생물들

더운 여름, 사람들은 해수욕을 즐기기 위해 바다로 떠납니다. 그리고 강한 자외선에 피부를 보호하기 위해 선크림을 바르고 바다에 뛰어듭니다. 하지만 최근 태국과 하와이를 비롯한 해외 유명 휴양지에서는 선크림 반입을 금지하고 있습니다. 그 이유는 우리 피부를 보호해 주는 선크림의 성분 '옥시벤존'이 바다에 들어갔을 경우 산호초의 백화현상을 발생시키는 치명적인 유해물질이라는 사실이 밝혀졌기 때문입니다.

산호초를 지켜주세요

매년 바다로 유입되는 자외선 차단제의 추정치는 다양하지만, 한 환경단체에 따르면 산호초 서식지에서 방출되는 자외선 차단제는 1만 4,000톤에 달한다고 보고하고 있습니다. 우리는 자외선 차단제에 포함된 성분을 확인해 친환경적인 선크림을 사용하고 바닷물에 들어갈 때 긴 수영복이나 모자를 착용하는 것만으로도 산호와 바다 생태계, 나아가 지구를 보호할 수 있습니다.

장난감 병원으로 놀러오세요!

한번 사용하고 버려지는 일회용품 대신 가진 물건을 오래오래 사용한다면 온실가스 배출량을 줄일 수 있다고 합니다. 가진 물건 오래오래 쓰기를 실천하고 있는 멋진 사례를 소개합니다.

"고장난 장난감 고쳐드립니다."

아이들의 장난감을 고쳐주는 곳이 있습니다. 이곳에서 장난감 수리를 받기 위해서는 우선 장난감 사진을 올리고 고칠 수 있는지, 없는지 문의합니다. 문의 후 수리가 가능한 장난감을 택배로 보내면 이를 무상으로 수리해 주고 있습니다.

돈을 받지 않는다고요?!

장난감을 수리해 주는 '키니스 장난감 병원'에는 전국

의 고장 난 장난감이 모입니다. 이곳에서는 장난감을 고치는 비용을 받지 않습니다. 물건의 소중함과 자원 재활용의 중요성을 깨닫게 해주기 위해서라고 합니다. 또한 싫증이 난 장난감을 기부하면 새로운 장난감으로 바꿔주기도 하고, 고장 난 장난감을 고쳐 아동시설이나 장난감이 꼭 필요한 아이들에게 전해주는 매개체 역할도 하고 있습니다.

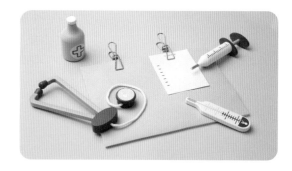

이렇게 장난감을 수리해 주시는 분들은 과연 누구일까요? 바로 은퇴하신 어르신들입니다. 어르신들은 아이들을 위해 장난감 수리 기술로 재능을 기부하고, 장난감 병원은 어르신들에게 사회 참여와 기술봉사의 기회를 제공하고 있습니다.

장난감 병원을 통해 배우는 자원의 소중함

이러한 장난감 수리는 장난감을 버리지 않고 다시 사용하는 재순환을 통해, 가정의 육아 비용 경감은 물론 환경 보호에 부모와 자녀가 함께 참여하는 소중한 기회를 만들고 있습니다.

자원 순환과 장애인 자립 지원을 함께 '지구사랑 모아모아' 캠페인

출처: LG헬로비전

키니스 병원이 장난감 수리를 통해 자원 재순환에 기여했다면, LG헬로비전은 기부를 통해 자원 재순환과 장애인 일자리 창출에 힘을 보탰습니다. 4월 20일 장애인의 날과 4월 22일 지구의 날을 맞아 임직원들이 사용하지 않는 물품을 기부하는 '지구사랑 모아모아' 캠페인을 진행한 것입니다.

수납장 안에서 잠자고 있지만 재판매가 가능할 정도로 깨끗한 의류와 잡화, 생활용품, 도서 등의 중고 물품을 모아서 장애인 일자리 창출에 힘쓰고 있는 굿윌스토어에 기증했습니다. 기증된 물품은 전국 18개 굿윌스토

어 매장에서 판매되고, 그 수익금은 다시 장애인의 사회적 참여와 자립 지원에 사용되었습니다. 물품 기부를 통한 환경보호 효과와 장애인의 일자리 참여에 기여할 수 있는 이 캠페인에 공감한 임직원들의 자발적인 참여로 무려 1,000여 점의 중고 물품이 모였습니다.

환경보호를 위한 제로웨이스트의 중요성이 커지고 있습니다. 자원을 아끼고, 오래 쓰고, 나눠 쓰는 것이 진정한 의미의 환경보호와 선한 영향력의 선순환 입니다.

이제 장례도
친환경으로?

일상 전반에서 친환경에 대한 관심이 높아지면서 이제는 죽음 이후의 장례 문화에서도 환경에 대한 고민이 떠오르고 있습니다. 현재 우리나라 법에서 인정하고 있는 장례 형태는 크게 매장, 화장, 자연장으로 나눌 수 있습니다. 하지만 우리에게 익숙한 장례 방법들이 환경오염을 일으킬 수도 있습니다.

장례 문화가 환경오염을요..?

대표적인 장례 방법인 매장은 땅에 묻힌 시신이 부패하면서 토양을 오염시킬 수 있습니다. 세계 인구가 지속해서 증가하면서 매장지도 부족한 상황입니다. 또한 화장은 그 과정에서 이산화탄소를 발생시켜 환경에 부담이 될 수 있습니다. 장례 문화는 인간의 삶에서 떼어놓을 수 없기에 지속가능한 장례를 위해 조금 더 자연에 가까운 방법들이 등장하고 있습니다.

지속가능한 장례를 위한 대안, 무엇이 있을까요?

- ✓ **녹색 매장:** 방부제 처리나 기타 화학 처리를 하지 않은 시신을 생분해성 관에 넣어 매장하는 방식
- ✓ **수화장(수분해장):** 약품을 이용하여 시신을 녹이는 매장 방식
- ✓ **퇴비장:** 시신을 자연 분해한 뒤 퇴비용 흙으로 만드는 방식

이제는 지속가능한 지구를 위해
일상의 많은 것들을 고민해야 할 때

장례 문화는 한 개인의 삶을 마무리하는 오랜 전통이기 때문에, 이러한 대안들이 아직은 낯설고, 받아들이기 어려울 수도 있습니다. 하지만, 인간의 삶에서 탄생과 죽음은 뗄 수 없기에 지속가능한 지구를 위해 함께 고민하는 과정은 분명 필요할 것입니다.

이제는 장례식장에서도 다회용기를!

여러분은 밥 먹고 커피 한 잔 하는 걸 좋아하시나요? 이전에는 카페 안에서 커피를 마실 때도 일회용 컵을 쓰곤 했지만, 이제는 매장 이용 시 다회용 컵을 써야 하죠. 점점 일상 속에서 일회용품을 줄이고, 환경을 고려하며 생활하는 게 조금은 익숙해진 것 같습니다. 이렇게 우리 일상에 스며든 친환경, 장례식장에서도 볼 수 있습니다.

장례식장은 원래...

장례식장은 원래 일회용기 사용을 피하기 어려운 곳이었습니다. 짧은 시간 동안 많은 사람들을 한꺼번에 맞이하다 보니, 빠르게 쓰고 버릴 수 있는 일회용기를 주로 사용하게 된 것입니다.

조리 시설과 세척 시설을 갖춘 곳에서는 일회용기를 사용할 수 없게 되어있지만*, 현재 전국 장례식장 중 12%만이 이러한 시설을 갖추고 있다고 합니다.

---

*자원 절약과 재활용 촉진에 관한 법률

우리가 한다! 일회용기 없는 장례식장!

서울시 산하 병원인 서울의료원은 2023년 7월부터 일회용기 없는 장례식장을 운영하고 있습니다. 서울의료원에 따르면 2019년 기준으로 장례식장에서 버려진 쓰레기봉투는 한 달 평균 836개였지만 다회용기를 쓰기 시작한 뒤에는 한 달 평균 136개로 크게 줄어들었다고 합니다.

다회용기를 사용하다 보면 조문객이 몰리는 시간에 세척이 어렵다는 문제가 발생합니다. 김해시는 '다회용기 공공 세척장'을 만들어 이 문제를 슬기롭게 해결했습니다. 이 세척장은 저소득층에게 일자리를 제공하는 김해자활센터에서 운영해서 일회용품 사용 줄이기와 일자리 창출까지 동시에 해냈습니다. 이외에도 경기도, 창원시 등에서도 장례식장에 다회용기를 지원하는 등 여러 지자체에서 일회용품을 줄이기 위한 힘을 모으고 있습니다.

더 살기 좋은 미래를 물려주는 방법

마지막 존엄을 지키면서도 남은 후손들에게 깨끗한 지구와 더 살기 좋은 미래를 물려줄 수 있도록, 번거롭지만 모두가 관심을 갖는다면 우리의 미래는 더욱 아름다울 것입니다.

'사랑의 자물쇠'는 이제 그만!

S#14. 장소: 남산 N서울타워

사랑의 자물쇠가 가득한 곳에 민과 옥순이 서로 마주 보고 있다.

민 옥순아, 우리 영원히 사랑하자!
옥순 민 오빠~ 우리 사랑 변치 말자!
민 우리도 영원한 사랑을 위해 자물쇠를 걸어볼까?
옥순 (살짝 수줍어하며) 응! 좋아.

옥순, 전망대 난간에 자물쇠를 건다.

민 옥순아! 사랑해!

민, 한 치의 망설임도 없이 열쇠를 휙~ 던진다.

민 이제 우리 열쇠도 없으니 굳게 잠긴 자물쇠는 열 수 없어. 이 자물쇠처럼 우리는 영원히 사랑하게 될 거야!

드라마 대본 속 옥에 티?!

영원한 사랑을 약속하며 걸어두는 '사랑의 자물쇠'는 대부분 야외에 놓여 있습니다. 야외에서 오랜 시간 눈이나 비를 맞으며 녹이 슬고, 녹물이 떨어지며, 심한 경우에는 모두 닳은 자물쇠가 땅으로 떨어지기도 합니다. 이는 결국 산이나 토양, 강의 오염으로 이어지게 됩니다.

사랑의 자물쇠, 멸종 위기 동물이 고통받고 있어요

유명 관광지인 미국 그랜드캐니언에서는 관광객들에게 사랑의 자물쇠를 걸지 말아 달라고 당부하고 있습니다. 열쇠나 자물쇠를 삼키고 고통받는 희귀 동물들이 있기 때문입니다. 독수리과 동물인 콘도르는 반짝이는 물건을 좋아하여 인간이 버린 동전, 열쇠, 자물쇠 등을 호기심에 먹고, 생명이 위독해지는 경우가 있다고 합니다.

S#14. 수정본
장소: 남산 N서울타워

사랑의 자물쇠가 가득한 곳에 민과 옥순이 서로 마주 보고 있다.

민 옥순아, 우리 영원히 사랑하자!
옥순 민 오빠~ 우리 사랑 변치 말자!
민 우리도 영원한 사랑을 위해 자물쇠를 걸어볼까?
옥순 (단호하게) 안돼. 사랑의 자물쇠는 환경을 오염시키고, 동물들에게 피해를 줄 수 있어.
민 (민망해하며) 아~ 그렇구나. 몰랐네!
옥순 (환하게 웃으며) 우리는 사랑의 자물쇠 없어도 돼. 없어도 평생 사랑하며 살 거니까!

영원한 사랑이나 우정을 표현하는 방법, 환경을 지키고, 동물도 보호하면서 할 수 있지 않을까요? 사랑 표현에도 환경을 생각하는 센스가 필요합니다.

지구와 나를 위한 건강한 농사 '친환경농업'

우리는 친환경농업이라고 하면 단순히 '농약과 같은 화학제품을 사용하지 않는 농사기법' 정도로 생각하지만 친환경농업의 종류와 방식, 활용범위는 그보다 다양하고 넓습니다. 지구와 나를 위한 건강한 농사, 친환경농업에 대해 알아보겠습니다.

다양한 방식의 친환경농업

친환경농업은 크게 화학비료나 농약의 사용 유무를 기준으로 유기농업과 저투입 농업으로 구분합니다. 먼저, 우리가 일반적으로 친환경농업이라 알고 있는 유기농업은 합성화학물질을 전혀 사용하지 않는 친환경농업으로 농약 대신 퇴비와 같은 친환경 자재를 주로 사용하는 농사 방법입니다. 둘째로, 저투입농업은 병해충과 작물의 양분을 종합 관리하는 기술을 통해서 논밭 생태계의 작물에 필요한 양의 농약과 비료만을 사용하는 방법입니다.

이외에도 인공적인 요소를 배제하고 자연의 힘만을 사용하는 자연농업과 반대로 첨단기술을 활용해 필요 영양분을 세밀하게 조절하는 정밀농업이 대표적인 친환경농법입니다.

농약과 화학비료 대신 동물이?

농사를 지을 때 가장 중요한 것 중의 하나는 잡초와 해충으로부터 작물을 보호하는 일입니다. 이를 저비용, 고효율로 해결하기 위해 화학비료와 농약을 사용하게 되고, 그 결과로 인체에 유해한 농산물이 생산되고 토양이 오염됩니다. 그러나 친환경농업에는 농약과 화학비료의 역할을 대신해 주는 동물들이 있습니다.

친환경 농사를 도와주는 동물들

① 오리
오리는 잡식성으로 늪이나 논의 잡초와 해충을 먹이로 합니다. 오리의 배설물은 유기질 비료가 되어 지력 증진에 기여합니다.

② 참게
해충과 잡초를 먹어 병해충을 방제하며 왕성한 야간 활동으로 토양을 뒤집고 흙 속으로 파고들어 비옥한 토양을 만들어 줍니다. 실제로 논에 참게를 방사하여 무공해 쌀을 생산하는 농법이 있습니다.

③ 왕우렁이
물속의 풀만 먹는 습성이 있어 자라나는 벼는 먹지 않고 물속에 잠긴 잡초만 제거하여 자연 제초제 역할을 합니다.

지속가능한 농업을 위해

친환경농업을 하는 이유는 건강한 농업환경을 보다 오래 지속하기 위해서입니다. 이전과 같이 대량생산을 위해 화학 제품을 무분별하게 사용하는 방식이 탄소를 흡수하는 역할을 하는 토양을 오염시킬 뿐만 아니라, 그 토양에서 재배한 식재료를 섭취하는 사람에게도 좋지 않다는 것을 이제 모두 알기 때문입니다.

우리나라는 친환경 작물이 더 경쟁력을 가질 수 있도록 하기 위해 친환경농업에서 생산하는 작물에 대한 인증 제도를 운용하고 있습니다. 건강한 지구와 나의 안전을 위해 친환경 인증표시를 확인하고 구매하여 나와 지구의 건강을 지키기를 바랍니다.

오늘 하루는
'아무것도 사지 않는 날'

2030세대를 중심으로 '무(無)지출 챌린지'에 도전하는 사람들이 늘고 있습니다. 무(無)지출 챌린지는 지출을 최소화해 돈을 최대한 아껴보자는 취지에서 시작된 사회적 현상으로, 하루 지출 제로(0원)에 성공했는지를 인증하는 게시물을 자신의 SNS 계정에 인증하는 것입니다 그런데 이와 비슷한 캠페인은 오래전부터 있었습니다. 1992년 캐나다 광고인 '테드 데이브(Ted Dave)'가 유행과 쇼핑에 중독된 현대인의 생활습관과 소비행태를 반성해 보자는 취지로 선보인 '아무것도 사지 않는 날 (Buy nothing day)' 캠페인입니다.

왜 Buy nothing day!?

'아무것도 사지 않는 날'은 연중 최대 할인 행사 '블랙 프라이데이'와 반대로, 하루 동안 오히려 아무것도 사지 않음으로써 불필요한 지출을 일삼았던 자신의 모습을 되돌아보자는 의미를 갖고 있습니다.

더 나은 사회를 위한 소비 멈춤!

'아무것도 사지 않는 날'은 단순히 하루 동안 아무것도 소비하지 않는 행위에서 확장되어 우리가 무엇을 생산하고 소비하는 과정에서 발생하는 환경오염이 자연을 파괴시키고 있지는 않았는지, 노동을 착취하는 형태로 생산활동이 이뤄지고 있지는 않았는지 등 사회문제들

을 생각해 보게 합니다.

아무것도 사지 않는 날, 함께 실천해요!

'아무것도 사지 않는 날' 캠페인은 추수감사절과 크리스마스를 앞두고 본격적인 소비가 시작되는 매년 11월 말경에 맞춰 진행되고 있습니다. '아무것도 사지 않는 날' 하루만이라도 소비를 잠시 멈추고 환경보호와 공정한 사회에 대해 생각해 보는 시간을 가져보는 것을 추천합니다.

과소비와 낭비를 줄이려면?

정리하는 습관 기르기!

정리를 통해 그동안 잊고 있던 물건들을 재발견하고, 불필요한 소비는 줄일 수 있습니다.

중고거래, 벼룩시장 이용하기!

나에게 필요한 것, 필요 없는 것을 새로 사거나 버리지 말고 중고거래나 벼룩시장을 이용합니다.

소비하기 전에 되돌아보기!

나에게 정말 필요한 물건인가? 혹시 내가 이미 갖고 있는 것은 아닌지, 대체할 수 있는 물건이 없는지 되돌아보고 구매하도록 합니다.

빈티지도 친환경!
탄소 절감하는 옷 사기

패스트 패션이란, 빠르게 만들어 빠르게 먹을 수 있는 패스트푸드처럼 유행하는 옷을 단기간 내에 대량 생산·판매하는 패션 업종을 말합니다. 문제는 빠르게 생산되는 만큼 빠르게 버려지는 옷들에 있습니다. 패스트 패션으로 인해 우리 지구에 무슨 일이 있는지 칠레 북부의 아타카마사막 사례를 소개합니다.

칠레의 '쓰레기 산'

칠레는 오랫동안 중국이나 방글라데시에서 패스트 패션으로 생산되어 아시아, 유럽, 미국을 거친 중고 옷과 팔리지 않은 옷이 모이는 곳이었습니다. 이렇게 모인 옷 중 일부를 걸러내 다른 중남미 국가에 판매하고, 나머지는 이곳에 버려지는 것입니다.

그렇게 매년 버려지는 옷은 최소 3만 9,000톤. 이 옷들은 생분해되지 않을 뿐더러 화학 처리가 되어 있는 탓에 매립장에 가지 못하고, 사막에 쌓여 쓰레기 산이 되었습니다.

출처: 세계일보 '합성섬유 완전 분해 200년 걸려… '패스트 패션' 폐해 심각'

스위스 투자은행 UBS 보고서에 따르면 세계적으로 매년 약 1,000억 점의 옷이 만들어지고 이 중 절반 이상은 구매 후 1년 안에 매립지나 소각장으로 버려집니다. 또한 세계자원연구소(WRI)에 따르면 의류 생산으로 인해 배출되는 탄소량은 10억 2,500만톤*. WRI는 이대로라면 2030년에는 패션 산업의 탄소배출량이 15억 8,800만톤에 이를 것으로 예상했습니다.

---

*2019년도 기준 추정치

친환경 '슬로 패션'을 위한 방법

방법 1
패스트 패션 반대! 그 이름하여 '슬로 패션'
패스트 패션이 있다면 반대를 지향하는 패션도 있습니다. 슬로 패션은 친환경 의류의 생산과 소비를 지향하는 대신 패스트 패션은 지양합니다. 생산 과정에서도 천연재료나 친환경 소재를 활용하는 것은 물론 노동권과 동물권을 보호하고, 공정거래를 지지하는 패션 트렌드입니다.

방법 2
이제 빈티지로 정착!
제일 좋은 친환경 패션, 중고 거래
중고 거래 좀 해봤다면 여러분은 친환경에 또 한 발짝 다가섰습니다. 새 옷을 사는 대신 재사용해 버려지는 옷을 줄일 수 있는 방법입니다.

중고 거래뿐만 아니라 교환하는 방법도 있습니다. 다시입다 연구소는 사 놓고 입지 않는 옷을 가져와 서로 교환해 입거나, 입던 옷은 수선이나 리폼해 가능한 한 오래 입도록 하여 의류 폐기물로 인한 환경오염을 줄이고자 하는 비영리 스타트업입니다.

옷을 교환하는 21%파티, 직접 수선해 보는 21%랩에 참여해 보면서 내 옷장을 직접 지속가능하게 바꿀 수 있습니다.

떠나자, 올해의 트렌드 친환경으로!

우리는 일상의 어떤 장소에 도착하기 위해 여러 옷을 입고 있습니다. 학교, 회사, 데이트, 경조사 등... 삶에서 떼놓을 수 없어서 필요해서 산 옷들이겠지만, 버려질 때도 살 때만큼의 고민이 필요합니다. 이젠 멋 따라 유행 따라 가듯 지구온난화로 따라가는 트렌드가 아닌,

탄소중립과 친환경으로 가는 것이 트렌드가 되면 좋겠습니다.

[출처: 다시입다 연구소 공식 홈페이지]

✓ 유행을 따라가는 패스트 패션을 지양하고, **나만의 스타일로 멋지게, 오래 옷을 입습니다.**
✓ 생산 과정에서 천연 재료, 친환경 재료를 사용하고, 노동권과 동물권 보호, 공정 무역을 위해 노력하는 **슬로 패션을 지향합니다.**
✓ 그래도 새로운 옷이 필요하다면 **중고 거래나 옷 교환으로 싸고 좋은 옷을 삽니다.**

크리스마스, 화려하지 않아도 충분히 즐거워요!

'크리스마스' 하면 반짝이는 크리스마스 트리, 마음을 전하는 선물, 귀여운 루돌프까지! 온통 우리 마음을 즐겁게 해주는 것들이 떠오릅니다. 하지만, 크리스마스는 전 세계 많은 사람이 즐기는 날인 만큼 이때 사용되는 에너지나 배출되는 쓰레기도 어마어마합니다.

미국의 크리스마스 > 콜롬비아의 1년?

세계개발센터(Center for Global Development)의 자료에 따르면 미국에서 매년 크리스마스 조명 장식에 사용되는 전력량은 콜롬비아나 네팔 등의 개발도상국이 1년 동안 국가 전체에서 사용하는 전력량보다 많습니다.

1년 동안 국가 전체에서 사용하는 전력량

탄자니아	48억 1천만
네팔	32억 8천만
콜롬비아	30억 6천만

크리스마스 연휴 동안 조명 장식에 사용하는 전력량

| 미국 | 66억 3천만 |

단위: kWh

또한, 해마다 영국에서 버려지는 크리스마스용 음식들을 에너지로 환산하면 보통의 영국 가정에 약 57년 동안 전력을 공급할 수 있을 정도라고 합니다.

반짝이지 않는 크리스마스도 여전히 아름다워요!

영국의 대형 슈퍼마켓과 백화점 브랜드들은 2020년, '크리스마스 장식에 글리터(반짝이)를 퇴출하겠다'라고 밝혔습니다. 미세 플라스틱이 환경에 악영향을 끼친다는 사실이 널리 알려지면서, 미세 플라스틱의 일종인 반짝이 장식을 카드, 포장지, 선물 가방, 트리 등의 크리스마스 상품에서 없애기로 한 것입니다.

2022년 헝가리 부다페스트에는 자전거 페달을 밟아 조명을 켜는 크리스마스 트리가 등장하기도 했습니다. 시민들이 광장에 놓인 전기 충전 자전거의 페달을 밟으면 전력이 생산되고, 이 전력으로 조명을 밝힌 것입니다. 예산도 62,000달러에서 2,500달러로 줄일 수 있었고 이렇게 절약한 전기 요금은 어려운 이웃을 위해 사용한다고 합니다.

도전! 지구도 나도 즐거운 크리스마스

화려하게 꾸미지 않아도, 넘치는 음식을 준비하지 않아도 따뜻한 마음을 서로에게 전하는 것만으로 크리스마스는 충분히 즐거울 수 있습니다.

✔ 크리스마스트리를 새로 사서 꾸미는 대신 집에서 **키우던 화분에 장식**을 달아 꾸미거나, 책을 나무 모양으로 쌓아 만드는 책 트리에 도전해 보기

✔ **친환경 제품을 선물로 주고받기**
✔ **선물 포장을 최소화**하고, 재사용 가능한 포장지나 보자기, 잡지 등을 활용해 포장하기
✔ 크리스마스 파티를 즐긴다면 **일회용품 사용을 줄이고 남는 음식을 최소화하기**

즐거운 축제를 위해 필요한 건? 'ESG'

요즘 새롭게 시작하는 축제들을 보면 기존의 우리가 알던 축제와는 다른 점이 있습니다. 바로 축제에도 ESG 가치를 담았다는 것입니다.

흥청망청 축제의 끝은?

축제를 생각하면 모자람 없이 차고 넘치는 음식, 흥을 북돋아 주는 신나는 음악, 눈을 즐겁게 만드는 화려한 조명, 소비를 자극하는 특별한 상품들. 생각만 해도 즐거운 미소가 저절로 지어집니다.

하지만 흥겨운 축제가 끝난 자리에는 간편하게 사용했던 일회용품이 아무렇게나 버려져 있고, 주변 환경은 훼손되어 있고, 맛있게 먹었던 음식은 음식물 쓰레기로 변해 있곤 합니다.

✓ 음식을 담는 용기는 일회용기 대신 다회용기를 사용합니다.

✓ 음식 메뉴에는 탄소 발생을 줄일 수 있는 비건 메뉴를 포함합니다.

✓ 관객들이 분리 배출을 더욱 편하게 실천하도록 안내합니다.

✓ 대형 무대나 공연 부스는 폐목재 및 업사이클링 제품을 활용하거나, 아예 만들지 않습니다.

이런 변화의 모습들은 요즘 대학교 축제나 지역 축제에서 실제로 진행되고 있는 내용입니다. ESG의 가치가 기업 경영을 넘어 축제의 생태계도 긍정적으로 변화시키고 있습니다.

즐거움만을 위한 축제에서 기후 위기, 친환경 등 ESG를 고민하고 실천하는 축제로 변화해 나가는 것은 큰 의미가 있습니다. 기후 위기나 환경 문제에 있어 축제만 예외일 수 없다는 생각을 가지고 여러분도 ESG 가치를 품은 축제의 참여자 또는 주최자가 되기를 바랍니다.

여행하면서 환경도 지키는 'ESG 여행' 어때요?

환경의 중요성이 갈수록 강조되며 ESG 여행이 주목받고 있습니다. ESG 여행이란 일회용품 및 재활용이 불가능한 쓰레기 배출하지 않기, 포장 줄이기, 친환경 제품 이용하기 등을 실천하는 것으로 친환경적이고 지속가능한 여행 트렌드를 말합니다. 그렇다면 지속가능한 ESG 여행에는 어떤 것들이 있을지 ESG 분야별로 살펴보겠습니다.

Environment
환경을 생각하는 여행

관광업계는 환경보전·지속가능한 여행을 실천할 수 있는 다양한 여행 상품을 출시하고 있습니다. 여행 일정 중 일회용 제품을 사용하지 않기 위해 다회용 컵 사용 상점을 방문하거나, 해양쓰레기를 줄이기 위한 플로깅 코스 등도 ESG 여행 캠페인이 포함된 상품입니다. 관광업계는 이런 캠페인에 참가하는 소비자에게는 패키지 할인, 친환경 기념품, 여행사 포인트 추가 적립과 같은 혜택을 제공하며 관광객의 참여를 독려하고 있습니다.

Social
지역사회를 생각하는 여행

건조한 날씨가 이어져 산불이 일어나면 큰 피해가 발생할 수밖에 없습니다. 응급구호 물품, 생필품 등 지원도 필요했지만, 관광지의 경우 관광객 감소에 따른 지역 경제의 어려움도 무시할 수 없었습니다. 그래서 자연재해로 피해를 본 지역의 관광객 유치를 위한 다양한 여행 상품이 기획되었습니다. 피해 지역의 관광명소를 둘러보거나 관내 음식점과 숙박업소 이용을 유도하여 지역 경제 활성화하고 피해를 조기에 회복해 지역사회가 자생할 수 있도록 돕는 것입니다.

Governance
정부 정책과 제도를 바꾼 여행

지속가능한 여행이 늘어나는 국제적 추세에 맞추어 정부 정책이 바뀐 나라도 있습니다. 프랑스에서는 정부와 민간단체가 협업하여 지속가능한 개발 원칙에 따라 운영되는 시설에만 부여되는 라벨(Label)이라는 여행프로그램을 만들었습니다. 이런 라벨 제도는 관광사업체의 투명성을 높이고 여행객에게 환경에 대한 책임의식을 강화하는 역할을 하고 있다고 합니다.

전 세계 온실가스 배출량의 약 8%를 관광산업이 차지하며 관광으로 인한 환경오염이 세계적인 문제로 떠오르고 있습니다. 지속가능한 지구를 위해 여러분도 좀 더 지역 친화적이고 친환경적인 방법으로 휴가를 떠나보는 것을 추천합니다.

친환경 여행수칙 5가지 지키기

- ✔ 여행 전 불필요한 가전제품 플러그 뽑기

- ✔ 생태관광지 등 친환경 여행지 선정하기

- ✔ 여행 중에도 재활용품 분리수거하기

- ✔ 자가용보다 대중교통 이용하기

- ✔ 일회용품 사용 자제하기

이웃을 생각한 따뜻한 여행, 공정여행!

공정여행이란 현지인과 교류하고 그 사회에 도움을 주면서 현지의 환경과 문화를 존중하는 여행을 말합니다. 여행을 하면서 일어나는 환경오염, 지역 문화 파괴, 무절제한 소비에 대한 반성의 목소리가 높아지면서 1980년대 말 유럽을 비롯한 영미권 나라들을 중심으로 생긴 하나의 운동입니다.

공정여행을 알려면, 우선 공정무역부터 제대로 알기!

공정무역은 국가 상호 간에 동등한 무역 혜택이 이루어지는 것을 말합니다. 특히 개발도상국의 농가에 정당한 가격을 지불하여 해당 국가의 농민들이 자립할 수 있도록 하는 것을 목적으로 합니다. 가장 쉬운 예로는 공정무역 커피가 있습니다.

공정여행은 바로 이 공정무역의 취지를 살려서 이름을 따왔고, 이런 성격으로 '착한 여행'이라고 불리기도 합니다. 우리나라에 소개된 것은 2000년대 초로 처음에는 조금 생소했지만, 지금은 점점 많은 여행사와 단체에서 이 개념을 도입하고 있다고 합니다.

공정여행의 종류에는 무엇이 있을까요?

✔ 책임관광
현지의 자연과 문화 자원을 비롯하여 관광과 관련된 모든 분야에 대한 이익을 존중하는 관광을 말합니다.

✔ 생태관광
관광객이 자연 지역에서 책임 있는 태도와 행동을 취하고, 지역 주민의 참여와 이익 창출이 동반되어 관광에 의한 환경적·사회문화적 영향을 관리하는 관광을 말합니다.

✔ 지속가능한 관광
문화 보전, 생물 다양성, 경제적·사회적·심미적 필요를 충족시킬 수 있도록 모든 자원을 관리하는 관광을 말합니다.

출처: 경기도공익활동지원센터

지속가능한 지구를 위한 공정여행!

지역 주민의 삶과 문화를 존중하면서 자연환경을 보호하고 착한 소비를 하는 공정여행을 떠나보는 것을 추천합니다.

철새와 사람, 그리고 공존 이야기

계절에 따라 번식지와 월동지를 오가는 철새. 겨울이 되면 떼를 지어 우리나라로 오는 철새를 흔히 볼 수 있습니다. 그런데 철새는 사람 때문에, 사람은 철새 때문에 힘든 점들이 있다고 합니다. 어떤 힘든 점이 있는지 서로의 입장을 들어보고, 함께 살아가는 방법은 없는지 고민해 보겠습니다.

"머무를 곳이 부족합니다" – 철새의 입장

"진짜 너무하는 것 같아요! 아니 제가 매년 겨울이 되면 약 1,000마리의 친구들과 낙동강에 오는데요. 매년 우리가 있을 곳이 줄어들고 있어요. 보면 '아파트를 짓는다, 송전탑을 짓는다, 무슨 농경지를 만든다' 이러면 서 땅을 개발한대요! 맨날 우리가 있을 곳을 자기(사람)들을 위해서 다 개발해버려요. 가뜩이나 먹이도 없어서 짜증 나는데, 우리는 어떡하라고요!"

"집에서 살 수가 없어요" – 사람의 입장

"제가 사는 아파트가 원래는 철새 서식지였나 봐요. 이제는 꽤 많은 사람이 사는 주거지역으로 개발되었는데, 철새들은 그것도 모르고 한 2,000마리 정도가 주거지역 수십 미터 떨어진 곳에 둥지를 튼 거예요. 진짜 얼마나 울어대는지, 그리고 냄새는 또 왜 이리 나는지. 울음소리, 악취, 그리고 깃털 때문에 창문을 열 엄두도 나지 않고요, 애써 힘들게 키운 농작물도 그 위에 배설을 해버리니까 다 죽어가요. 아, 진짜! 철새가 다른 데로 가버렸으면 좋겠어요!"

환경보호 vs 개발논리

철새 도래지인 습지나 강 부근 등이 중요한 생태계의 보고라는 것은 누구나 알고 있지만, 그 지역을 언제까지, 그리고 어디까지 자연 그대로의 상태로 놔둘 수 있는지를 두고 갈등이 일어나곤 합니다. 사람들이 살아가는 터전이나 편의를 위해 개발이 필요하다는 입장과 환경을 지키기 위해 자연 그대로 보전해야 한다는 입장은 늘 첨예하게 대립해 왔습니다.

"보호와 개발, 공존할 수 있어요!"
- 공존을 위한 노력

출처: LG헬로비전

이런 상황에서 철새, 야생조류들과 공존하기 위해 노력하는 사람들이 있습니다. 국립생태원에 따르면 투명 방음벽에 부딪혀 폐사하는 야생조류의 수가 연 800만 마리에 달하는 것으로 추정하고 있습니다.

이를 막기 위해 LG헬로비전이 나섰습니다. LG헬로비전은 국립생태원 연구진과 함께 야생조류 서식지를 모니터링하고, 지역사회와 함께 야생조류충돌방지 스티커를 부착하는 등 조류 생태계 보전을 위해 힘쓰고 있습니다. 특히 야생조류충돌방지 스티커의 경우 부착 후 새들이 유리창에 충돌하는 사례가 95% 이상 감소한 것으로 나타났습니다.

서로의 목소리만 높여서는 철새와 사람이 서로 공존하여 살아가는 방법을 찾지 못합니다. 아름다운 자연환경을 지키는 것이 결국 사람에게도 중요한 활동이라는 것을 인지하고, 환경을 보존하며 개발하고 함께 공존하는 방향을 찾을 수 있도록 노력했으면 좋겠습니다.

산새가 지저귀는 계절, 이제 사라지는 걸까요?

바람에 나부끼는 잎사귀 소리와 고운 모래사장을 가볍게 때리는 파도 소리를 듣다 보면 마음이 편안해지곤 합니다. 이러한 소리를 '소리 경관'이라고 합니다. 그런데 최근에 새들의 노래로 만들어진 소리 경관이 사라지고 있다고 합니다.

산새들: 이거 어디까지 내려가는 거예요? ↘

산새들은 소리 경관이라는 소중한 경험을 제공할 뿐만 아니라, 해충을 잡아먹어 생태계를 지키는 수호대의 일원으로서 식물을 수정하고 종자를 퍼뜨리는 역할도 수행하고 있습니다. 하지만 이런 산새들의 개체수가 급감하고 있습니다. 지난 20여 년 사이 남한에서 번식하는 흔한 육상조류 52종 가운데 20종이 줄어든 것으로 밝혀졌습니다. 청호반새의 경우 개체수가 95%나 줄어 가장 큰 감소세를 보였고, 그밖에 호반새가 73%, 흰눈썹황금새가 66%, 한 번쯤 들어봤을 매사촌도 52%나 감소했습니다.

결과는 하나인데 이유는 여러 개

전문가들은 입을 모아 흔한 산새들도 보호해야 한다고 얘기합니다. 멸종위기종만 지키려 하다 생태계에서 중요한 역할을 하는 흔한 종자들 30~40만 마리가 사라질 수 있다는 것입니다. 지키기 위해선 사라지고 있는 이유부터 알아봐야 합니다. 하지만 문제는 그 이유가 하나가 아니라는 데 있습니다.

1. 다 잡아버릴 테다! 밀렵과 남획 문제

이름도 귀여운 꼬까참새는 1960년대까지만 해도 태릉, 김포 등에서 흔하게 볼 수 있는 새였습니다. 하지만 구워서 식용으로 먹기 위해 대량으로 포획하며 요즘엔 관찰하기도 어렵게 되었습니다. "에이, 설마 아직도 밀렵·남획하겠어?"라고 생각할 수 있겠지만, 2022년 10월에는 1,000여 마리의 새를 밀렵한 현장이 국내에서 발견되었습니다. 얇은 그물을 설치하거나 유인장을 설치하여 죽은 새들은 멧새, 촉새, 방울새와 같은 대표적인 산새들이었습니다.

2. 있었는데, 없어졌습니다. 서식지 감소

청호반새의 경우 하천 개발·정비 사업의 영향이 있을 것으로 추정됐습니다. 그들은 작은 하천, 저수지, 해안 주변의 흙벽과 절개지에 구멍을 파 둥지를 만드는데 이런 장소들이 각종 개발사업이나 방재 시설 공사로 사라졌기 때문입니다. 또한 개발을 위해 산림이 사라지고 있는 것 또한 산새의 개체수에 영향을 준 것으로 나타났습니다.

3. 먹을 땐 새도 건드리지 말아요! 농약 고의 살포

2022년 1월, 충남 아산에서 야생오리 100마리가 집단 폐사하는 충격적인 사건이 발생했습니다. 이 사건을 조사한 환경부는 오리들이 볍씨를 먹고 '카보퓨란'이란 농약 성분에 중독된 것을 밝혀냈습니다. 누군가 야생조류를 밀렵하거나 내쫓을 목적으로 볍씨와 같은 곡물에 농약을 묻혀 먹이로 뿌려둔 것입니다. 이 성분은 인간이 먹으면 신경독성, 돌연변이 유발, 생식 장애 등 심각한 문제들을 일으키는데, 이를 치사량까지 고의로 살포한 것입니다.

이대로라면 우리는 어떤 계절이 와도 싱그러운 새 소리를 듣지 못하게 될지 모릅니다. 자연의 아름다움을 알려주는 것은 물론, 생태계 수호에 함께하고 있는 우리 산새들과 동고동락할 수 있도록 관심을 가져보면 좋겠습니다.

맹그로브 숲 "시켜줘, 명예 지구 지킴이"

'지구의 허파'라고 하면 무엇이 떠오르시나요? 많은 분이 아마존 열대 우림을 떠올리실 것 같습니다. 아마존 열대 우림만큼이나 중요한 지구의 또 다른 허파, 맹그로브 숲을 소개합니다.

지구의 또 다른 허파, 맹그로브 숲

맹그로브(Mangrove)는 열대와 아열대의 해안가에서 자라는 나무들을 말합니다. 맹그로브 숲은 야자나무, 무궁화, 감탕나무 등 80여 종의 나무들이 모여 만들어집니다. 산소가 부족한 진흙에서도 잘 자랄 수 있도록 뿌리가 땅 위로 솟아있는 것이 큰 특징입니다.

물도 공기도 깨끗하게! 다재다능한 맹그로브 숲

맹그로브 숲은 지구 환경을 든든하게 지켜주는 역할을 하고 있습니다. 맹그로브 숲의 지구 지킴이 활동을 알아보겠습니다.

이산화탄소 흡수

맹그로브 숲의 탄소 저장 능력은 육지의 숲보다 최대 5배 뛰어납니다. 맹그로브 숲 1만㎡는 연간 1,472톤의 이산화탄소를 흡수하고, 이는 지구 총량으로 환산하면 연간 2,280만 톤 규모에 이른다고 합니다.

수질 개선

맹그로브 나무의 뿌리는 물속의 오염 물질을 걸러냅니다. 맹그로브 숲이 바다의 미세 플라스틱을 흡수해 저장하는 필터 역할을 한다는 연구 결과도 있습니다.

멸종위기종의 보금자리 역할

맹그로브 숲이 이루는 생태계는 지구상 열대 지방 해안선의 60~75%를 차지합니다. 나무들의 뿌리 사이사이로 물고기들이 살고, 이들을 먹이로 삼는 바닷새나 부엉이 등의 육지 동물이 모이기도 합니다.

태풍과 지진해일로부터 방어

맹그로브 숲은 토양이 깎여나가는 것을 막고, 파도를 완화해 태풍, 지진해일 등의 자연재해로 인한 피해를 줄여 주기도 합니다.

위기의 맹그로브 숲

그러나 우리 지구를 든든하게 지켜주던 맹그로브 숲이 점점 사라지고 있습니다. 수질 오염, 해수면 상승, 도시 개발, 새우 양식 등 다양한 요인이 맹그로브 숲을 위협하고 있습니다. 특히 인도네시아에서는 매주 축구 경기장 3개 면적의 맹그로브 숲이 사라지고 있다고 합니다.

지구를 지켜준 맹그로브 숲, 이제 우리가 지킨다!

출처: 대한민국 정책브리핑

유네스코(UNESCO)는 매년 7월 26일을 '국제 맹그로브 생태계 보존의 날'로 지정하고, 맹그로브 숲이 처한 위기에 대해 알리고 있습니다. 우리나라 산림청은 2020년부터 2024년까지 진행되는 한-베트남 산림협력 공적개발원조(ODA) 사업을 통해 베트남 닌빈 지역에 맹그로브 숲을 조성하고 있습니다.

생태계를 어지럽히는 범인은 바로 너!

'인생 사진 명소'로 인기를 끌던 핑크 뮬리가 생태계를 위협할 수 있다는 사실, 알고 계셨나요? 2019년 환경부는 핑크 뮬리를 생태계 위해성 2급 생물로 지정했고, 2020년부터는 핑크 뮬리를 더 이상 심지 않도록 권고했습니다. 다른 식물들의 성장을 방해할 위험이 있어 지속적으로 관찰하기로 한 것입니다.

생태계의 균형이 위태로워요

핑크 뮬리와 같은 특정 생물들은 다른 생물들의 설 자리를 빼앗고 생물다양성을 침해하기도 합니다. 특히 생태계 위해성 1급으로 지정된 생물들은 뛰어난 번식 및 적응 능력으로 생태계의 균형을 무너뜨리고 있습니다.

✓ 뉴트리아는 습지에 사는 식물들의 뿌리를 갉아 먹고 이로 인해 물고기들이 알을 낳을 장소가 사라지고 있습니다.
✓ 붉은귀거북은 국내에 천적이 없고, 동식물을 가리지 않고 먹는 잡식성으로 하천과 호수의 먹이사슬을 교란하고 있습니다.

무너진 생태계, 어떻게 회복할까요?

✓ 학술 연구나 교육 등의 이유로 허가받은 경우를 제외하고는 생태계 교란종을 수입, 반입, 사육, 재배, 양도, 양수, 보관, 유통하는 것은 철저히 금지되어 있습니다.
✓ 환경부는 외래생물 신고센터*를 운영해 생태계 교란종을 발견할 경우 즉시 신고하도록 하고 있습니다.

---

*외래생물 신고센터에 전화(041-950-5407)하거나, 이메일, 외래생물 신고센터 홈페이지를 통해 신고를 접수할 수 있습니다.

잠깐! 한 번 더 생각해 봅시다!

한편, 생태계 교란종 문제를 해결하기 이전에 왜 이러한 문제가 발생했는지 근본적인 원인도 생각해 봐야 한다는 의견도 있습니다. 우리의 필요에 의해 들여왔다가 제대로 관리하지 않고 자연으로 풀려난 생물들이 생태계를 위협하는 경우가 많기 때문입니다.

✓ 뉴트리아는 모피용, 식용으로 사용하기 위해 우리나라로 처음 들여왔으나 수요가 없자 방치하면서 생태계를 교란하기 시작했습니다.
✓ 붉은귀거북은 반려동물로 기르다가 강과 하천에 무분별하게 풀어놓으면서 생태계를 교란하고 있습니다.

결국 우리의 행동이 생태계에 미칠 영향을 고려하는 것이 생태계 교란종 문제 해결의 첫걸음이 될 것입니다.

팔색조 매력, 해조류를 소개합니다

서양에서는 바다의 잡초로 취급받던 해조류가 이제 슈퍼푸드로 거듭나고 있습니다. 해조류에 어떤 매력이 있기에 이런 반전이 가능했던 것인지 알아보겠습니다.

팔색조 매력!
해조류의 매력 파헤치기!

1. 우리의 슈퍼푸드!
해조류는 미네랄과 비타민, 식이섬유 등이 풍부한 슈퍼푸드로, 미래의 중요한 식량자원으로 주목받고 있습니다.

2. 소의 트림, 방귀 해결사!
가축에게서 나오는 메탄이 지구온난화에 미치는 영향력은 이산화탄소보다 84배 이상 높다고 합니다. 호주 멜버른 대학교의 연구팀이 소먹이에 분홍빛 바다고리풀 추출물을 섞어 먹여본 결과, 소의 위장에서 메탄을 생성하는 미생물 활동을 억제하여 메탄 방출을 90% 이상 줄이는 데 성공했다고 합니다.

3. 해조류로 만든 플라스틱?!
최근 플라스틱을 대체할 재료 중에서도 해조류가 주목받고 있습니다. 특히 해조류로 만든 빨대는 종이 빨대와는 달리 18시간 사용이 가능하며, 바닷물에 들어가면 녹아 없어져 해양생태계 보호에 큰 도움이 된다고 합니다. 그 외에도 국내 한 기업에서 해조류에서 뽑아 낸 해조 섬유로 일회용품을 만드는데, 이 제품들은 90일 이내에 자연분해 될 수 있다고 합니다.

4. 이산화탄소 흡수까지!
광합성 작용으로 이산화탄소를 흡수하여 지구온난화를 막는 데 도움을 줍니다. 특히 우리에게 익숙한 '다시마'는 1헥타르당 48톤의 이산화탄소를 흡수하고, 이는 소나무보다 무려 4배나 높은 흡수율이라고 합니다.

이제는 외국 사람들도 반해버린
해조류의 매력

그동안 주로 아시아에서 해조류를 양식하고 소비했지만, 이제 유럽과 미국에서도 기후변화와 식량 안보의 해법으로 해조류를 주목하고 있으며, 양식장이 속속 생겨나고 있습니다. 바다의 잡초에서 슈퍼푸드로, 지구온난화의 또 다른 대안으로, 지구를 위한 소비로 이어진다는 사실이 재미있습니다.

다양해진 반려식물문화, 얼마나 알고 있나요?

최근 SNS에서 식물을 그저 멍하니 바라보며 잡념을 떨치려는 행동을 일컫는 '식물멍' 키워드가 이슈입니다. 움직임 없이 초록색 식물을 바라보기만 해도 마음이 편해지고 잡생각이 사라져 새로운 힐링 방법으로 떠오르고 있습니다. 여러분들도 자신만의 반려식물로 힐링하고 있지 않으신가요? 점점 다양해지는 반려식물문화에 대해 알아보도록 하겠습니다.

"저의 반려식물을 소개합니다! (feat. '다오'야 건강하게만 자라다오~)"

저 알리고(알지? 앱 캐릭터 이름)는 다육이를 키우고 있는데요! 식물을 키워보는 것은 처음이라 상대적으로 관리하기 쉽다는 다육식물을 추천받아 집에 들여 '다오'라는 이름도 지어주며 식물이 주는 편안함을 즐기고 있습니다.

저처럼 취미 생활로 식물을 키우는 사람이 늘면서 식물과 밀접한 관계를 맺는 사람들도 많아지고 있다고 합니다. 2022년 농촌진흥청이 반려식물에 대한 소비자 인식을 조사한 결과, 반려식물을 기르는 목적으로 '정서적 교감 및 안정'이 55%로 가장 높았습니다. 식물을 단순한 사물이 아닌 진정한 반려의 대상으로 인식하고 있다고 볼 수 있습니다.

반려식물 수요가 증가한 만큼 반려식물 시장도 활기를 띠고 있습니다. LG전자의 스마트 식물 재배기 '틔운'처럼 건강한 식물 문화를 장려하는 제품도 있고, 식물 문화를 즐기며 진정한 반려식물의 의미를 고민할 수 있는 특별한 활동과 장소들도 있습니다.

헤어지기 위해 키우는 도토리나무 'U+희망트리'

보통의 반려식물은 오래도록 함께하기 위해 들이지만, LG유플러스에는 딱 100일만 함께하는 반려식물이 있습니다. 임직원들이 직접 100일간 도토리 씨앗을 묘목으로 키우고, 이를 서울 상암동에 위치한 노을공원에 옮겨 심는 것입니다. 2020년부터 정기적으로 진행된 이 활동은 2023년엔 500여 명의 임직원이 함께했습니다.

공원으로 옮겨 심어진 도토리나무는 이후 2년 동안 '노을공원시민모임'의 손을 거쳐 멋진 성목으로 자라나게 됩니다. 이렇게 도토리나무와 헤어질 결심을 하는 이유는 바로, 이 나무들이 이산화탄소와 미세먼지를 저감하는 데 큰 역할을 하기 때문입니다. 500그루의 나무가 성목으로 자라게 되면 연간 이산화탄소 1,250톤, 미세먼지 17kg 이상을 저감할 수 있습니다. 비록 곁에 있던 식물과는 작별해야 하지만, 아름다운 숲을 이루고 오래도록 건강하게 자랄 도토리나무와 함께한 마음만큼은 과연 '반려'라고 할 수 있을 것 같습니다.

알지? 특종! 생태법인 '화난 돌고래' 대표 인터뷰!

2024년 제주도는 멸종 위기 국제보호종인 제주남방 큰돌고래를 보호하기 위해 생태법인 제도를 추진 중입니다. 이 인터뷰는 생태법인이 설립되었음을 가정해 돌고래 입장에서 작성된 가상 인터뷰입니다.

얼마 전 국내 최초로 생태법인이 지정되어 많은 이목을 끌었습니다. 요즘 사람들의 관심을 한몸에 받고 있는 '생태법인 화난 돌고래' 대표님을 알리고 기자가 만나고 왔습니다.

알리고 기자 안녕하세요? 알지신문 알리고 기자입니다. 사단법인, 재단법인은 많이 들어봤지만 생태법인은 다소 생소한데요. 생태법인은 어떤 곳인가요?

대표 네, 생태법인은 좀 생소하지요? 생태법인은 인간 이외의 존재 중 생태적 가치가 있는 자연환경이나 동식물을 법인으로 인정하는 것입니다. 이렇게 되면 자연이나 동식물에 법적 권리가 부여됩니다. 법적 권리

가 부여되면 자연환경이나 동식물도 후견인 또는 대리인을 통해 이제 소송을 제기할 수 있습니다.

알리고 기자 '화난 돌고래' 생태법인은 왜 만들게 되셨나요?

대표 제가 지금 제주도에서 살고 있는데, 사람들이 우리 돌고래를 보겠다고 낚싯배로 가까이 다가와서 무섭게 위협하기도 하고, 바다에 그냥 버리는 폐어구류나 낚싯줄이 지느러미에 엉켜서 목숨이 위태로운 친구들도 많습니다. 지금까지는 우리가 마냥 참았는데, 이제 더는 참을 수가 없습니다. 이제 우리도 생태법인을 통해서 법적으로 대응할 겁니다.

알리고 기자 앞으로 생태법인에서 할 일은 무엇인가요?

대표 저는 바다에서 살지만, 아직 수족관에서 지내는 친구들이 있어요! 그 친구들을 풀어달라는 운동도 할 거고요. 사람들이 함부로 버리는 쓰레기들 때문에 바

다가 오염되어서 너무 힘들어요. 그래서 환경오염을 일으킨 부분에 대해서 사람에게 소송을 걸 겁니다.

'화난 돌고래' 생태법인은 그동안 목소리를 제대로 내지 못했던 동식물들에게 용기를 줘서 우리 같은 생태법인이 더 많이 나올 수 있도록 할 겁니다.

알리고 기자 사람들에게 쌓인 화가 많으신 것 같은데요. 혹시 사람들에게 한마디 해 주신다면?

대표 다른 동식물과 함께 공존해서 살아가야 사람도 좋고, 우리도 좋은 거 아닌가요? 아직 갈 길이 먼 것 같습니다. 사람 중심의 생각에서 벗어나서 우리랑 함께 공존할 방안을 같이 한번 이야기해 보시죠!

알리고 기자 화가 잔뜩 나 있는 대표님과 인터뷰를 황급히 마무리했습니다. 좋은 이야기해 주신 '생태법인 화난 돌고래' 대표님 감사합니다. 지금까지 알리고 기

빌려 쓰는 지구 바르게 푸르게 _정다연, 김예진

지속가능한 미래를 위한 변화의 시작, ESG! ESG를 일상 속에서 실천할 수 있는 <알지?> 앱을 따라서 저희도 친환경을 실천하는 하루를 보내보았습니다.

빌려 쓰는 지구 바르게 푸르게

ESG는 환경(Environmental), 사회(Social), 지배구조(Governance)의 영문 첫 글자를 조합한 단어로, 기업 경영에서 지속가능성을 달성하기 위한 3가지 핵심 요소를 뜻한다. 전통적인 기업의 경영 방식은 재무적 가치인 수익성을 우선시해왔다. 하지만 기업의 윤리적 행보를 원하는 사회적 분위기, 기업의 지속 가능한 경영의 필요성에 의해 ESG가 강조되고 있다. ESG는 기업 경영에서 파생된 단어인 만큼 일반인들에게 생소하다. 하지만 ESG는 기업 경영 원칙을 넘어서 지속가능한 미래를 위한 변화의 시작이다.

지속가능한 미래를 위해 ESG를 일상 속에서 실천하고 행동하며 선한 영향력을 전달할 수 있도록 제작된 것이 <알지?> 앱이다. <알지?> 앱은 React to Zero에서 R과 Z를 따와 만든 이름으로 ESG에 포함된 다양한 문제들을 ZERO로 만들겠다는 의미를 담고 있다.

<알지?> 앱은 실천이 습관으로, 습관이 변화로 이어지기 위해 누구나 참여할 수 있는 데일리 미션을 통해 부담 없이 쉽게 참여하도록 돕는다.

우리의 가장 가까운 일상에서부터 ESG에 관해 알아가고, 같이 행동하자는 <알지?> 앱의 취지에 맞게 <알지?> 앱의 미션을 실천하는 하루를 보내보았다. 다양한 미션 중 다회용기 사용, 올바른 음식물 쓰레기 배출을 실천하였다.

ESG 미션을 실천하기로 한 하루!

우선 아침에 일어나 교내 카페에서 음료를 포장했다. 다회용기 사용을 위해 키오스크에서 음료를 주문할 때 다회용기 옵션을 선택했는데, 다회용기를 사용하면 200원을 할인해 주는 행사를 진행 중이었다.

평소 교내 카페에서 음료를 자주 사 먹지만, 매번 일회용 컵만을 사용했었다. 준비해 온 텀블러에 커피를 포장하며 비용도 절약하고 환경을 위할 수 있어 일석이조라고 느꼈다.

제로웨이스트샵 방문

점심에는 토마토 달걀 볶음을 만들기 위해 필요한 재료를 사러 <순환지구>라는 제로웨이스트샵에 갔다. 요리에 필요한 소금을 구매하며 <순환지구>를 운영하고 계신 사장님께 제로웨이스트샵을 운영하게 된 계기를 여쭤보았다.

사장님께서는 1인 가구로 살면서 대용량으로 파는 공산품들을 다 사용하지 못할까 봐 포기하는 경우가 많으셨다고 했다. 그러던 중 제로웨이스트샵을 알게 되었고, 나와 같은 고민을 하는 사람들을 위해 가게를 차리고자 마음을 먹었다고 답해주셨다. 또 제로웨이스트샵의 가장 큰 장점을 묻는 말에는 혼자 살면서 먹을 수 있는 만큼만 구매할 수 있고, 쓰레기를 줄일 수 있다는 점을 꼽으셨다.

<순환지구>는 서울시에서 인증한 '제로마켓'으로 세제, 샴푸, 화장품 등 리필이 가능한 제품을 구매할 때 필요한 만큼만 무게를 재서 살 수 있는 친환경 매장이다. 매장에 비치된 전용 용기나 개인이 가져온 다회용기에 제품을 담아 구매할 수 있다. 일회용 플라스틱 컵·용기 등 포장재를 사용하지 않아 생활폐기물을 감량하고 환경을 보호할 수 있다.

작은 변화를 만드는 노력

<순환지구>에서 구매한 소금으로 토마토 달걀 볶음을 만들었다. 이 과정에서 올바른 쓰레기 배출을 위해 토마토는 꼭지를 따 분리하고, 달걀 껍데기를 모아두었다. <순환지구>에서 사 온 소금을 사용하며 지구를 위한다는 뿌듯함도 느꼈다.

간식으로는 케이크를 사 먹기로 했다. 평소 좋아하는 디저트 가게에 가서 오늘은 준비해 온 다회용기에 포장이 가능한지 여쭤보았다. 사장님은 흔쾌히 해주셨고,

포장 비용이 들지 않는다고 케이크값을 할인해 주셨다.

가게에서 기존에 제공하는 일회용기가 아닌 다회용기에 담아달라고 요청할 때, 사장님을 번거롭게 하는 것 같아 죄송한 마음이 들었다. 하지만 이러한 작은 불편함을 감수하면서 환경을 위해 노력하는 것이 작은 변화를 만든다는 생각에 뿌듯함을 느꼈다.

다회용기 배달, 수거까지 편리해요!

저녁은 배달 앱에서 다회용기로 배달을 받아볼 수 있는 옵션을 선택해 주문했다.

배달 앱 검색 탭 내에서 다회용기를 검색하고, 해당하는 가게에서 다회용기 옵션으로 주문하는 간단한 방식이었다. 음식을 모두 먹은 뒤에는 배달 가방에 있는 QR 코드를 통해 반납 신청을 하면 용기를 수거하러 오셨다. 평소에는 배달 음식으로 인해 큰 부피의 플라스틱 쓰레기가 많이 나왔는데, 이렇게 다회용기로 주문하면 쓰레기를 획기적으로 줄일 수 있고, 일회용기에서 나오는

환경호르몬도 피할 수 있다는 생각이 들었다.

음식물 쓰레기도 줄이고, 분리해요!

저녁 식사 후, 토마토 달걀 볶음과 저녁 식사에서 나온 음식물 쓰레기들을 분류하여 배출하였다. 우선, 토마토 달걀 볶음에서 나온 달걀과 토마토 꼭지는 모두 일반쓰레기로 배출하였고, 배달시킨 파스타에서 나온 조개껍질도 일반 쓰레기로 분류하였다. 나머지 음식물은 이물질이 포함되지 않도록 분류작업을 거쳤고, 물기를 제거하여 음식물 쓰레기 봉투에 담아 배출했다.

생활 속 작은 실천, 알지?

<알지?> 앱의 미션과 함께하는 하루를 통해 실생활 속 사소한 행동들로 환경에 이바지한다는 뿌듯함을 느낄 수 있었다.

다회 용기를 사용할 시, 많은 가게에서 할인을 해 주거나 서비스를 제공하는 모습에 환경을 위하고자 하는 사람들의 마음을 느낄 수 있어 희망적이었다.

앞으로도 <알지?> 앱의 미션과 함께 더욱 지구를 위하는 일상 속 작은 노력들을 하고 싶다.

S

사회

건강한 사회를 만들기 위해, 알지?

With prosperity we are determined to ensure that all human beings
can enjoy prosperous and fulfilling lives leave no one behind.
Peace we are determined to foster peaceful just and inclusive
societies which are free from fear and violence.

JEFFREY SACHS, professor at Columbia University, 2021

경제 번영을 통해 우리는 모든 인간이 누구도 뒤처지지 않고 만족스러운 삶을
누릴 수 있는 세상을 만들기로 했습니다. 평화를 통해 우리는 두려움과 폭력이
없는 평화롭고 정의로운 포용적인 사회를 만들기로 했습니다.

제프리 삭스, 컬럼비아 대학교 경제학과 교수, 2021, EBS '위대한 수업' 중에서

국제협력

유엔, 정확히 정체가 뭐예요?

전쟁 방지와 평화 유지를 위해 설립된 국제기구인 유엔(UN)이 왜 설립되었고 국제사회를 위해 어떤 일을 하는지 자세히 알아보겠습니다!

유엔의 정체를 공개합니다!

유엔은 국제 연합(United Nations)의 약자로 제2차 세계대전 이후인 1945년, 나라 간의 국제 협력을 증진하고, 국제 평화를 위해 질서를 유지하는 것을 주된 목적으로 설립된 국제기구입니다. 193개 회원국이 모여 정치적 분쟁과 인권, 기후변화, 글로벌 보건 위기에 이르기까지 시급한 문제를 논의하고 해결하는 글로벌 플랫폼이라고 할 수 있습니다.

유엔은 무슨 일을 할까요?

처음에 유엔은 세계평화를 목적으로 만들어졌지만, 그

것에서 멈추지 않고 인류 전체의 번영을 위해 다방면으로 활동하고 있습니다.

국제 평화와 안전의 유지

유엔의 가장 중요한 목표는 세계의 평화를 유지하는 것으로, 세계 여러 나라들 사이에서 발생할 수 있는 분쟁을 예방하려 노력하고 있습니다.

인권보호

1948년 세계인권선언*이 있었던 이후로 인권 문제는 국제법의 주요 영역이 되었습니다. 유엔은 '유엔인권최고대표사무소'라는 별도의 국제기구를 설립하여 세계인권선언문에 명시된 내용을 실천하려 노력하고 있습니다.
*세계인권선언: 1948년 파리에서 열린 제3회 유엔총회에서 채택된 인권에 대한 선언

인도적 지원의 제공

전 세계적인 재난과 재앙에 대처하기 위해 유엔인도지원조정국(OHCA)을 설립하여 지진이나 홍수, 화산 폭발 등 한 국가의 힘만으로는 해결할 수 없는 문제들에 대해 국제 사회가 연대하여 지원할 수 있도록 하고 있습니다.

지속가능한 개발 추구

저발전 국가의 경제 개발을 지원하는 한편, 자연환경을 크게 훼손하지 않는 방법을 제안함으로써 '지속가능한 개발'을 추구하고 있습니다.

유엔, 알고 보면 어렵지 않아요~!

유엔에서 하는 일이 아직 어렵게 느껴질 수 있지만, 이미 이 책을 읽으신 여러분들도 유엔과 같은 노력을 하고 있습니다.

SDGs 5대 가치

사람 지구환경 번영 평화 파트너십

SUSTAINABLE DEVELOPMENT G⚙ALS

알지?는 유엔 지속가능발전목표(SDGs)달성을 지지하며 실천을 제안합니다.

지속가능한 내일을 위해, ESG 알지? 책은 인류와 지구의 지속가능한 번영을 위해 유엔과 국제사회가 합의한 SDGs(지속가능발전목표)에 기반하고 있습니다. SDGs는 2030년까지 인류의 보편적 문제(빈곤, 질병 등), 지구 환경 및 기후변화 문제(기후변화, 에너지, 생물다양성 등), 경제 문제(기술, 주거, 노사, 고용 등) 등을 해결하고자 달성해야 할 목표들을 의미합니다.

지속가능한 미래를 위해

이처럼 유엔은 글로벌 과제를 해결하고 지속가능한 발전을 촉진하는 데에 중요한 역할을 하고 있습니다. 우리도 유엔처럼 지속가능한 미래를 위해 어떠한 역할을 할 수 있을지 함께 고민하고, 실천해 봅시다.

OECD와 다국적기업 가이드라인

뉴스나 신문 기사를 보면 "우리나라 경제성장률 OECD 평균 OO위", "OECD, 내년 경제성장률 2.2%로 하향" 등과 같이 OECD라는 단어를 많이 볼 수 있습니다. OECD란 대체 무엇이고 무엇을 하는 곳인지 알아보겠습니다.

OECD란 무엇인가요?

OECD는 "Organization for Economic Cooperati-on and Development"의 약자로 경제협력개발기구를 의미합니다. 현재까지 총 38개국의 회원국이 가입되어 있으며, 회원국 간 상호 정책 조정 및 협력을 통해 세계 경제의 공동 발전 및 성장과 인류의 복지 증진을 도모하는 세계적인 국제기구 중 하나입니다.

OECD는 제2차 세계대전으로 몰락한 유럽 경제의 극복을 위해 미국의 마셜플랜에 의해 1948년 발족한 유럽경제협력기구(OEEC)를 모태로, 새로운 세계 정세에 적응하기 위해 1961년 9월 30일 파리에서 발족되었습니다. 우리나라는 1996년 12월에 29번째 회원국으로 가입했습니다.

OECD는 무슨 일을 하나요?

OECD는 경제 성장, 개발도상국 원조, 무역의 확대 등을 목적으로 합니다. 주요 활동으로는 경제 정책의 조정, 무역 문제의 검토, 산업 정책의 검토, 환경 문제, 개발도상국의 원조 문제 논의 등이 있습니다. 기본적으로 경제 협력체지만 그 명칭과 달리 그 활동 범위는 경제에만 머무르지 않고 정치, 사회, 환경 등 다양한 분야를 망라하며, 이들을 종합적으로 연구하고 논의합니다.

OECD 다국적기업 가이드라인과 ESG

경제의 글로벌화가 가속화되고 다국적기업의 해외 활동이 확대되면서, 다국적기업은 진출국의 기업 정책은 물론 노동, 환경, 소비자 보호 등 광범위한 영역에 영향을 미치고 있습니다. OECD는 다국적기업이 경제, 사회, 환경적 측면에서 긍정적 영향을 높이고, 부정적 영향을 최소화하도록 돕기 위하여 모범적인 행동 규범인 'OECD 다국적기업 가이드라인'을 제정하기도 했습니다. 이러한 가이드라인은 다국적기업들이 반드시 알고 있어야 하는 ESG 국제 기준이라고 할 수 있습니다.

OECD의 사무총장은 2022년까지 기후와 ESG에 맞춰 책임 있는 기업 행위에 관한 글로벌 모범사례를 위해 가이드라인 개정을 검토한다고 밝힌 바 있습니다. 우리나라의 기업들이 기업 자체의 지속가능성과 동시에 지구환경(E)과 사회공동체(S)의 지속가능성도 향상시키는 의사결정(G)을 하는 ESG 경영을 잘 실천할 수 있도록 모두가 많은 관심을 가져야 합니다.

우리나라가 지원하는 ODA 활동

ODA란 공적개발원조(Official Development Assistance)라고도 불리며, 개발도상국의 빈곤 감소, 경제발전, 사회 발전, 복지 증진 등을 위한 개발금융국의 원조를 뜻합니다. 한국전쟁 이후, 우리나라가 세계 GDP 규모 10위권의 경제 대국으로 성장한 배경에는 국제사회의 공적개발원조 'ODA'가 큰 역할을 담당했습니다. 공적개발원조를 받던 수여국에서 도움을 주는 공여국으로 변신한 소중한 경험을 가진 대한민국! 그렇다면 ODA의 목적은 무엇이고 우리나라가 지원하는 ODA 활동은 무엇인지 자세히 알아보겠습니다.

Q. ODA 목적은 무엇인가요?

인도주의	정치 외교
개발도상국의 빈곤감소	국제사회 공여국 영향력 강화
경제	글로벌 공공재 보전
개발도상국과의 경제협력 관계 증진	범지구적 문제 해결 기여

개발금융국은 인도주의, 정치 외교, 경제, 글로벌 공공재의 보전을 목적으로 개발도상국에게 ODA를 지원합니다. 인류의 공동 번영뿐만 아니라, 원조를 통한 후속 사업을 수주하는 등 향후에 신흥 개도 국가 경제협력을 확대할 수 있는 기초를 마련하고 국제사회에서의 영향력을 높일 수 있습니다. 이렇듯 경제적, 정치 외교적인 측면에서 상호 이익을 가져와 ODA는 우리나라의 대외 전략을 뒷받침할 수 있는 핵심 수단이며 대외적인 이미지에 긍정적인 역할을 합니다.

2022년 ODA KOREA

 예산규모
4조 425억 원

 시행사업
1,765개

 시행기관
44개

 수행국
88개

Q. 우리나라 ODA 현황은 어떤가요?

우리나라는 2010년 OECD 개발원조위원회(DAC, Development Assistance Committee) 가입 이후, 중견 공여국이 되었고 연평균 ODA 증가율은 최상위 수준입니다. 이러한 기대에 걸맞게 우리나라는 보건, 교육, 농림 수산, 산업 에너지 등 다양한 분야에서 ODA 사업을 수행하고 있습니다. 우리나라는 2030년까지 총 ODA 규모를 2배 이상 확대하는 것을 목표로 개도국의 경제·사회 발전을 위한 국제적 연대와 협력을 적극 선도해 나갈 예정입니다. 국제사회의 일원으로서 인류의 공동번영과 세계평화의 증진을 기여하는 대한민국의 선한 발걸음을 응원해 주시기를 바랍니다.

인류의 가장 보편적 권리, 세계인권선언의 날

12월은 크리스마스가 가장 기다려지는 때지만, 그에 앞서 '우리'가 인간답게 살 수 있는 현재를 만들어준 아주 고마운 날이 있습니다. 바로 12월 10일 '세계인권선언의 날'입니다.

'펜'은 '칼'보다 강하다! 세계인권선언문의 시작

인류는 '세계대전'이라는 이름으로 첨예하게 대립했던 역사가 있습니다. 두 번의 전쟁 속에서 전쟁범죄를 비롯한 충격적인 인권침해 실태가 밝혀지며 사람들은 어떤 상황에서도 인간의 보편적 권리를 지켜줄 제도적 장치의 필요성을 깨닫게 됩니다.

그리하여 1946년, 세계인권선언을 합의하기 위해 다수의 국가 대표들이 모여 기초위원회가 구성되었습니다. 세계인권선언은 무려 1,400번의 투표와 의결을 거쳐 1948년 12월 10일에 마침내 유엔 총회에서 최종 채택되었습니다.

'인간이라면' 보장받게 해주세요!

세계인권선언은 모든 사람이 성별, 피부색, 정치적 견해, 종교, 출신 국가, 사회적 신분, 재산 등에 관계없이 자유로우며 평등하다는 '보편적 인권'을 문서로 명시하고 이를 전 세계가 합의한 문서입니다. 총 30개의 조항으로 이루어진 세계인권선언문은 법적 구속력이 있는 건 아니지만, 오늘날 대부분 국가의 헌법과 기본법에 반영되어 있습니다. 그렇기에 우리는 세계 어느 나라를 가도 인간적으로 존중받을 권리가 있습니다.

> 「모든 사람은 존엄성과 권리를 가지고 동등하게 태어난다.
> 인간은 이성과 양심을 부여받았으며 서로에게 동료애를 가지고 행동해야 한다.」
>
> 세계인권선언문 제1조 🎖

여전히 인권을 위해 노력해야 하는 이유

인류는 지금도 전 세계 곳곳에서 기아, 빈곤, 불평등, 기후 변화를 비롯한 수많은 재난을 목격하고 있습니다. 유엔이 제시한 '지속가능한 개발(SDGs)'의 기본 이념인 '아무도 소외되지 않게 한다(Leave No One Behind)'처럼, 보다 나은 지구를 후대에 물려주기 위해선 모두가 보편적 인권을 보장받도록 해야 합니다.

태어났지만 존재하지 않는 아이들

세상에 존재하지 않던 아이가 드러난 순간

2023년 6월 한 주택 내 냉장고 냉동실에서 아기 두 명의 시신이 발견되어 국민들에게 큰 충격을 안겼습니다. 병원에서 태어난 기록만 있고 출생신고는 되지 않았던 이 아기들은 약 5년 뒤 경찰에 의해 존재가 알려지게 된 것입니다.

감사원에 따르면 2015년부터 2022년까지 출생신고가 되지 않은 아동만 2천여 명으로 확인됩니다. 심지어 이들 중 23명에 대한 표본조사 결과, 조사 대상 아동 중 6명은 이미 사망했거나 신원 미상의 타인에게 넘겨져 생사가 확인되지 않고 있습니다.

태어났지만 존재하지 않는 아이들

출생신고가 되지 않은 아기들은 여러 가지 위험에 노출될 수 있습니다. 아기가 세상에 태어났다는 사실을 국가가 파악하지 못하게 되면 보호 안전망에 포함될 수 없다는 것이 가장 큰 문제입니다.

이런 어려움과 권리침해에 노출될 수 있어요

아동학대 위험

불법 입양, 매매, 학대의 위험에 노출될 수 있고, 이러한 일이 발생할 경우 발견이 어렵습니다.

교육권 침해

의무교육에서 배제되고 학교의 보호를 받을 수 없습니다.

건강권 침해

건강보험에 가입할 수 없고 기본적인 보건 및 의료 서비스에 제한이 있습니다.

왜 이런 일이 발생할까요?
어떻게 바꿀 수 있을까요?

기존 출생신고제의 한계 때문이라는 의견이 많습니다. 부모가 직접 해야 하는 출생신고는 아기가 태어난 후 한 달 안에 출생신고를 하고, 이를 넘기면 과태료를 부과했습니다. 출생신고를 안 한 사람을 찾아낼 수도 없고, 의무와 권한은 신고 의무자에게 있었습니다. 이를 해결하기 위해 두 가지 제도가 24년 7월부터 시행되었습니다.

출생통보제

부모가 아니라 병원에 출생신고 의무를 부과하는 제도입니다. 병원이 지방자치단체에 통보하도록 하고, 지자체장은 출생신고가 됐는지 확인해 누락되지 않도록 합니다.

하지만, 의료기관의 행정업무 부담이 과도해질 것이라는 우려와 함께 병원 밖에서의 위험한 출산을 선택하는 이들이 많아질 것이라는 우려의 목소리도 있습니다.

보호출산제

사회·경제적 어려움에 처한 임산부가 신원 노출 없이 익명으로 아이를 출산하도록 지원하는 제도입니다.

하지만, 아기를 포기하는 사례가 많아질 수 있고, 태어난 아이가 친부모의 정보를 알 수 없어져 아이의 알 권리가 지켜지지 않는다는 우려의 목소리도 있습니다.

기후 위기가 곧
아동 위기?!

점점 심해지는 기후 위기 속에서 변화에 대응할 역량이 상대적으로 부족한 사회적 약자들은 더욱 큰 타격을 입을 수밖에 없습니다. 특히 아동은 기후변화에 대한 책임이 적음에도 큰 피해를 입게 됩니다. 신체적으로 취약하고, 재난과 역경으로부터 스스로를 보호하기 어렵기 때문에 기후변화로 큰 위기를 겪는 것입니다. 그리고 아동은 기후변화의 영향이 점점 커지는 세상에서 더 오래 살아가야 하는 세대이기도 합니다.

기후 위기는 곧 아동의 위기!

2020년생이 평생 겪을 기상이변
*1960년생 대비

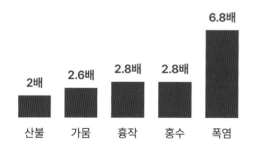

출처: 세이브더칠드런

세이브더칠드런의 보고서에 따르면, 2020년생은 조부모 세대인 1960년생에 비해 평생 동안 6.8배 많은 폭염을, 2.8배 많은 홍수를 겪게 될 것으로 전망됩니다.

기후 변화와 아동 권리의 관계

유엔 아동권리협약에 명시된 아동의 권리는 기후변화로 인해 특히 위협받고 있습니다.

제1조: 차별받지 않을 권리
환경 파괴는 원주민 아동, 장애 아동, 자연재해와 기후변화에 영향을 크게 받는 지역에 거주하는 아동 등 특정 집단의 아동에게 더 큰 위협이 될 수 있습니다.

제19조: 모든 형태의 폭력으로부터 자유로울 권리
환경 피해와 기후변화는 불안정한 상황, 분쟁, 불평등을 초래해 아동이 신체적·심리적 폭력의 위험에 노출될 수 있습니다.

또한 교육권과 같은 권리를 보장하는 것은 기후 위기로부터 아동을 보호하는 데 중요한 역할을 합니다.

제12조: 존중받을 권리
어른들은 아동의 의견을 신중하게 고려해야 하며, 아동은 환경과 기후변화 관련 문제에 대한 발언권을 가져야 합니다. 국가는 환경과 기후변화에 대한 의사결정을 할 때 아동이 참여하도록 해야 합니다.

제28조, 제29조: 교육에 대한 권리
아동은 환경을 존중하고 환경에 대한 유대감을 느낄 수 있도록 환경 교육을 받아야 합니다.

아동 "어른들에게 바란다!"

기후변화의 위험으로부터 아동을 보호하도록 어른들이 할 수 있는 일이 무엇일지 생각해 보아야 합니다. 다음은 유엔 아동권리위원회가 전 세계 아동 16,331명의 의견을 듣고 정리한 「아동이 어른에게 요청하는 주요 내용」입니다.

아동은 기후 위기로 큰 피해를 입지만 단순히 수동적인 피해자만은 아닙니다. 지금, 그리고 앞으로의 세상을 살아가며 기후 위기를 해결하고 변화를 만들어가는 주체로서 아동의 목소리에 집중할 때입니다.

- ✔ 깨끗하고 건강한 환경
- ✔ 아동의 이야기를 경청하고 진지하게 받아들이고 환경을 위한 활동에 참여
- ✔ 정부, 기업, 모든 어른들의 명확하고 투명한 행동
- ✔ 전 세계 국가와 지역 간 협력
- ✔ 환경과 관련된 인식 증진과 환경 관련 교육
- ✔ 가능한 해결책에 대한 아이디어를 공유하는 공간

출처: 유엔아동권리위원회 일반논평 26호

아동이 교육받을 권리 '교육권'

교육권은 사전적 의미로 크게 두 가지로 정의하고 있습니다. 첫 번째는 교육을 받을 권리이고 두 번째는 교육을 할 권리(교권)입니다.

세계에서 규정하는 교육권

'아동은 교육을 받을 권리가 있으며, 모든 학교는 아동을 존중하는 방식으로 운영되어야 합니다.'

<유엔아동권리협약>의 28조와 29조에는 이러한 내용의 아동이 교육받을 권리와 교육의 목적이 명시되어 있습니다. 세계인권선언문 제26조 교육권에도 '모든 사람은 교육을 받을 권리를 가지며 교육은 최소한 초등 기초 단계에서는 무상이어야 한다'라고 명시되어 있습니다.

교육은 인권을 풀어내는 열쇠

UN을 포함한 전 세계가 아동 교육을 중요시하고 있습니다. 아이들은 성장 과정마다 적절한 교육을 받아야 하기 때문입니다. 적절한 교육이 제공되지 않으면 교육 격차가 생기고, 이는 사회와 국가의 지속가능성을 위협할 수 있습니다. 교육권은 누구에게나 평등하며, 아동도 교육의 권리를 존중받아야 합니다.

아동 교육권의 붕괴 위기

초등교육 의무화에도 불구하고, 많은 아동이 여전히 적절한 교육을 받지 못하고 있습니다. 2021년 국제구호개발 NGO 세이브더칠드런 보고서에 따르면, 코로나19, 기후위기, 분쟁, 빈곤, 조혼 등의 요인으로 전 세계 1/4에 해당하는 국가의 아동이 교육 붕괴 위기에 처해 있습니다. 특히 개발도상국에서 이러한 문제가 두드러집니다.

스스로의 미래를 결정할 수 있어야 합니다

교육받을 권리는 모든 아동이 보장받아야 하는 권리입니다. 아동은 교육을 통해 자신의 미래를 결정하고 준비할 수 있어야 합니다.

"여러 사회적 위기 속에서도 누구나 교육받을 수 있도록 우리의 관심과 응원이 필요한 때입니다."

학교가 아니라 일터로 향하는 아이들?

'학교, 아니 회사 다녀오겠습니다!' 한창 자라날 아이들이 등교가 아니고 출근? 아동 노동은 이제 먼 옛날이야기라고 생각하시나요? 하지만 여전히 전 세계 9.6%의 아이들이 노동에 시달리고 있고, 이 중 49.4%는 건강과 안전을 위협받으며 위험한 일을 하고 있습니다.

5~17세 아동 노동 추세
단위: 명

2000	2004	2008	2012	2016	2020
245.5 백만	222.3 백만	215.2 백만	168 백만	151.6 백만	160 백만

국제노동기구(ILO)가 2000년부터 2020년까지 5~17세 아동의 노동 추세를 살펴본 결과, 2000년 이후 아동 노동이 줄어들다가 2016년부터 다시 증가세를 보인다고 합니다.

유엔 지속가능발전목표 8.7

강제 노동을 근절하고, 현대판 노예제와 인신매매를 종식하며, 아동 군인을 포함한 가혹한 아동 노동을 금지하기 위해 즉각적인 조치를 취하며, 2025년까지 모든 형태의 아동 노동을 철폐한다.

지속가능한 미래를 위해!

아동 노동은 아동의 어린 시절과 잠재력, 존엄성을 박탈하고, 신체적·정신적 발달에 해가 되는 노동을 뜻합니다.

유엔 지속가능발전목표(UN SDGs)에도 아동 노동을 철폐하기 위한 내용이 담겨있습니다. SDGs 8번 목표 '양질의 일자리와 경제 성장'의 세부 목표 중 하나는 2025년까지 모든 아동 노동을 철폐하는 것입니다.

아동 노동으로 만들어진 거 아닌지 원료부터 꼼꼼하게 따지기

아동 노동 문제를 해결하기 위해서는 기업의 역할이 중요합니다. 우리나라 내에서는 아동 노동 문제가 크게 두드러지지 않지만, 기업들이 서로 국경을 넘나드는 글로벌 시대인 만큼 우리나라 기업도 아동 노동 문제에 함께 힘쓰고 있습니다.

예를 들어 자신들의 제품뿐만 아니라 그 제품의 원재료가 아동 노동을 통해 생산된 것은 아닌지 점검하는 것입니다. LG에너지솔루션은 글로벌 인권·노동 정책을 세우고, 아동 노동으로 채굴된 광물을 배터리 원료로 사용하지 않도록 점검하고 있습니다.

**LG에너지솔루션 글로벌 인권·노동 정책
제2조 - 아동 노동 금지**

각 국가 및 지역법에서 정한 최저 고용 연령을 준수한다. 만 16세 미만의 아동노동은 일괄적으로 금지한다. 만 18세 미만의 청소년 고용 시 안전보건 상 유해한 업무(야간 근무 및 초과근무 포함)를 부여하지 않는다.

모두의 힘이 필요합니다.

아동 노동 문제는 기업이 단독으로 해결하기는 어렵습니다. 이미 현지의 관행으로 굳어 있거나, 관련 법이 부족한 경우가 많기 때문입니다.

그래서 기업뿐만 아니라 비영리 단체, 현지 지역 사회와 정부 등 여러 이해관계자가 협력하는 것이 중요합니다. 실제로 국제노동기구(ILO), 우즈베키스탄 정부, 비영리단체, 관련 기업들의 적극적인 참여로 아동 노동 모니터링, 교육 인프라 강화, 생계 지원 프로그램 등이 이루어지면서 우즈베키스탄의 아동 노동 문제가 개선되기도 했습니다.

아동 노동은 모두의 힘을 합치는 것이 중요하고, 여러분들이 아동 노동 문제에 관심을 가지는 것부터 시작

해 볼 수 있습니다. 작은 힘이 모인다면 큰 변화를 만들어낼 수 있습니다.

친구들아.
근로계약서 작성했어?

흔히 알바 또는 아르바이트라고 부르는 시간제 근로에 참여한 중·고등학생이 10명 중 1명꼴일 정도로 이제 일하는 청소년을 심심치 않게 볼 수 있습니다. 하지만 아르바이트 경험이 있는 청소년 가운데 50.5%가 부당한 대우를 당하고 있는 것으로 조사되었습니다. 알바하는 청소년들의 권리를 지키기 위해서는 어떻게 해야 할지 알아보겠습니다.

청소년들이 경험하는 노동 인권 침해

항목	비율
휴게 시간 없음	45.8%
연장, 야간, 휴일수당 미지급	44%
유급휴일 및 휴일 미제공	36.4%
근로 시간 초과 강요	35.3%
최저임금 미만	30.6%
부당한 근로계약 체결	27.1%
계약한 임금 미지급	23.6%

출처: 국가인권위원회,
2020 청소년 노동인권 상황 실태조사

청소년의 권리를 지키기 위해
고용주와 근로자 모두 알아야 할 것

1. 근로계약서는 반드시 작성하고, 1부는 꼭 가지고 있어야 합니다.
2. 청소년 근로자의 법정 근로시간은 일 7시간, 주 35시간입니다.
3. 청소년들은 야간(오후 10시~오전 6시)이나 휴일에 일할 수 없고, 위험하거나 유해한 업종의 일은 할 수 없습니다.
4. 청소년도 성인과 동일한 최저임금을 적용받습니다.
5. 청소년은 만 15세 이상만 시간제 근로가 가능합니다.
6. 주 15시간 이상 근무, 1주일 개근한 경우 하루의 유급휴일을 받을 수 있습니다.
7. 주 15시간 이상 일하는 경우 4대 보험에 의무적으로 가입해야 합니다.
8. 일하다가 다쳤다면 산업재해보상보험법과 근로기준법에 따라 치료와 보상을 받을 수 있습니다.

아직도 청소년들의 노동을 '용돈벌이' 정도로 가볍게 생각하는 어른들이 많이 있습니다. 하지만 근로자들이 일터 안팎에서 인간으로서 존엄하게 대우받고 행복을 추구할 권리인 노동 인권은 청소년에게도 마찬가지로 적용된다는 것을 기억해야 합니다.

'코다(CODA)'를 알고 있나요?

코다(CODA)는 'Children of Deaf Adults'의 줄임말로 농인 부모의 자녀를 뜻합니다. 코다는 농인* 부모로부터 수어와 농문화를 습득하고 청인** 중심 사회에서는 청문화와 음성언어를 접하면서 자라게 됩니다.

우리는 특별해!

우리나라에 등록된 농인은 약 40만 명입니다. 농인의 80%가 농인끼리 결혼하고, 이들로부터 태어난 자녀 중 90% 이상은 청인입니다. 이들은 자연스럽게 농문화와 청인문화라는 이중 문화 속에서 살아가며 부모와 세상을 잇는 역할을 합니다. 집에서는 수어로 소통을 하고 집 밖에서는 부모와 비장애인 간의 수어와 음성언어를 통역하며 농사회와 청사회라는 사회를 연결하는 특별한 통역사가 됩니다.

코다(CODA)의 진솔한 이야기

코다(CODA)의 네트워크 모임 코다코리아 한민지 운영위원은 "코다(CODA)들이 성장 과정에서 많은 혼란과 어려움을 겪고 모임을 통해 이런 상처를 보듬는 활동을 하고 있지만 사회가 자신들을 불쌍한 존재, 도움을 받아야 하는 존재로 인식하지 않았으면 한다"라고 말했습니다.

함께 살아가는 세상을 만들기 위해 필요한 노력 중 하나가 편견 없이 사람과 사회를 바라보는 것입니다. 코다(CODA)가 적어도 비장애인의 편견 때문에 힘들어하지 않도록 인식의 변화가 필요합니다.

---

*농인: 청각에 장애가 있어 소리를 듣지 못하는 사람
**청인: 소리를 들을 수 있는 비장애인

비행 청소년이 아닌, 가정 밖 청소년입니다

'가정 밖 청소년'이란 말 그대로 가정을 등지고 집을 나온 청소년을 말합니다. 흔히 '가출 청소년'으로 불리기도 합니다. 가출했다는 이유로 '비행 청소년'일 것이라는 오해를 받기도 하지만, 속사정은 크게 다르다고 합니다. 이렇게 부정적인 시선을 받으면서도 아이들이 집을 나오는 이유는 무엇일지, 가정을 떠날 수밖에 없던 '가정 밖 청소년'들에 관한 이야기를 해보겠습니다.

가정 밖으로 내몰린 아이들

한국청소년상담복지개발원이 청소년 쉼터를 찾는 '가정 밖 청소년'을 대상으로 집을 나오게 된 이유를 조사한 결과, 가정폭력을 견디다 못해 나오게 된 경우가 40%, 가족으로부터 버림받은 경우가 약 20%인 것으로 나타났습니다. 즉 이들 대부분이 자발적으로 집을 나온 것이 아니라, 집이 안전하지 않고 기초적인 보호조차 받을 수 없는 가정 환경에 의해 '비자발적'으로 집을 떠나게 된 것입니다.

"비행 청소년 아니에요…"

하지만, 집을 나왔다는 이유만으로 '불량 청소년, 반항아'로 낙인찍히며 차가운 시선 속에서 살아갑니다. 가정 밖 청소년을 '비행 청소년'으로 보는 인식은 대상이 어떠한 환경에서 어떤 폭력에 시달렸는지 간과해, 가

정 밖 청소년의 지원과 앞길을 막는 걸림돌로 작용할 수 있어 이들을 색안경 없이 바라볼 필요가 있습니다.

데려가지 말고, 데려다주세요

그렇다면 가정 밖 청소년을 발견했을 때는 어떻게 대응해야 할지 알아보겠습니다. 실종아동 등의 보호 및 지원에 관한 법률에서는 누구든지 가출한 청소년을 정당한 사유 없이 보호하는 것을 금지합니다. 연민의 감정으로 가정 밖 청소년에게 숙식을 제공했다고 하더라도 이는 법에 저촉되는 행위입니다. 부득이하게 가정 밖 청소년에게 숙식을 제공해야 할 상황이라면 경찰서 신고 후 절차에 맞는 대응을 하거나 청소년 쉼터에 데려다주는 것이 좋습니다.

언론에서 보도되듯 각종 범죄 연루되거나 비행을 저지르는 등 가정 밖 청소년들의 부정적인 모습이 아예 없는 것은 아닙니다. 하지만 비행 청소년과 같이 부정적 의미로 아이들을 낙인을 찍기에 앞서, 따뜻한 사랑을 받고 자라야 할 아이들이 집을 나온 이유는 무엇인지, 가장 필요로 하는 것은 무엇인지 관심과 지지도 필요합니다.

가족을 돌보는 아이들, 영케어러 이야기

2021년, 20대 청년이 홀로 뇌출혈로 쓰러진 아버지를 돌보다 돌봄을 포기해 죽음에 이르게 한 '대구 청년 간병인 비극' 사건 이후 김 씨와 같은 '영케어러(가족돌봄청년·청소년)'에 대한 사회적 관심은 급증했습니다. 영케어러가 무엇인지, 이런 가족돌봄청년들이 어떤 어려움을 겪고 있는지 함께 알아봅시다!

영케어러? 처음 들어 보는데...

영케어러(Young Carer)는 우리나라 말로는 가족돌봄청년이라고 합니다. 아동, 청소년기에 자기 성장 단계에 비해 무거운 책임을 떠안고 부모, 형제 또는 다른 가족 구성원에게 무보수 돌봄 노동을 제공하는 이들을 말합니다. 사회에서 꼭 필요한 역할이지만 돌봄을 전적으로 제공하는 아동, 청소년들의 존재는 잘 드러나지 않고 습니다. 가족돌봄청년은 나라별로 연령 기준이나 정의가 조금씩 다릅니다.

다른 나라는 어떨까요?

영케어러(Young Carer), 가족돌봄청년에 대해 일관되고 공식적인 정의가 없습니다. 다른 나라에서는 어떻게 정의하고 있는지 알아보겠습니다.

영국 🇬🇧 : 장애, 신체·정신질환, 약물 등 문제를 가진 가족·친인척을 돌보는 18세 이하

호주 🇦🇺 : 장애, 신체·정신질환, 약물 등 문제를 가진 가족·친척을 돌보는 25세 이하

일본 ● : 고령, 신체·정신상의 장해 또는 질병 등으로 지원을 필요로 하는 친척·친구·지인에게 무상으로 간병 등을 제공하는 18세 미만

한국 🇰🇷 : 아직 가족돌봄청년에 대한 정의가 없는 상황

우리나라의 경우, 가족돌봄청년에 대해 최근에서야 사회적인 관심이 일어나고 있어 제대로 된 실태조사나 연구물이 없는 상황입니다. 보건복지부는 정부 차원의 첫 조사로 '22년 가족돌봄청년 실태조사'를 실시했습니다. 또 서울시는 서울 거주 14~34세 청소년·청년 중 가족돌봄청년일 가능성이 높은 이들을 대상으로 조사해 그들 중 900여 명이 가족돌봄청년으로 드러났습니다.

현재만 있고, 미래는 없는 현실에 놓인 가족돌봄청년

서울시 조사로 발굴된 900여 명의 결과를 살펴보자면, 여성이 598명, 남성이 302명으로 여성이 두 배 가까이 많았습니다. 이들이 돌보는 대상은 주로 조부모와 부모였고, 돌봄 대상자가 여럿 있는 경우도 많습니다. 가족돌봄청년이 겪고 있는 공통점이 있었습니다.

중첩된 부담과 어려움

갑작스럽게 가족의 보호자가 되면서 많은 것들을 결정해야 하고, 끝을 알 수 없는 돌봄 노동에서 도망치고 싶은 현실에 놓임

현재만 있고 미래는 없는 현실

돌봄과 생계를 위해 학업을 포기하나 중단하는 경우가 많음. 돌봄 책임을 전적으로 맡고 있기 때문에 전일제로 일하는 직장생활이 어렵고, 미래를 위한 교육과 훈련의 기회도 쉽지 않음

관계의 단절과 고립

젊은 나이의 아픈 부모를 돌보는 어려움과 그 삶의 무게에 공감해 주기를 바라기보다 자신의 힘든 모습을 보여주지 않는 것을 선택하게 됨

문턱 높은 공적 지원

어렵고 복잡한 행정절차가 걸림돌이 되고, 부모가 질병과 사고로 근로 능력이 없지만 미성년자가 아닌 경우 공적 지원에서 제외됨

그래서 우리는...?

2022년 서울시청년활동지원센터의 영케어러 케어링 사업 결과보고에서 우리는 메시지를 얻을 수 있었습니다. 한 대상자는 이 사업을 통해 가족돌봄청년이라는 단어를 처음 듣고, 자신이 가족돌봄청년이라는 것을 인지했다고 합니다. 나와 비슷한 상황에 있는 사람이 또 있다는 사실과 '그 이름으로 우리를 알아주는구나'라는 것에서 위안을 얻었다고 한 것입니다.

알지?는 2023년 2월 가족돌봄청년(영케어러)을 위한 기부캠페인을 진행했습니다. 알지? 회원분들에게 가족돌봄청년을 소개하고, 이 아이들을 위한 지원이 필요하다는 것을 알리고 싶었습니다.

누군가의 삶에 대해 다시 한번 생각해 보고, 그들을 위한 일이 무엇일지 함께 고민하는 지금, 이 순간부터 변화가 시작될 것이라고 믿습니다!

보호종료아동이 '자립 준비청년'으로 바뀐 이유

보호종료아동은 보호자가 없거나 가정에서 양육하기 어려워 아동복지시설이나 위탁가정 등의 보호를 받다 만 18세 이후 보호가 종료되어 시설을 떠나 자립해야 하는 아동들을 말합니다. 통계에 따르면 매년 약 2,500여 명이 독립을 위한 홀로서기를 시작합니다.

홀로서기를 시작한 열여덟 어른

보호종료아동 실태

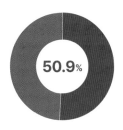

50.9%

노무, 서비스, 기계조작 등 단순직

월 평균 수입
약 123만 원

2017 최저임금
약 135만 2,230원

출처: 보건복지부(2020년)

보호 종료로 퇴소한 아동들의 실업률은 일반 청년 실업률의 2배에 달하고, 월평균 소득은 약 127만 원으로 최저임금에도 미치지 못합니다. 갑작스러운 경제적, 정서적 위기에도 스스로 모든 생계를 책임져야 하기에 '자립'이란 현실적으로 어렵기만 합니다. 꽃다운 열여덟, 어른이 되기에는 아직 많이 이른 나이입니다.

능동적인 의미를 담은 '자립준비청년'

2021년 7월 보건복지부는 '보호종료아동'이라는 용어를 '자립'의 주체로서 능동적 의미를 담은 '자립준비청년'으로 바꿔 사용한다고 발표했습니다. '자립' 즉 홀로서기가 가능한 청년으로 성장할 수 있도록 보호기간 연장, 자립수당 확대 등 다양한 경제적 지원 강화 방안들을 추진했습니다.

✓ 보호기간 연장 18세 ▶ **24세**
✓ 자립수당 지원 기간 확대 3년 ▶ **5년**
✓ 자산형성 지원 한도 확대 월 5만원 ▶ **10만원**
✓ 공공후견인제도 **신규도입**

청년들의 정서적, 실질적 자립을 돕는 이들

이에 발맞춰 다양한 비영리재단, 기업들도 청년들의 자립을 위해 함께하고 있습니다. LG전자는 보건복지

부와 함께 자립준비청년에게 심리상담, 가전제품 등을 지원하는 협약을 맺고, 이를 실현하기 위해 자립청년 심리상담 플랫폼 '마음하나'를 구축해 정서적 안정을 돕고 있습니다. LG헬로비전은 아름다운재단과 자립준비청년을 대상으로 2년간 통신비 및 스마트폰 단말기를 지원해 정보격차 해소에 일조하고 그들의 실질적인 자립을 돕고 있습니다.

자립준비청년들의 꿈을 응원합니다

앳된 스무 살 무렵의 자립준비청년들이 홀로 세상 밖에 나오고 있습니다. 보호자의 부재로 성장 과정에서 누려야 할 교육, 문화, 정서적인 관계의 경험이 상대적으로 부족해 자립이란 이들에게 너무 버거운 짐일 수 있습니다. 자립준비청년들이 조금이나마 공평한 선에서 출발해 사회에 내딛는 첫걸음이 외롭지 않도록 여러분들의 많은 관심과 따뜻한 손길이 필요합니다.

정의로운 전환, 탄소 중립이 나아가야 할 길

탄소중립이 선택이 아닌 필수가 된 지금, 우리나라에서도 2022년부터 탄소중립기본법이 시행되는 등 다양한 노력이 이어지고 있습니다. 하지만 탄소중립을 위해 화석 연료를 재생 에너지로 바꾸는 과정에서 어려움을 겪는 사람들도 있습니다. 탄소중립 사회로 옮겨가는 과정에서 어려움을 겪는 지역, 노동자, 중소상공인 등을 보호하려는 움직임을 정의로운 전환이라고 합니다.

탄소중립으로 일자리가 사라진다?

우리나라는 오는 2034년까지 석탄화력발전소 30기를 폐쇄할 예정입니다. 석탄화력발전을 비롯한 탄소 배출량이 많은 산업의 경우, 탄소중립의 전환이 이루어지면서 일자리를 잃는 사람이 늘어날 수 있습니다. 이렇게 일자리를 잃은 사람들이 새로운 일자리를 찾아 지역을 떠나게 되면, 그 지역에서 생계를 꾸리던 중소상공인들도 타격을 입는 등 지역 경제가 영향을 입게 됩니다.

정의로운 전환을 위한 움직임

정부는 탄소중립으로 큰 영향을 입을 것으로 예상되는 지역을 정의로운 전환 특별지구로 지정하고, 정의로운 전환 지원센터를 설립할 계획입니다. 우리나라의 석탄 발전소 59기 중 29기가 몰려 있는 곳인 충청남도는 석탄 발전소가 폐쇄됐을 때 일자리를 잃을 사람들과 타격을 입을 지역 경제를 지원하기 위해 정의로운 전환 기금을 조성하고 있습니다.

ESG 경영 측면에서 정의로운 전환을 준비하는 기업의 역할도 중요해지고 있습니다. 투자자 그룹 CA100+는 기업의 탈탄소 벤치마크 평가를 수행하면서 '정의로운 전환' 지표를 포함했습니다. 기업들도 탄소중립이 노동자와 지역사회, 소비자에게 미치는 영향을 이해하고 그 영향을 완화할 수 있도록 노력해야 한다는 것입니다.

탄소중립 과정에서 생기는 부담을 취약 계층에게만 지우지 않으려면 정부와 지자체, 기업, 노동자 등 이해관계자들이 모여 서로의 목소리에 귀 기울이며 노력해 나가야 합니다. 우리 모두 정의로운 전환에 관심을 가지고 지켜보는 것이 무엇보다 중요합니다!

차별은 없이, 기회는 같이, 행복은 높이! '장애 접근성'

장애인의 날은 "장애인복지법 제14조 장애인에 대한 국민의 이해를 깊게 하고 장애인의 재활 의욕을 높이기 위하여 매년 4월 20일을 장애인의 날로 한다"고 규정하고 있습니다. 특히 1년 중 4월이 '모든 만물이 소생하는 계절'의 의미를 가져 장애인의 재활 의지를 고취하고자 하는 가지고 있기 때문입니다. 제43회 장애인의 날 슬로건은 "차별은 없이, 기회는 같이, 행복은 높이"입니다.

'장애인 접근성'은 무엇일까요?

장애인 접근성은 "비장애인이 이용하는 시설과 설비를 동등하게 이용하고 정보에 자유롭게 접근할 수 있는 권리를 말하고, 그 하위 권리 범주로서 시설접근권, 이동권, 정보접근권 세 가지 권리로 구성된다"(유동철, 2009)고 정의되고 있습니다.

접근성은 인간으로서의 기본적인 욕구를 보장할 뿐만 아니라, 지역사회에서 비장애인과 동등한 구성원으로서의 삶을 추구할 수 있는 서비스의 이용을 원활하게 합니다. 더불어 균등한 기회까지 보장하는 장애인의 접근성은 다양해지고, 범위가 확대되고 있습니다. 특히, 최근 IT 기술이 발전하며 장애인의 접근성 보장에 기여하는 사회공헌활동들이 많습니다. 그 중, 알지?×LG화학과 LG CNS의 사례를 함께 알아보겠습니다.

세계 유일의 글로벌장애청소년IT챌린지 대회

LG는 한국장애인재활협회와 함께 글로벌장애청소년 IT챌린지 운영하고 있습니다. 장애청소년(14~23세)의 디지털 리터러시 역량을 강화하여 사회진출 기반 마련을 지원하는 세계 유일의 장애청소년 IT 대회입니다.

2011년부터 40개국 5000여 명의 장애청소년이 참여하여 문서 작업 능력부터 코딩, IoT 활용 능력까지 다방면의 역량을 뽐냈습니다.

국제 본선전 참가를 위해서는 각국(정부 또는 민간기관 등)에서 주최하는 국가대표 선발전을 통과해야 하며, 이들에게는 국제 경쟁력 강화를 위한 맞춤형 기초교육과 본선대회 준비를 위한 심층 교육 등을 제공합니다.

장벽 없는 스포츠 공간
'Dream E-sports room'

2022년 알지?는 LG화학과 함께 장애인의 날을 맞아 스페셜기부를 통해 IT 기술로 물리적 제약을 넘어 장애인 접근성을 높일 수 있는 VR공간을 조성했습니다. 스포츠 활동에 제약을 겪어왔던 장애인들의 장벽을 허물고, 다양한 운동을 안전하게 체험할 수 있도록 공간을 조성한 것입니다. 전국에 있는 복지관을 대상으로 신청받아 하루 평균 이용자가 가장 많았던 복지관을 선정하여 VR공간을 조성했고, 이후 복지관 이용자들이 안전한 체육활동을 하고 있다는 기쁜 소식을 들을 수 있었습니다.

AI 기술로 물리적 장벽을 넘어
꿈을 키울 수 있도록

출처: LG CNS 공식 유튜브 채널

LG CNS 'AI 지니어스'는 중학생들을 찾아가 기초 SW/AI 교육을 제공합니다. 많은 청소년들이 IT 신기술 교육을 받을 수 있도록 SW 교육에 소외된 도서 벽지, 농어촌 지역 학교 및 특수학교 대상의 맞춤형 교육 프로그램을 운영하고 있습니다.

LG CNS의 기술을 활용하여 물리적 장벽을 넘어서 장애인들의 교육격차 해소를 위해 AI 지니어스 사업의 대상을 특수학교로 확장하여 진행하고 있습니다. 장애인 접근성을 위해 도입되고 있는 디지털 기술이 나아가서 사회 전체의 미래를 보다 편리하고 풍요롭게 해줄 수 있을 것 같습니다.

제43회 장애인의 날 슬로건처럼 우리 모두 함께 차별 없이 행복해질 수 있는 사회가 되길 바랍니다.

오운완(오늘 운동 완료) 할 수 있을까요?

#오운완 #오늘운동완료

요즘 SNS 해시태그로 많이 사용되고 있는 '오운완'은 오늘 운동 완료의 줄임말로 자신이 스스로 정해놓은 하루 운동량을 잘 마쳤다는 뜻으로 운동에 대한 성취감을 나타내는 용어로 사용하고 있습니다. 그런데 '오늘 운동 완료'가 의지의 문제가 아닌 다른 이유로 어려운 사람들이 있습니다.

운동하고 싶지만..

시청각 장애를 가지고 있는 지현(가명) 씨는 운동을 위해 동네 헬스장에 등록하려 했지만 그럴 수 없었습니다. 사유는 '장애를 가진 회원님께서 위험한 상황이 발생할 수 있다'는 이유 때문이었습니다. 사고 위험을 이유로 다른 헬스장도 등록이 어렵다는 입장이었습니다. 그런데 지현 씨가 이용할 수 있는 장애인 전용 체육시설은 전국에 73곳에 불과합니다.

운동을 하지 못하는 이유

장애인의 41.9%는 운동할 의향이 있지만, '운동을 도와줄 사람이 없어서(11.4%)', '운동프로그램이 부족해서(7%)', '체육시설이 부족해서(4.3%)' 운동하지 못하고 있습니다. 결국 장애인이 운동을 못 하는 이유는 갈 수 있는 체육시설, 운동할 수 있는 프로그램이 턱없이 부족해서입니다.

출처: 문화체육관광부 2022 장애인 생활체육조사

장애인이 이용할 수 있는 전용 체육시설과 프로그램을 늘리는 것만이 해결 방안일 수는 없습니다. 어쩌면 비장애인이 갈 수 있는 많은 체육시설을 장애인도 불편 없이 사용할 수 있다면 더 좋은 해결 방안이 될 수 있습니다.

장애인 체육 활동이 가능한 프로그램, 알려 드립니다!

1. LG 상남도서관 '토요점보교실'

출처: LG상남도서관 홈페이지

LG상남도서관의 '토요점보교실'에서는 시각장애 학생을 위한 스포츠 '쇼다운'을 만나볼 수 있습니다. 쇼다운 이외에도 '토요점보교실'에서는 시각장애 학생들을 위한 다양한 전문교육 프로그램이 진행되고 있습니다.

2. 장애인 스포츠 강좌 이용권

장애인의 건강한 스포츠 복지를 위해 정부에서 지원하는 사업으로 장애인스포츠강좌이용권 가맹점 시설 이용 시 월 최대 9만 5천 원을 지원하여 장애인의 체육 활동 참여기회를 제공하고 있습니다. 장애인스포츠강좌이용권 홈페이지를 통해 볼링, 승마, 야구, 축구 등 다양한 종목을 신청할 수 있습니다.

자립과 성취의 의미를 가진 지팡이

종종 길을 걷다 보면 거동이 불편하신 분들, 혹은 등산하시는 분들이 쥐고 계신 지팡이를 보신 적이 있을 것입니다. 흰색 지팡이에는 중요한 의미가 담겨 있습니다!

컬러풀 지팡이가 아니라 '흰 지팡이'?

흰 지팡이는 바로 시각장애인이 쓰는 지팡이입니다. 시각장애인이 길을 찾고 활동하는 데 있어 가장 적합한 도구이자, 세계적으로 시각장애인의 '자립과 성취'를 의미하기도 합니다. 흰 지팡이를 사용하는 시각장애인을 마주쳤을 때 보행자는 길을 비켜주고, 운전자는 서행해야 합니다. 흰 지팡이는 단순히 보행을 보조하는 도구가 아닌 시각장애인이 마음 놓고 활동할 수 있는 권리를 보장해 주는 표시입니다.

의미에 의미를 더해서
10월 15일 '세계 흰 지팡이의 날'

'흰 지팡이'의 의미를 통해 시각장애인들의 권리를 보호하고 사회에 알리기 위해 제정된 것이 바로 '세계 흰 지팡이의 날'입니다. 세계 흰 지팡이의 날 제정 선포문인 '흰 지팡이 헌장'에는 다음과 같이 적혀 있습니다.

"모든 인류는 흰 지팡이의 의미를 정확히 인식해야 하며 시각장애인의 신체를 보호하고 심리적 안정을 위하여 제반 조치를 적극 강구해야 합니다"
- 흰 지팡이 헌장 中

흰 지팡이의 날에 의미를 또 더해요!+시각장애인 정보격차 해소를 위해 움직인 LG유플러스

출처: LG유플러스

스마트 기기가 대중화되며 한결 편해진 부분도 있지만, 터치 방식의 스마트 기기는 시각장애인들이 사용하기에는 불편함이 큽니다. 그래서 정보격차도 더 심화되고 있다고 합니다. 이러한 시각장애인들의 정보격차를 해소하기 위해 LG유플러스가 나섰습니다. LG유플러스는 한국시각장애인연합회에 기부금을 전달했고 이 기부금은 시각장애인에게 맞는 스마트 기기 교육 커리큘럼 교재 개발과 보급에 사용될 예정입니다.

보이는 언어, 수어! 어디까지 알고 있나요?

한국수어의 날(2월 3일)은, 2016년 2월 3일 한국수어가 국어와 동등한 자격을 가진 농인의 공용어로 인정받은 날인 '한국수화언어법' 제정일을 기념하기 위한 날입니다. 한국수어의 날은 2020년 발의되어 2021년부터 법정기념일로 시행되었고 10월 9일 한글날, 11월 4일 한글점자의 날에 이어 우리나라에서 세 번째로 언어와 관련된 법정기념일입니다.

'수어'에 대해

수어란 '수화언어'를 줄여 이르는 말로, 손의 움직임과 표정, 머리 방향, 몸 방향, 움직임, 시선 등을 통해 대화하는 시각언어입니다.

잠깐! 수어를 한 번 배워볼까요?

❶ 오른손으로 왼쪽 팔등을 쓸어내린 후.　❷ 두 주먹을 아래쪽으로 향해 날짝 내린다.

❶ 오른손을 주먹 쥐고 코에 갖다 댄다.　❷ 오른쪽 엄지와 검지를 구부려서 턱에 갖다 댄다.

수어를 따라 해 보며 수어를 배워보고 싶어졌다면 수어교육방송인 '톡톡수어'를 추천합니다. 톡톡수어는 짧은 대화를 통해 재미있게 수어를 배울 수 있는 방송으로, 강원도농아인협회 유튜브 채널 혹은 매주 월요일 LG헬로비전 강원방송에서 시청할 수 있습니다. LG헬로비전은 농인과 수어에 대한 교육 및 인식제고를 위해 2016년부터 7년 동안 강원도농아인협회의 '톡톡수어'를 강원도 전역에 송출하고 있습니다.

수어는 모두 전 세계 공통어?

한국인이 '한국어'를 사용하듯이, 각 나라의 언어와 문화가 다른 만큼, 수어도 나라별로 다르게 사용합니다. 한국인들이 사용하는 수어를 '한국 수어'라고 부릅니다. 물론, 여러 나라의 농인들이 함께 사용하는 '국제수어'도 있습니다.

우리나라 최초의 수어 교재

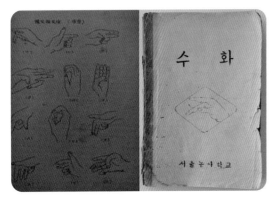

국가등록문화재 <한국수어교재 수화>

출처: 문화재청

한국수어 교재 '수화'는 1963년 만들어진 최초의 한국수어 교재입니다. 서울농아학교(現국립서울농학교) 교장과 교사들이 수어를 체계화하여 농인들이 자주 사용하는 관용적 수어를 정리하고 한글로 설명하여 쉽게 수어를 배울 수 있도록 한 교재로, 당시 교육·사회 등에서 소외되지 않도록 노력한 점 등 그 가치를 인정받아 문화재로 등록되었습니다.

수어, 일상의 언어로

국립국어원이 '한국수어 사용 실태조사 연구'(2017)를 통해 청각장애인을 대상으로 조사한 결과, 주로 사용하는 의사소통 방법을 수어라고 응답한 비율이 69.3%로 매우 높게 나타났으며 이어 구어가 15.4%, 몸짓이 10.2%, 필담이 4.4% 순으로 나타났습니다. 그만큼 수어는 청각장애인에게 반드시 필요한 언어이며 이미 국어와 동일한 자격을 갖추고 있습니다.

이에 따라 청각장애인들의 편의를 위해 수어 상담이나 수어 통역 서비스도 점점 늘어나고 있는데요. 한 사례로 LG헬로비전의 스마트 수어방송(19년부터 상용화)

이 있습니다.

출처: LG헬로비전

청각장애인들이 수어의 내용이나 감정을 받아들이는 데 불편함이 많았던 기존의 작고 구석진 곳에 위치한 화면을 개선하여 수어 영상과 자막의 크기, 위치를 조정할 수 있게 한 서비스로, 청각장애인 역시 불편함 없이 방송을 시청할 수 있도록 한 것입니다.

그동안 잘 몰랐고, 그래서 안 보였던 수어. 자세히 보면 이렇게 우리의 일상 곳곳에 있고 누군가의 생활을 더 편리하게 만들어주고 있습니다.

참치캔에 이런 비밀이 담겨 있었다고?

알루미늄 캔으로 만들어진 참치캔 뚜껑이 종이 재질의 뚜껑으로 바뀌면서 달라진 것이 있습니다. 약한 힘으로도 캔을 쉽게 열 수 있게 되었고, 다칠 위험도 줄어들었습니다. 누구나 손쉽게 쓸 수 있으면서 환경을 생각하는 디자인, 유니버설 디자인에 대해 소개합니다.

유니버설 디자인, 참치캔 말고도 생활 곳곳에 있어요!

당기거나 밀어야 하는 문 대신 미닫이문으로 바뀐다면 휠체어를 탄 장애인, 힘이 약한 아이나 노인도 쉽게 문을 여닫을 수 있습니다.

다른 언어를 사용하는 나라에 가서 화장실을 찾을 때를 떠올려 봅시다. 화장실이 표기된 픽토그램을 통해 쉽게 화장실을 찾았던 경험, 무거운 짐을 옮기거나 유

아차를 끌면서 계단 옆 경사로를 통해 이동했던 경험 모두 유니버설 디자인을 경험했다고 이야기할 수 있습니다.

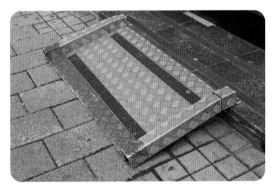

유니버설 디자인(Universal design)이란 성별, 연령, 국적, 문화적 배경, 장애의 유무에도 상관없이 누구나 손쉽게 쓸 수 있는 제품 및 사용 환경을 만드는 디자인을 말합니다. '모든 사람을 위한 디자인', '범용 디자인' 이라고도 불리는 이것은 우리가 알게 모르게 일상에서 편리함을 주고 있습니다.

모두가 이용하는 '공원'에
유니버설 디자인이 적용되면 어떨까요?

서울에 위치한 '올림픽공원'은 공원 내 안내 체계에 이를 적용했습니다. 공원 곳곳에 배치된 안내 사인에도 복잡하고 어려운 안내 대신 '경로, 방향, 교통시설, 보행 소요 시간, 보행 장애물' 등 핵심 정보 위주로 표기했습니다. 또한 색약자도 인지할 수 있는 색채, 시인성 높은 서체를 사용하여 편의성을 높였습니다.

놀이터에 적용된다면?

유니버설 디자인이 적용된 놀이터에는 턱, 계단, 좁은 도로 등 물리적인 장벽이 없습니다. 몸이 불편한 아이들도 이용할 수 있는 바구니 그네, 휠체어를 타고도 이용할 수 있는 회전 놀이대 등 다양한 시설물이 설치되어 있습니다.

이러한 디자인을 통해 장애, 비장애 어린이와 보호자가 함께 즐길 수 있는 공원의 모습이 됩니다.

유니버설 디자인 이전에는 '평균'이라는 개념을 적용하여 평균에서 벗어난 많은 이들이 불편함을 감수해 왔다면, 유니버설 디자인은 이용자 형태에 기반한 맞춤형 디자인을 통해 이용 기능에 더해 이용에 따르는 불편함을 최소화하고 만족감을 높여 사회참여를 촉진하는 구조를 만듭니다.

같이 한 번 생각해 볼까요?

유니버설 디자인은 사회구성원 모두를 고려한 **'사람'을 중심으로 한 디자인**입니다. 일상에서 불편했던 게 있다면 어떤 것이 있었는지, 어떻게 변경되면 모두가 편리하게 이용할 수 있을지 생각해 봅시다.

포항시 무장애 통합놀이터

출처: 포항시

사회문제 해결에 앞장서는 디자인이 있다?

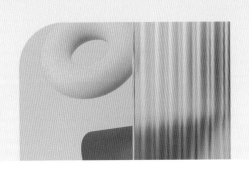

디자인으로 사회문제를 해결하는 것이 가능할까요? 얼핏 어렵게 느껴지지만, 우리 주변 가까운 곳에서도 사회문제를 해결하는 디자인 사례를 찾아볼 수 있습니다.

디자인으로 사회문제를 해결한다고요?

출처: 서산시

출처: 용인특례시

스쿨존 횡단보도에서 노란 발자국 표시를 보신 적 있나요? 아이들이 멈추어 서서 좌우를 살필 수 있도록 유도하는 역할을 합니다.

분기점이나 나들목 같은 갈림길에서 색깔 유도선도 보았을 것입니다. 이는 운전자가 진출 경로를 인지하고 대비하도록 돕는 역할을 합니다.

이처럼 보행 환경, 교통 법규 등 사회 현상을 디자인을 통해 개선하는 것을 사회문제 해결 디자인이라고 합니다. 실제로 노란 발자국 설치 후 아이들이 주변을 살피는 시간이 늘어나면서 교통사고를 20% 이상 낮추는 효과가 나타났으며, 컬러 유도선 설치로 2017년 기준 고속도로 분기점, 나들목 76곳의 사고 발생률이 31% 줄었다고 합니다.

평범해 보이지만 평범하지 않은 공간

사회문제 해결 디자인이 적용된 장소들도 확대되고 있습니다.

청소년 문제해결 디자인, 마음풀
마음풀은 스마트폰, 인터넷과 같은 디지털 매체에 과도하게 노출된 청소년들이 자연을 보며 마음의 안정을 얻을 수 있도록 교실에 숲을 조성한 공간입니다. 디자인으로 환경을 개선하는 것뿐만 아니라 학생들이 식물을 직접 키우고 기록하는 과정을 통해 정서 순화에 도움을 주도록 했는데요. 마음풀 공간을 사용한 사용자의 경우, 76.4%가 학교에 대해 더욱 긍정적인 반응을 보인다고 합니다.

출처: 서울특별시

오감 힐링 상담 공간, 마음정원

스트레스로 힘들어하는 시민들을 위하여 개발된 상담 공간 마음정원입니다. 대부분의 상담 현장에서 창문이 환기창 역할 외의 역할을 하지 못하는 상황을 개선하고자 '미디어 풍경창'을 설치한 것이 특징입니다. 마음정원 디자인 적용 전후 효과성 평가를 진행한 결과, 정서 지수는 3.8% 증가, 스트레스, 우울 지수가 각각 감소하였다고 합니다.

출처: 서울특별시

사회문제 해결 디자인, LG소셜캠퍼스가 지원한대요!

디자인으로 사회문제를 해결하기 위해 노력하는 사회적 기업도 있습니다. 사회적 기업 '공공디자인이즘'은 지역 환경 개선 차원에서 낡은 골목의 벽화 그리기, 간판 디자인 등 디자인 작업을 진행하는데요. LG소셜캠퍼스는 이러한 사회적기업을 활성화하기 위해 맞춤 금융 지원, 독립 사무실과 회의실 등의 공간지원 등 다양한 프로그램을 지원하고 있습니다.

'LG소셜캠퍼스'는 LG전자·LG화학이 사회적경제 기업의 지속가능한 성장을 위해 조성한 금융지원, 공간지원, 성장지원, 인재육성의 통합지원 플랫폼입니다. LG는 우리 세대를 위한 혁신을 넘어, 다음 세대의 더 나은 삶을 향한 혁신을 지향합니다.

사회문제에 한 발 더 가까이

우리 사회가 안고 있는 문제 해결에 기여하는 다양한 디자인 사례를 소개해 드렸습니다. 사회문제 해결 디자인이라고 해서 특별한 것이 아닌, 생활 속에서 우리가 당면하는 크고 작은 문제들을 해결하는 디자인이라는 점에서 가치가 있습니다.

디지털 시대
편리함 vs 불편함

코로나19 이후 비대면 서비스가 활발해지고 디지털화가 가속화되고 있습니다. 학교에서는 디지털 기기를 활용해 수업이 진행되며, 모바일 메신저를 통해 재난 알림 등의 공공 서비스, 개인 인증 등이 폭넓게 활용되고 있습니다.

한 시장조사 전문기업이 스마트폰을 이용하는 성인남녀를 대상으로 한 조사에 따르면 소비자 10명 중 8명이 디지털 시대를 편리함 그 자체로 바라보고 있었습니다. 하지만 상대적으로 디지털 기기 접근 정도나 활용 역량 수준이 떨어지는 장애인, 고령층, 저소득층, 농어민 등 디지털 정보 소외계층은 달랐습니다.

디지털 시대에 소외되는 이웃들

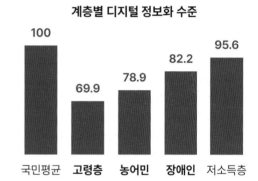

계층별 디지털 정보화 수준

국민평균	고령층	농어민	장애인	저소득층
100	69.9	78.9	82.2	95.6

출처: 2022 디지털정보격차 실태조사

이들은 디지털 기기나 관련 기술을 제대로 활용하지 못해 정보 전달, 습득, 교환 등에 어려움을 느꼈습니다. 이처럼 디지털 정보 접근과 이용의 불균형이 나타남에 따라 경제적 사회적 격차가 심화되는 현상을 디지털 정보 격차라 부릅니다.

손이 가요 손이 가, 디지털 과의존 주의

디지털 기술과 서비스 활용에서 발생하는 부작용, 즉 디지털 역기능은 정보 격차 외에도 다양한 유형으로 구분되고 있습니다. 그중 디지털 과의존도는 심각한 문제점으로 지적되고 있습니다. 디지털 과의존이란 스마트폰 등 디지털 기기를 과도하게 이용하면서 스스로 이용량을 통제하지 못하고 이에 따라 신체·심리·사회적 문제를 경험하는 상태를 말합니다.

LG헬로비전 "디지털 역기능, 멈춰!"

이처럼 일상생활에서 디지털 사용이 늘어남에 따라 심화되는 문제 해결을 위해 LG헬로비전이 나섰습니다!

제공: LG 헬로비전

초록우산어린이재단, 시청자미디어재단과 협력해 진행하는 어린이 미디어 교실은 디지털 교육 격차 발생을 최소화하기 위해 아동·청소년을 대상으로 진행됩니다. 3년 차인 올해는 미디어/환경/AI 융합 교육으로 윤리교육과 AI를 직접 체험할 수 있는 콘텐츠 제작 교육을 진행하고 있습니다.

제공: LG 헬로비전

한국지능정보사회진흥원(NIA)와 함께 진행하는 지역채널 공익광고 캠페인은 어린이·청소년의 건강하고 안전한 디지털 이용 환경 조성을 위해 '스마트폰 잠시 쉼' 등 공익 메시지가 담긴 캠페인 광고를 송출하고 NIA의 스마트폰 과의존 예방·해소 전문 기관인 '스마트쉼센터'를 소개하고 있습니다.

전문가들은 디지털 윤리 교육을 강화하거나 디지털 역기능을 예방할 수 있는 콘텐츠들을 통해 스스로를 보호하는 능력을 키우는 것도 디지털 역기능을 막아내는 출발점이 될 수 있다고 조언합니다. 디지털 기술 발전과 역기능 사이에 연관성이 높은 만큼 부작용을 최소화하기 위해 우리 함께 대응하는 자세가 필요합니다.

어르신들도 노는 게 제일 좋아!

노년기에는 청년, 중년과는 다른 모습의 삶의 문제들을 마주하게 됩니다. 자녀들은 새로운 가정을 꾸려 떠나가고, 경제활동 최전선에서도 떠나게 됩니다. 가까운 지인들도 세상을 떠나는 일들도 마주하게 되면서 고독감, 고립감 등 심리적인 어려움을 느끼게 됩니다. 외로움에 물든 어르신들이 가장 하고 싶은 일은 무엇일지 알아보겠습니다.

삶에서 가장 중요하다고 생각하는 가치

삶에서 가장 중요하다고 생각하는 가치에 대하여 은퇴한 노인들을 대상으로 조사한 결과, 다음과 같은 결과를 확인할 수 있었다고 합니다.

현재의 삶에서 가장 중요하다고 생각하는 활동

활동	비율
취미·여가 활동	37.7%
경제 활동	25.4%
친목(단체) 활동	19.3%
종교 활동	14.1%
자원봉사 활동	1.7%
학습 활동	0.9%

출처: 보건복지부, 2020 노인실태조사

취미 활동이 노인에게 미치는 영향

취미 활동은 특히 노인의 정신 건강에 큰 역할을 합니다.

노인 취미 활동, 이런 효과가 있습니다!

✔ 노후의 우울감, 고독 및 고립감을 해소해요
✔ 삶에 대한 의미를 느낄 수 있게 도움을 줄 수 있어요
✔ 신체적인 건강 증진이나 의미 있는 활동을 하는 데 크게 영향을 미쳐요
✔ 잃었던 자신감을 회복하거나, 더 나은 삶의 가치를 느낄 수 있어요

TV 시청도 좋지만, 이런 공간도 있어요!

하지만 문화체육관광부의 국민여가활동조사(2022)에 따르면 노인의 여가생활은 대부분 TV 시청으로, 더 다양하고 활동적인 취미생활을 하기에는 어려운 점이 많았습니다. TV 시청은 휴식을 주는 좋은 취미활동이 될 수 있지만, 여가의 긴 시간을 TV 시청만으로 보낸다면 사회적 관계의 단절이 발생할 수 있다고 합니다. 노인들이 사회적 관계를 이어가고, 더욱 즐거운 여가 시간을 보낼 수 있도록 하는 공간들을 소개합니다!

실버 영화관

종로구에 위치한 실버 영화관은 살펴볼수록 매력 있는 공간입니다. 키오스크 대신 직원이 직접 티켓을 주고, 영화 자막은 1.5배로 큽니다. 매점에는 다양한 맛의 팝콘 대신 가래떡 구이와 미숫가루를 팔고 있습니다. 때로는 스마트폰 이용 교실이나 공연도 열립니다.

출처: 일요신문

시니어 놀이터

해외에서 성공적으로 자리 잡은 '시니어 놀이터'가 국내에도 충청남도 공주시, 서울 광진구 등 하나씩 생겨나고 있습니다. 이곳의 운동 기구는 노인의 신체를 고려한 강도와 안정성을 갖추었습니다.

출처: 광진구청

여러분의 생각은 어떠세요?

노인들이 여가생활에 불만족하는 이유를 조사한 결과 '경제적 부담'에 이어 '이전 경험 및 정보가 부족해서'라는 답변이 상위권을 차지했다고 합니다.

개인별로 여가생활의 차이는 있을 수 있지만 누구에게나 찾아오는 노년기를 잘 보내기 위한 방안은 우리가 모두 함께 고민해야 할 필요가 있습니다.

바비 인형의 이유 있는 변신

'바비 인형 같다'라는 말을 듣게 되면 금발 머리에 하얀 피부, 마른 몸을 가진 여성의 모습이 떠오르실 겁니다. 1959년 미국 마텔사에서 탄생한 바비는 출시와 동시에 사랑받는 인형이었습니다. 현재까지 10억 개 이상이 팔린 바비. 하지만 시간이 지나면서 변화의 필요성도 이야기되고 있습니다. 여러 연구를 통해 바비 인형이 '미의 기준을 획일화한다'는 지적을 받아왔기 때문입니다.

프로 N잡러 바비

우주 비행사, 해양생물 학자, 펜싱선수, 의사, 게임 개발자, 최근에는 재생 에너지 엔지니어 인형 등 200여 종의 다양한 직업을 가진 바비가 탄생했습니다. 또한 1968년, 첫 흑인 인형이 나온 후에는 아시안, 히스패닉 등 다양한 인종의 인형들이 탄생했고 기존과 다른 통통한 몸이나 작은 키를 가진 바비도 출시되었습니다.

60주년을 맞았던 지난 2019년에는 휠체어를 타거나 의족을 사용하는 장애를 가진 바비가, 2023년에는 다운증후군을 가진 바비도 탄생했습니다. 이 바비는 다운증후군에서 흔히 나타나는 둥근 얼굴, 아몬드 모양의 눈, 작은 귀, 납작한 콧등을 하고 있습니다.

"바비와 같은 아이콘을 통해 세상에는 다양한 유형의 사람이 있다는 것을, 그리고 그들이 각자 다른 이유로 매력적일 수 있다는 것을 아이들에게 알려줄 수 있다. 그리고 이를 접한 아이들은 그들과 어울리고 싶어 할 것이다."
- 커트데커 미국 내셔널장애권네트워크 집행 이사

다양성을 가진 바비, 과연 의미가 있을까요?

바비의 이런 다양한 변화를 환영하는 입장이 있는 반면, 바비는 그저 장난감일 뿐이고 기존의 바비가 비현실적이었기 때문에 아이들에게 인기가 있는 것이며 바비를 장난감 이상의 '롤모델'로서 의미를 둬서는 안 된다는 등의 의견도 있습니다. 그럼에도 바비의 다양한 변화가 의미 있는 것은 인형은 아이들에게 친구인 동시에 학습 도구이며, 이를 통해 사회를 배우는 수단이 되기 때문입니다.

'가족' 하면 떠오르는 이미지는 무엇인가요?

'가족'이라는 단어를 들었을 때 여러분의 머릿속에 떠오르는 이미지 각각 다를 것입니다. 아버지와 어머니, 그리고 자녀로 이루어진 전통적인 가족의 모습이 떠오르시나요? 하지만, 세상에는 다양한 형태의 가족이 있습니다. 여러분과 함께 가족을 바라보는 우리의 모습을 되돌아보겠습니다!

여러 형태의 가족을
우리는 어떻게 바라보고 있을까요?

아버지, 어머니, 자녀로 이루어진 가족이 사회적 표준으로 여겨질 때, 이 표준에서 벗어나는 다름에 대해서는 차별과 편견이 생깁니다.

새 학기를 맞이하여
결손가정 아이들에게
장학금 지원

결손가정이라는 말에는 부모 가운데 어느 한쪽 또는 양쪽이 없는 경우를 일종의 결함으로 바라보는 관점이 담겨 있습니다. 아동의 양육자가 부모일 경우에만 '정상'으로 보는 편견 또한 포함되어 있습니다.

다양한 가족, 다양한 삶!

'정상' 가족이 있다면, 비정상 가족도 따로 있다는 뜻으로 보일 수 있습니다. 정상과 비정상을 가르고 구분하려는 시선 대신, 삶의 다양한 모습을 포용하는 마음이 중요합니다. 모든 다양한 형태의 가족들이 우리 사회에서 행복하게 살아갈 수 있도록, 편견을 당연하게 여기지 않고 다양성을 존중하는 사회가 되길 바랍니다!

"기각 → 졌습니다" 쉽게 쓴 판결문 등장!

누군가의 권리를 보호하고 사회 전체의 혼란과 무질서를 막기 위해 있는 '법'. 하지만 익숙하지 않은 법률 용어가 쓰인 판결문이나 법조문을 보면 머리가 어지러워지곤 합니다. 그런데 작년 12월, "원고의 청구를 기각한다"는 판결문을 "안타깝지만 원고가 졌습니다"라고 쉽게 바꿔쓴 판결문이 등장했습니다!

쉽게 쓴 판결문이 등장했다!
이해하기 쉬운 글

주로 수어로 소통하는 청각 장애인은 문해력을 키우기 어렵습니다. 실제로 농인 학생의 국어 문해력 지수는 비장애인 학생의 65% 정도에 불과하기 때문에 청각 장애인에게 어려운 단어들로 적힌 판결문과 법조문은 어려울 수밖에 없습니다. 지난 12월, 이와 비슷한 상황을 겪고 있던 청각 장애인 A 씨는 재판부에 "알기 쉬운 용어로 판결문을 써 달라"고 요청했습니다. 이에 재판부는 '이지 리드' 작성 방식을 활용하여 어려운 법률 용어가 아닌 실생활 용어로 판결문을 작성하고 그림을 삽입해 A 씨가 판결을 이해하기 쉽도록 도왔습니다.

그림으로 설명하는
'이지리드' 판결문 늘린다

법원이 쉬운 판결서 작성을 위한 계획을 추진한다고 밝혔다.

법원행정처는 "장애인도 비장애인과 동등하게 판결서에 담긴 정보를 이해하는 것은 사법절차에서 주체적으로 자기결정권을 행사하기 위한 필수적 전제"라며 "법원이 이지 리드 판결서를 작성해 장애인에게 제공하는 것은 매우 중요하다"라고 말했다.

법률신문 2024년 7월 23일

이지 리드(Easy-Read)란, 쉬운 언어라고도 불리며 짧고 읽기 쉬운 문장을 사용해 누구나 쉽게 이해할 수 있도록 돕는 문서나 글, 쓰는 방식을 말합니다.

이처럼 누구나 읽기 쉽게 작성한 사례를 살펴보겠습니다.

그림을 쉽게 읽어요!
미술관에도 등장

미술관에 전시된 작품 옆에 보이는 작품 설명. 관람객들이 좀 더 깊이 있게 작품을 바라보고 이해할 수 있도록 글을 통해 설명하고 있지만, 가끔은 그 설명이 이해하기 어려울 때도 있었을 것입니다.

일반 해설

동판화의 전통 기법인 애칭과 사진 인화 기법인 시아노타이프가 결합된 '세상의 빛'에서는 특히 여러 차례 쌓아 올린 에칭의 레이어가 실제 강물에 비친 찬란한 빛을 효과적으로 표현하는 것이 특징이다.

이지 리드
Easy-Read

이 작품은 판화 작업과 사진 작업을 합친 새로운 방식으로 만들어졌다. 스미스는 베네치아에 있는 강, 이스트리버에 비친 햇빛을 찍은 사진으로 청사진(시아노타이프)을 만들고, 이것을 다시 여러 번 겹쳐서 판화로 찍어냈다.

사진·자료 출처: 서울시립미술관

서울시립미술관은 미국의 유명한 여성 작가 키키 스미스(68)의 회고전에서 위와 같이 작품 설명을 두 종류로 붙였습니다. '세상의 빛'(2017)이란 작품의 설명문은 왼쪽에 일반 해설을, 오른쪽은 이지 리드, 즉 '쉬운

글'로 작성되었습니다. 일반 시민이 참여한 워크숍에서 쉬운 해설을 완성하고, 발달장애인 4명이 이를 감수해 만든 작품 설명은 누구나 쉽게 이해할 수 있어 우리 모두를 미술에 한 발짝 더 다가서게 합니다.

스마트폰이 곁에 있고, 어디에서나 잘 연결되는 인터넷 덕분에 우리는 마음만 먹으면 원하는 정보에 쉽게 접근할 수 있습니다. 하지만 정보를 이해하지 못하는 사람들, 정보 약자를 우리가 잊고 있진 않았을지 생각해 보는 계기가 되었습니다.

이지 리드의 핵심은 '누구나 이해하기 쉬운 글'입니다. 쉽게 쓰인 글은 장애인, 노년층과 정보 약자들도 쉽게 정보에 접근할 수 있게끔 하고, 그들의 '알 권리'를 보장할 수도 있습니다. 이지 리드가 지금보다 더 많은 분야로 뻗어나가 누구나 정보에 접근하고 이해할 수 있는 사회가 되기를 바라고, 응원하겠습니다.

누군가에게는 불편할 수 있는 말이 있습니다

"점심 뭐 먹을까요?"
"글쎄, 아~ 어려워 나 결정 장애 있잖아."

일상에서 무심코 사용하는 '결정 장애'라는 단어는 다시 한번 곱씹어 보면 누군가에게는 꽤 불편한 단어라는 것을 알 수 있습니다. 국가인권위원회에서는 타인을 차별하거나 반인권적이라고 판단되는 단어의 경우, 사용 자제를 권고하고 있습니다.

우리가 평소 무심코 사용한 단어 중 언어 감수성* 측면에서 다시 한번 생각해 볼 단어에는 어떤 것이 있는지 알아보고자 합니다.

'나 주식 처음이야 나 주린이잖아'

어린이를 변형한 '○린이'는 어떤 것에 입문했거나 실력이 부족한 사람이라는 의미의 신조어입니다. 요리 초보자 '요린이', 주식 초보자 '주린이', 토익 입문자 '토린이' 등으로 사용되고 있습니다. 이런 표현은 아동이 권리의 주체이자 특별한 보호와 존중을 받아야 하는 독립적 인격체가 아니라 미숙하고 불완전한 존재라는 인식에 기반하고 있어 아동에 대한 부정적인 고정관념을 조장할 수 있습니다.

'곧 날이 더워지니까 반팔 티 하나 사야겠다'

반팔이라는 표현은 팔 길이의 정상성을 가정한 생각이 담겨 있습니다. 우리가 흔히 이야기하는 반팔 티는 팔이 반인 것이 아니라 소매길이가 반이라는 의미니 반소매 티로 부르는 것이 바람직합니다.

'첫날 시작부터 국회 파행'

뉴스에서 많이 볼 수 있는 단어 '파행'에도 차별적 의미가 담겨 있습니다. 파행의 파는 '절뚝발이 파', 행은 '다닐 행'으로 '절뚝 걸음'이라는 뜻입니다. 어려운 한자가 쓰인 단어 중 의미를 모른 채 표현을 남발하는 경우가 있습니다.

언어는 생각을 담는 도구라고 합니다. 일상에서 사용했던 말과 단어에 차별과 혐오가 담겨있다면 우리의 생각에도 차별과 혐오가 자랄 수밖에 없습니다. 내가 무심코 하는 말 중에서 누군가를 불편하게 하는 말이 있는지 민감하게 살펴보는 언어 감수성을 길러야 할 때입니다.

---

*언어 감수성: 언어에 대한 민감성, 언어에 대한 이해와 지식을 갖추어 일상 언어 속에 담긴, 차별, 불평등, 반인권, 비민주적인 요소를 감시해 내는 민감성

방과 후에도 다 함께, 즐겁게!

어렸을 적, 학교가 끝난 뒤 혼자 집을 지켰던 기억이 있다면, 누군가는 혼자만의 자유를 느꼈을지도 모르지만, 외로움을 느낀 분들도 있을 것입니다. 이렇게 보호자 없이 혼자 시간을 보내거나 아동끼리만 집에 있을 경우, 갑자기 사고가 나거나 아플 수도 있기에 사회적인 돌봄이 필요합니다.

우리 여기서 만날까요?
지역아동센터 & 청소년방과후아카데미

돌봄이 필요한 아동과 청소년이 혼자 있는 시간을 줄이는 것은 물론, 자립 역량을 키우고 건강하게 성장할 수 있도록 지역아동센터와 청소년방과후아카데미가 큰 역할을 하고 있습니다.

여기 여기 모여라! 지역아동센터
지역아동센터는 보건복지부가 지역사회 아동을 보호하고자 운영하는 곳으로 아동의 건강한 성장을 위해

아동복지 서비스를 지원하는 곳입니다. 만 18세 미만의 아동이라면 방학 기간에도 이용할 수 있으니, 필요하다면 우리 지역의 지역아동센터를 찾아보셔도 좋을 것 같습니다.(학교 밖 청소년도 이용할 수 있습니다.)

보호

안전한 곳에서 건강한 생활을 할 수 있도록 지원

교육

아동·청소년의 특성을 반영한 교육으로 성장을 지원

문화

체험·참여 활동을 통해 공동체의 즐거움을 제공, 정서적 성장을 촉진

정서지원

아동·청소년 및 가족을 지원, 가족기능을 강화

지역사회연계

지역네트워크를 통해 아동·청소년에게 필요한 서비스를 제공

배움이 쑥쑥! 청소년방과후아카데미
청소년방과후아카데미는 여성가족부와 지방자치단체에서 청소년 수련시설(청소년수련관, 청소년문화의집 등)을 기반으로 운영하는 곳입니다. 방과 후 돌봄이 필

요한 청소년들의 방과 후 학습을 지원하고, 전문 체험 활동, 학습 프로그램, 생활을 지원하고 있습니다.

소재·부품 꿈나무를 키우는
'주니어 소나무 교실'

출처: LG이노텍

취약계층 청소년이 과학에 관심을 가지고 꿈을 키울 수 있도록 LG이노텍은 전국의 방과후아카데미, 지역 아동센터와 연계해 '주니어 소나무 교실'을 운영하고 있습니다. 소재·부품 과학교실에서는 반도체, 전기자동차, 신·재생에너지와 같은 과학 기술을 청소년들이 쉽고 재밌게 체험할 수 있습니다.

'혼자'보다 '함께'
꿈을 키울 수 있도록

아이들이 돌봄 공백 없이 함께 꿈을 키울 수 있도록 운영되고 있는 지역아동센터와 청소년방과후아카데미! '이런 일을 하는 곳이었어?'하고 새롭게 알게 된 분들도 많을 것입니다. 앞으로도 이런 시설들이 잘 운영되어 아이들이 안전하게 꿈을 가꾸고 함께 성장할 수 있도록 따뜻한 시선으로 바라봐 주시길 바랍니다.

예술이 사회를 구할 수 있을까?

우리의 부는 우리 생활을 풍족히 할 만하고,
우리의 힘은 남의 침략을 막을 만하면 족하다.
오직 한없이 가지고 싶은 것은 높은 문화의 힘이다.
문화의 힘은 우리 자신을 행복하게 하고,
나아가서 남에게도 행복을 주기 때문이다.
- 백범 김구 <나의 소원> 중

K-POP 문화를 선도하고 있는 BTS의 RM은 김구 선생의 말을 인용하며 한 시상식에서 이런 말을 했습니다.

"문화라는 것은 그 어떤 물리적인 힘보다 모든 경계를 무너뜨리는 가장 강력한 무형의 힘이라고 생각한다. 음악뿐만 아니라 국악, 뮤지컬, 드라마, 연극 등 모든 문화를 누리면서 사람이 사람다워진다고 생각한다."

문화예술이 교육이 된다면?

한국문화예술교육진흥원이 발표한 연구 결과에 따르면 문화예술교육 효과로 문화예술친숙성, 행복감, 자아존중감, 자기조절력, 소통능력, 친밀감에 대한 효과가 두드러지게 나타났으며 특히 예술 활동이 유아, 아동, 청소년 시기의 참여자에게 자기표현력 향상에 효과적인 것으로 나타나 문화예술교육이 중요함을 확인할 수 있습니다. 문화예술, 특히 음악을 통해 아이들에게 변화를 만들어낸 사례를 소개합니다.

예술로 사회를 구한다!
엘 시스테마(El sistema)를 들어보셨나요?

엘 시스테마는 '시스템'을 의미하는 스페인어로 1975년 경제학자이자 음악가인 호세 안토니오 아브레우가 베네수엘라에서 빈곤층 아이들을 위해 시작한 음악 교육 시스템입니다. '예술로 사회를 구한다'는 목표를 가진 엘 시스테마는 위험에 노출된 아이들의 손에 마약과 폭력, 총기 대신 악기를 쥐여주고 오케스트라에 참여할 수 있도록 합니다. 오케스트라 참여는 아이들에게 긍정적인 영향을 미칩니다. 아이들은 오케스트라를 통해 함께 연주하며 소속감과 연대, 공동체 의식을 배울 수 있습니다.

한국의 엘 시스테마?! 올키즈스트라

엘 시스테마와 같이 오케스트라를 통해 취약계층, 문
화 소외계층 아동 청소년에게 문화예술 교육을 지원하
는 곳이 있습니다. '모든(All) 아이들(Kids)의 오케스
트라(Orchestra)'라는 뜻을 가진 <올키즈스트라>는
2009년부터 취약계층 및 문화소외지역의 아이들에게
그룹레슨·합주, 악기 대여, 관악단 활동, 연주 무대 등
통합적인 음악 교육시스템을 무상으로 제공하고 있습
니다.

아이들에게 문화예술을 접할 기회를 만들어 주는 것.
누군가에겐 작게 보이는 이 일은 아이들의 마음을 매
만져주고 미래를 응원하고, 바라봐 주는 소중한 일입
니다.

작은도서관의
매력을 공개합니다!

평소에 책 읽는 걸 좋아하거나, 문화 활동에 관심이 많으신 분들을 위한 공간, '작은도서관'에 대해 소개합니다.

도서관은 책만 읽는 곳 아닌가요?

도서관은 지역 주민들의 정보격차 해소를 위해 서적 및 자료를 제공하고 있습니다. 또한 지역 주민들이 자유롭게 이용할 수 있는 문화 교육프로그램도 제공합니다. 이제 도서관은 더 이상 책만 읽는 곳이 아닌 주민들을 위한 복합문화공간으로 자리 잡고 있습니다.

더 쉽게, 더 자주 도서관을 가고 싶다면
작은도서관

도서관과 더 가까이, 우리 동네 이웃들과 더 가까이 만나고 싶다면 작은도서관을 추천합니다.

작은도서관이란, 접근이 용이한 생활 친화적 소규모 문화공간으로, 독서 및 문화 프로그램을 통해 자연스럽게 지역 공동체를 형성하는 도서관을 말합니다.

도서관이 너무 멀리 있어 이용하기 어려웠던 주민들이 도서관을 더욱 가까운 곳에서 자주 이용할 수 있도록 만들어져 현재 전국에서 7,486곳이 운영되고 있습니다.

작은도서관에서는 어떤 활동을 할 수 있을까요?

독서 프로그램

주민들의 독서를 활성화하기 위한 독서 낭독회, 북토크 등을 주최합니다.

문화 프로그램

다양한 문화 활동을 누릴 수 있도록 악기, 캘리그라피, 원데이클래스 등을 진행합니다.

스터디 모임

가까운 주민들과 여가시간에 역사, 영어 등의 스터디 모임을 가집니다.

이 외에도 **지역사회의 특징에 따라 다양한 프로그램**을 운영하고 있습니다.

작은도서관, 내 옆에 더 있어줘!

우리의 삶을 풍요롭게 만들어주는 작은도서관이지만,
이용 인구가 적어진다면 활성화되기 어렵습니다. 많은
지역 주민이 책을 빌리고 프로그램에 참여할수록 더욱
활발하게 운영될 수 있습니다.

작은도서관을 활성화하는 방법

✔ 작은도서관 방문 및 이용하기
✔ 작은도서관 사서 봉사활동 지원하기
✔ 지역주민들에게 작은도서관 홍보하기

동물, 식물이 아니라 '언어'도 멸종 위기?!

언어도 멸종 위기에 처한다고요?

유네스코(UNESCO)에 따르면 지난 1세기 동안 200여 개의 언어가 이미 사라졌으며, 현재 전 세계에서 사용되고 있는 언어 중 3분의 1이 소멸 위기에 처해 있다고 합니다.

언어가 사라지고 있는 이유로는 급속한 도시화와 같은 사회적 요인, 기후 변화와 같은 환경적 요인이 있습니다. 예를 들어 남태평양 멜라네시아 지역의 주민들은 기후 변화로 해수면이 상승하자 이를 피해 다른 지역으로 이주하고 있고, 새롭게 이주한 지역에서 적응하기 위해 자신의 언어를 버려야 하는 상황에 처하게 됩니다.

언어 소멸 문제, 먼 이야기가 아니다!

이러한 언어 소멸 문제는 한국과 먼 이야기가 아닙니다. 제주어(제주 사투리)도 유네스코가 지정한 소멸 위기 언어에 포함되어 있기 때문입니다. 주로 고령층 위주로 사용되고, 젊은 세대로 이어지지 않고 있어 앞으로 소멸할 위험이 크다고 합니다. 실제로 제주대학교가 제주도 중·고등학생들을 대상으로 조사한 결과, 120개 사투리 어휘 중 학생의 90%가 모두 아는 어휘는 단 4개뿐이었다고 합니다.

그런데… 모두 같은 언어를 쓰면 소통이 편하지 않을까요?

"인류의 상상력과 삶의 방식의 풍부함은 곧 언어 다양성과 직결되어 있습니다."
- 오드레 아줄레 유네스코 사무총장

세상에 단 한 가지의 언어만 존재한다면 어떨지 상상해 본다면 외국어를 배우지 않아도 소통할 수 있으니 편하다고 생각하실지도 모르겠습니다.

하지만 언어는 소통의 수단을 넘어 역사와 문화가 담긴 유산입니다. 하나의 언어가 사라지는 것은 오랜 시간 동안 그 언어를 사용해 온 사람들의 역사, 사상, 전통, 지식, 문화가 사라지는 것과 같습니다. 또한, 언어의 다양성을 추구하는 것은 누군가의 정체성을 있는 그대로 받아들이고 이해하려는 노력이 되기도 합니다.

훈맹정음?
오타가 아니에요!

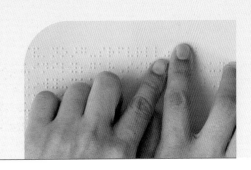

11월 4일은 한글 점자의 날이자 훈맹정음의 생일입니다. 훈맹정음은 현재 우리가 사용하고 있는 한글 점자의 기초가 되는 점자입니다. 훈맹정음 이전에는 4개의 점으로 하나의 자·모음을 나타내는 4점식 점자를 사용했지만, 받침을 표현하기 어렵다는 한계가 있었죠. 1926년 11월 4일, 송암 박두성이 우리나라 최초의 6점식 점자인 훈맹정음을 만들어 발표했고, 지금은 그날을 '한글 점자의 날'로 지정해 기념하고 있습니다.

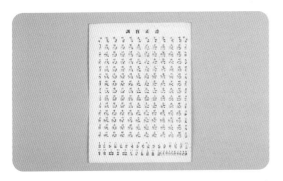

사진 출처: 국립한글박물관

손끝으로 읽는 한글, 누구나 읽고 배우기 쉽게

훈맹정음은 배우기 쉽고, 점의 개수가 적고, 글자끼리 헷갈리지 않아야 한다는 원칙에 따라 만들어졌습니다. 이렇게 읽기 쉽게 만들기 위해 노력한 덕에 한글 점자는 64개의 점자만 알면 읽을 수 있습니다.(영어의 경우 130여 개의 점자를 알아야 합니다)

생일을 맞아 다시 태어난 훈맹정음

2022년 11월 4일에는 한글 점자의 날을 맞아 훈맹정음 원고와 관련 기록물이 복원되기도 했습니다. 이 기록물들은 오랜 시간이 지나 복원이 시급한 상태였습니다. 직접 점역한 책을 전국의 시각 장애인에게 우편으로 보내는 등 점자 교육과 보급에 힘쓴 송암 박두성의 노력이 담겨 있는 기록물들이라 이 복원은 더욱 의미가 깊었습니다.

복원 전

복원 후

사진 출처: 행정안전부

점자와 더 친해지길 바라!

훈맹정음이 탄생한 지 100년이 되어가는 지금, 여전히 시각장애인의 학습 기회는 비장애인보다 적은 것이 현실입니다. 이에 LG유플러스는 시각장애 학생들이 점자와 더 친해지고, 책과 친해질 수 있도록 나섰습니다. 전국 맹학교에 희망도서관을 만들고, 희망도서 기부를 했습니다. 희망도서관에는 최신 ICT 기기를 지원해 시각장애를 가진 청소년이 도서관을 불편함 없이 이용할 수 있도록 했고, 임직원이 점자책을 직접 만들어 점자도서관에 기부하는 활동도 활발히 진행하고 있습니다.

사진 출처: LG

네? 심심한 사과요?
문해력 논란의 진짜 문제

얼마 전 온라인상에서 젊은 세대들이 '심심한 사과'를 제대로 이해하지 못해 문해력 논란이 일어났었습니다. 이 문제를 어떻게 바라보느냐에 따라 한자어를 이해하지 못한 젊은 세대의 문제가 되기도, 또 다른 문제가 되기도 합니다. 문해력 논란에서 우리가 놓치고 있는 부분은 없는지 함께 알아보도록 하겠습니다.

심심한 사과? 전 하나도 안 심심한데요

> 예약 과정 중 불편을 끼쳐 드려 죄송합니다.
> 심심한 사과의 말씀을 드립니다.

🙂 심심한 사과? 전 하나도 안 심심한데요.

🙂 제대로 된 사과를 해야지 무슨 심심한 사과?

🙂 심심한 사과라니 놀리는 건가요?

🙂 '심심한 사과'가 재미없고 지루하다는 뜻인 줄 아는 건가요? 마음의 표현 정도가 매우 깊고 간절하다는 뜻입니다. 맥락만 봐도 알 수 있을 것 같은데..

논란의 중심 '문해력'

위 사례는 글을 읽고 이해하는 능력인 문해력과 관련해 온라인상에서 쟁점이 되었던 사례입니다. '심심'이

라는 단어가 '하는 일이 없어 지루하고 재미가 없다'라는 뜻으로 오해하면서 발생한 일입니다.

> 괜히 어려운 한자어를 쓰는 게 더 문제!

> 심심한 사과가 무슨 뜻인지도 모르다니, 진짜 문제!

점차 떨어지는 문해력

국제학업성취도평가(PISA)* 성적 추이를 살펴보면, 2006년부터 2018년까지 우리나라 학생들의 읽기 점수가 12년째 하락하고 있으며, 읽기 영역 기초학력 미달 학생의 비율은 2009년 5.8%에서 2018년 15.1%로 증가했습니다.

---

*국제학업성취도평가(PISA): 경제협력개발기구(OECD)가 만 15세 이상 학생을 대상으로 각국의 학업 성취도를 비교·평가하는 시험

✔ 어려운 한자어, 외래어보다는 쉽게 이해할 수 있는 단어 사용하기
✔ 모르는 어휘나 단어에 대해서는 찾고 배우려는 자세 가지기

문해력 논란이 세대 갈등으로 번지지 않도록, 서로 이해하고 함께 소통하기 위해 노력하는 방법을 찾아보는 것은 변화하는 시대를 함께 살아가는 좋은 방법이 될 수 있습니다.

무조건 젊은 세대가 문제다?!

문해력이 떨어지는 현상에 대해 무조건 젊은 세대가 비난받아야 할 문제는 아닐 수 있습니다. 세대별로 언어문화가 다른 것은 지극히 자연스러운 일이며, 문해력 부족을 지적하는 기성세대도 젊은 시절에는 '이해할 수 없는 단어를 쓴다'라며 그 시절의 기성세대들에게 비판받기도 했습니다. Z세대는 어릴 때부터 디지털 환경에 익숙한 세대로, 글의 맥락적인 의미를 읽어내고 문제 해결에 필요한 사고를 하는 것에 어려움을 겪고 있습니다. 하지만 여러 가지 정보를 띄워 두고 그 안에서 필요한 정보를 찾아내는 데에 상당 수준의 능력을 보입니다.

아프면 쉬어도 괜찮아요
질병은 잘못이 아닙니다

살다 보면 몸이 아파 등교를 못 하거나 출근하지 못하는 상황이 생기곤 합니다. 이럴 때 푹 쉬고, 병원에서 진찰받거나 적절한 약을 먹으면 다행입니다. 하지만 심하게 아픈 건 아니지만 누군가에게 비난받을까 봐, 두려움과 죄책감에 아픈 몸을 억지로 일으킨 경험이 누군가에게는 있을 수도 있습니다.

만성질환도 '비난받을까 봐'

타인의 시선을 의식하게 되는 만성질환이 있습니다. 대표적인 예로 만성질환 중 하나인 '비만'이 있습니다. 비만은 세계보건기구에 의해 1996년부터 '장기 치료가 필요한 질병'으로 규정되었으며, 실제로 우리 몸은 통제할 수 없는 유전적인 요인, 식욕·포만감을 조절하는 호르몬, 그리고 영양소를 흡수하는 장내 미생물의 영향을 받고 있어 체중 감량은 정말 어려운 일입니다.

비만인에 대한 사회적 낙인

Q. 과체중이거나 비만인 사람에 대해 어떻게 생각하시나요?
*긍정 응답 비율

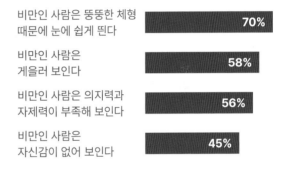

비만인 사람은 뚱뚱한 체형 때문에 눈에 쉽게 띈다	70%
비만인 사람은 게을러 보인다	58%
비만인 사람은 의지력과 자제력이 부족해 보인다	56%
비만인 사람은 자신감이 없어 보인다	45%

출처: 대한비만학회

이런 사실은 외면한 채 사회적으로 비만인들을 '게으르고 자기관리를 안 하는', '의지가 약한', '많이 먹고 덜 움직이는' 사람으로 낙인찍고 부정적인 시선으로 바라보곤 합니다. 이에 비만인들은 더 위축되고, 자책과 동시에 치료를 거부하게 됩니다.

아픈 게 정말 '나 때문'인가요?

질병에 대한 사회적인 낙인이 생기게 된 건 '건강 역시 자기관리의 일환'이라는 인식 때문입니다. 물론 자기관리를 열심히 하면 건강을 유지하는 데 도움이 될 수 있습니다. 하지만 그것만이 건강의 전부일 수 없듯 유전적인 요인이나 소득, 학력, 주변 환경 등이 자기관리보다 더 건강에 영향을 끼친다는 걸 기억해야 합니다. 이런 낙인이 사라지면 타인의 시선이 두려워 병원을 기피하던 사람들이 치료받게 되면서 공중보건의 측면에서도 이로운 점이 많습니다.

'아픈 것'에 대한 생각,
이제는 다시 써야 할 때!

사람들은 종종 "건강이 제일 중요해", "건강을 잃으면 모든 걸 잃는 거야"라고 말하곤 합니다. 걱정을 담아서 하는 말이겠지만 정말 '건강을 잃으면 모든 걸 잃는' 것이라고 할 수는 없습니다. 건강이 삶에 있어 중요한 건 사실이지만, 어떤 질병을 진단받았더라도 우리의 삶은 계속 이어질 수 있습니다. 누구나 걸릴 수 있는 병, 누구의 탓도 아닌 병. 이제는 아플 때 적어도 '내 탓'만 하지 않도록 오늘부터는 아픈 사람에게 "앞으로 행복하게 살자!"라고 격려의 말을 건네 보기를 바랍니다.

영국이 '외로움부' 장관을 임명한 이유

누구나 많고 적게 느껴 보았을 감정인 외로움은 우리의 건강에도 큰 영향을 미친다고 합니다. 2023년, 세계보건기구(WHO)는 사회적 고립이 신체적, 정신적 건강에 심각한 영향을 미친다고 경고했습니다. 외로움은 불안과 우울증, 신체적 질병을 키우고 매일 담배를 15개비씩 피우는 것만큼 건강에 해롭다고 합니다. 이제는 사회적 문제로 인식되고 있는 '외로움'. 세계 각 나라는 이러한 외로움 문제를 어떻게 받아들이고 있는지 알아보겠습니다.

우리가 외로운 이유

전문가들은 1인 가구의 증가, 양극화와 빈곤, 급속한 고령화, 경쟁적이고 실패를 용납하지 않는 사회 분위기를 외로움의 원인으로 이야기합니다. 이 속에서 사회적인 관계망은 점점 옅어지고 개인은 큰 외로움을 느끼게 되고, 통계청의 자료에 따르면 우리나라 국민 10명 중 2명은 '외롭다'고 느낀다고 합니다.

출처: 통계청, 2022 한국의 사회지표

외로움, 개인을 넘어 국가가 주목하는 문제로

세계 각국은 이제 외로움을 개인의 문제를 넘어 사회 문제로 인식하고 있습니다. 비베크 머시 미국 공중보건서비스(PHSCC) 단장 겸 의무총감은 2023년 영국 BBC 방송에 출연해 "외로움은 이제 진지하게 다뤄야 할 공중보건의 중대 도전"이라고 강조하기도 했습니다.

- 영국 🇬🇧 : 2018년 세계 최초로 외로움부 장관직을 신설했습니다. 외로움부는 외로움에 대한 편견을 줄이고, 외로움에 대한 다양한 방안을 마련합니다. 그 예로 의사가 처방을 결정하면 사회적 처방 활동가가 환자에게 맞는 프로그램을 찾아 주는 '사회적 처방'이 있다고 합니다.
- 일본 ● : 코로나19 이후 극단적 선택을 하는 이들이 급증하면서 2022년에 고독, 고립 담당 장관을 임명했습니다.
- 한국 🇰🇷 : 고독사와 고립·은둔 청년에 대한 대대적인 실태조사를 펼쳐 2023년에 고독사 예방 기본 계획과 고립·은둔 청년 지원 방안, 정신건강 정책 혁신 방안 등을 내놓았습니다.

외로움은 개인, 공동체, 사회 모두가 관심을 기울여야 하는 문제입니다.

우리에게는 느슨한 연결이 필요하다

현 시대는 SNS 등 온라인을 통해 가장 많은 사람과 연결되어 있는 시기라고 합니다. 동시에 가장 많은 이들이 외로움을 경험하는 시기라고도 말합니다. 건강 관리를 위해 운동과 식습관에 관심을 기울이는 것처럼, 사람들과의 연결을 위해 노력하는 것 또한 자신 그리고 소중한 사람의 건강을 위해 필요한 활동입니다.

마주치는 이웃들과 인사를 나누고 한 마디씩 주고받는 시간과 같이 누군가와 연결되어 있다는 최소한의 느슨한 연결로도 고립감을 덜어내는 데 도움이 된다고 합니다. 여러분도 주변 사람에게 다정한 말 한마디 건네어 보면 좋을 것 같습니다.

문밖으로 나갈 도움이 필요해 '고립청년 이야기'

고립감에 빠진 청년들이 급증하고 있습니다. 휴대폰에 저장된 연락처가 아무리 많아도 마음을 털어놓을 상대도, 도움을 요청할 수 있는 사람도 없습니다. SNS에는 나보다 잘난 사람이 넘쳐나고 모두들 행복해 보입니다. 하지만 고립청년은 항상 무기력하고 타인과의 대면 소통이 두려워 세상을 향한 문이 굳게 닫혀 있습니다. '은둔형 외톨이', '히키코모리'와 같은 단어가 나오는 다른 세상의 이야기라고 생각할 수도 있습니다. 세상과 담을 쌓고 살아가는 고립청년들에게 진정으로 필요한 것을 알아보겠습니다.

> 일어난 지 16시간째, 깜깜한 방에 스탠드 하나만 켜둔 채 가만히 앉아있다.
> 컴퓨터 모니터를 한참 응시하고 키보드에 손을 올려놓고 있지만 뭔가를 하고 있지는 않다.
> 이렇게 집에서만 지낸 지 4년 3개월째, 내가 무엇을 해야 하는지, 왜 해야 하는지, 아니 당장 뭘 먹어야 하는지도 모른 채 아무런 의욕도 없이 오늘이 지나간다.
> - 고립청년 준이씨 이야기

밖으로 나와야 하는 50만 명이 넘는 청년들이 있습니다

고립청년은 '타인과 의미 있는 관계를 맺지 못하고, 어려운 일이 있을 때 도움을 요청할 수 없거나 요청하기 어려운 청년'을 의미합니다. 보건복지부가 진행한 '2023 고립 은둔 청년 실태조사'의 결과, 최근 사회활동을 하지 않고 고립, 및 은둔 생활을 하는 청년의 수가 54만 명으로 추정되는 것으로 나타났습니다. 청년 100명 중 5명은 세상과 담을 쌓고 홀로 외롭게 살아가고 있는 것입니다.

고립·은둔 청년 실태조사 단위: %
전국 19~39세, 고립은둔 경험이 있는 청년 2만1360명 조사

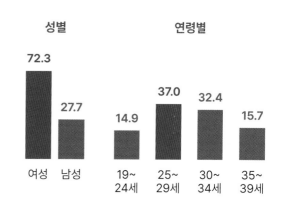

자료: 한국보건사회연구원

홀로 방 안에서
지낼 수밖에 없는 이유는...

고립청년이 된 이유는 다양합니다. 아동·청소년기에 집안이 갑자기 어려워졌거나, 학대, 괴롭힘, 따돌림 등 폭력을 당한 경험으로 고립을 택하기도 합니다. 또한 실직이나 취업의 어려움, 인간관계를 맺는 것에 대한 부정적 경험 등으로 고립이나 은둔생활을 선택하고 있기도 합니다.

고립·은둔 청년 실태조사 단위: %
전국 19~39세, 고립은둔 경험이 있는 청년 2만1360명 조사

고립·은둔 시작 이유

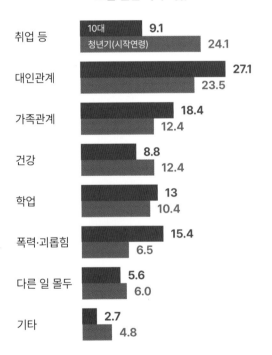

취업 등
10대 9.1
청년기(시작연령) 24.1

대인관계
27.1
23.5

가족관계
18.4
12.4

건강
8.8
12.4

학업
13
10.4

폭력·괴롭힘
15.4
6.5

다른 일 몰두
5.6
6.0

기타
2.7
4.8

자료: 한국보건사회연구원

재고립·은둔 이유

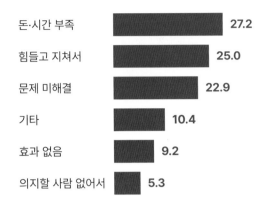

돈·시간 부족 27.2
힘들고 지쳐서 25.0
문제 미해결 22.9
기타 10.4
효과 없음 9.2
의지할 사람 없어서 5.3

자료: 한국보건사회연구원

고립청년들에게는
도움과 관심이 필요합니다

'청년들의 사회적 고립에 관심을 가져야 한다'는 이야기에 누군가는 '의지가 나약해 스스로 고립을 택한 청년을 도와줄 필요가 있을까요?'라고 생각할 수도 있습니다. 하지만 우리가 고립청년들에게 관심을 가져야 하는 이유는 사회적 고립을 선택한 이유가 개인보다는 사회에 있는 경우가 많고, 이에 따라 발생하는 문제 또한 사회적으로 악순환 될 여지가 많기 때문입니다.

사회적 고립청년 문제는 청년의 의지만으로 해결되기 어렵기 때문에 다양한 노력이 필요합니다. 고립청년을 위한 비대면 상담을 통해 사회에 나오고자 하는 노력을 증진하고, 일 경험 프로젝트, 사회성 향상 프로그램 등을 통해 그들이 조금씩 사회의 올바른 구성원으로 성장할 수 있도록 도움을 주어야 합니다.

어쩌면 주거문제 해결의 실마리, '사회주택'

우리가 편안하고 안전하게 쉴 수 있는 집은 삶의 필수 조건입니다. 하지만 주택보급률이 100%를 넘은 우리 사회에서 여전히 적절한 주거 공간을 찾지 못해 어려움을 겪는 사람들이 많습니다. 쉽지 않지만, 꼭 해결해야 하는 주거문제. 그 해법 중 하나로 이야기되고 있는 사회주택에 대해 알아보겠습니다.

사회주택이란?

서울시 사회주택 활성화 지원 등에 대한 조례에 따르면 '사회주택은 사회경제적 약자를 대상으로 주거 관련 사회적 경제 주체에 의해 공급되는 임대주택 등을 말한다'라고 안내하고 있습니다. 넓은 의미에서의 사회주택은 '거주자가 부담 가능한 임대료로 오랫동안 안심하고 살아갈 수 있는 주택'을 말합니다.

사회주택의 유형

사회주택의 유형은 크게 토지임대부와 리모델링형으로 구분하고 있습니다. 토지임대부 사회주택은 공공에서 토지를 민간에 장기간 저렴하게 빌려주면 민간사업 시행자가 그 땅 위에 건물을 지어 시민에게 저렴하게 장기 임대해 주는 유형입니다.

리모델링형 사회주택은 노후된 주택을 리모델링하여 재임대함으로써 주거환경을 개선하고 청년에게 안정적인 주거를 공급하는 사회주택입니다.
*지역별, 소유 방식, 운영 주체 등에 따라 다양하게 구분될 수 있습니다.

다양한 사회주택

사회주택은 사회적기업, 비영리 법인 등 사회적 경제 주체에 의해 공급되고 있어 주거 불안 해소뿐만 아니라 거주민들의 필요와 요구에 따른 공간구성, 사람들과의 커뮤니티 등 다양한 형태로 운영되고 있습니다.

1. 돌봄형 사회주택 '도담하우스'
부산 북구에 위치한 사회주택 도담하우스, 돌봄이 필요한 무주택 지역 어르신의 안정적인 생활을 지원하기 위한 사회주택으로 보증금 200만 원, 월세 12~15만 원이라는 저렴한 임대료에 입주할 수 있습니다. 또한 어르신의 일상생활 및 정서지원을 위해 지역주민 돌봄 활동가가 정기적으로 방문하고 다양한 문화예술활동도 지원하는 통합돌봄 사회주택입니다.

사회주택 도담하우스 전경

출처: 사회적기업 디자인 팩

2. 누구나 편한 집을 꿈꾸는 '유니버설하우징협동조합'

장애 여부와 관계없이 모든 사람이 편안하게 살 수 있는 집도 사회주택의 하나입니다. 유니버설하우징협동조합에서는 휠체어로 방을 돌아다닐 수 있게 문턱을 없애고, 신체가 불편한 분들에게 필요한 넓고 낮은 화장실을 만드는 등 누구나 손쉽게 쓸 수 있는 유니버설 디자인을 활용하여 사회주택을 지었습니다.

사회주택 유니버설 수유 전경

출처: 유니버설하우징협동조합

집(家)은 원래 편안하게 쉴 수 있는 가장 기본적인 삶의 공간이고, 이웃과 더불어 오랫동안 즐겁게 사는 공간입니다. BUY(산다)나 투자 개념으로 집에 접근하는 것이 아닌 LIVE(살아가는) 개념으로 접근해 보면 주거 문제에 대한 해결의 실마리를 찾을 수 있지 않을지 기대해 봅니다.

사람들에게 희망을 전하는 방법 '장기 기증'

'장기 기증'이란?

건강한 삶을 살다가 이 세상을 떠날 때 더 이상 필요 없는 장기를 기증하거나, 살아있을 때 사랑하는 가족이나 말기 장기부전 환자에게 자신의 소중한 장기를 대가 없이 기증하는 것을 말합니다. 장기 기증은 뇌사 시 장기 기증과 생존 시 장기 기증 2가지로 나누어집니다.

뇌사 시 장기 기증

불의의 사고나 질병으로 뇌의 기능이 완전히 소실되어 회복될 가능성이 없을 때는 심장, 신장, 간장, 폐, 췌장, 췌도, 소장, 위장, 십이지장, 대장, 비장, 손/팔, 발/다리, 안구를 기증할 수 있고, 이를 이식하여 장기 기능부전환자에게 새로운 생명을 선물할 수 있습니다.

생존 시 장기 기증

신장 정상인 것 2개 중 1개, 간장, 췌장, 췌도, 소장, 폐 일부가 기증 가능합니다.

우리나라에서 '장기 기증'의 인식은 어떨까요?

국내 뇌사 장기 기증자 현황은 인구 100만 명당 8.7명, 스페인(48.9명), 미국(36.9명), 영국(24.9명)에 비교하면 크게 밑도는 수준입니다.

질병관리본부가 국민 1,000명을 대상으로 설문한 결과 성인 10명 중 7명은 장기 기증 의향이 있다고 답했습니다. 그러나 한국장기조직기증원에 따르면 지난해 기준 전 국민의 약 4%만이 장기 기증 희망등록 의사를 밝힌 상태로, 장기 기증에 대한 의사는 있지만 실제 기증으로 이어지는 경우가 드물다고 합니다.

"1명의 기증으로 최대 9명의 생명을 살립니다."

한 사람의 장기 기증은 최대 9명, 조직기증까지 포함하면 수십 명의 환자에게 새로운 삶을 선물할 수 있게 됩니다.

장기이식에 대한 오해와 편견 대신 올바른 정보를 통해 관심을 가져본다면 어떨까요? 하루하루 이식을 기다리는 환우들에게 새로운 희망이 될 수 있습니다.

6월 14일, 생명을 나누는 가장 붉은 날

헌혈은 BLOOD DONATION 사랑입니다

우리도 생명을 구할 수 있습니다!

딱 30분~1시간 정도 투자해서 생명을 살릴 방법이 있습니다. 6월 14일, 세계 헌혈자의 날을 맞아 누구나 생명을 구하는 히어로가 되는 '헌혈'을 소개합니다!

'세계 헌혈자의 날'은 어떤 날일까요?

세계 헌혈자의 날은 2004년, 국제 헌혈 운동 관련 기관들이 전 세계적으로 자신의 혈액을 무상으로 기증하여 생명나눔을 실천하는 헌혈자들에게 존경과 감사의 의미를 전하기 위해서 제정되었습니다. 우리나라의 경우, 2021년 헌혈의 중요성을 알리고 국가 차원에서 헌혈자에 대한 예우를 더 하고자 혈액관리법이 개정·실시되어 매년 6월 14일 헌혈자의 날을 국가기념일로 지정했습니다.

기념일이 있을 만큼 중요한 '헌혈'에 대해 자세히 알아봅시다!

'헌혈'이란?

건강한 사람이 혈액이 부족하여 생명이 위태로운 타인에게 아무런 대가 없이 자유의사로 자신의 혈액을 기증하는 것으로 생명을 나누는 고귀한 행위입니다.

헌혈은 왜 해야 하나요?

1. 혈액은 수혈이 필요한 환자의 생명을 구하는 유일한 수단으로 아직 대체할 물질이 없고 인공적으로 만들 수도 없습니다.
2. 생명을 사고팔 수 없다는 인류 공통의 윤리에 기반하여 세계 각국은 혈액의 상업적 유통을 법으로 규제하고 있습니다.
3. 혈액은 장기간 보관이 불가능하여 적정 혈액 보유량을 유지하기 위해서는 지속적이고 꾸준한 헌혈이 필요합니다.

참고: 대한적십자사 혈액관리본부, 한마음혈액원

우리 몸은 체중 기준 7~8% 분량의 혈액을 가지고 있습니다. 그중 15%는 비상 상황을 대비한 여분이기 때문에 우리가 헌혈한 뒤에도 충분한 휴식을 취하면 건강상에 문제가 올 염려는 없습니다. 또한 헌혈자의 건강에 무리가 가지 않도록 사전에 문진을 통해 헌혈자의 컨디션이나 혈압, 혈소판 수치 등을 확인합니다.

보통 '헌혈'이라 하면 전혈헌혈을 말하지만, 정확히 헌혈은 크게 두 종류로 나뉩니다. 전혈헌혈은 일반적으로 알려진 것처럼 출혈이 많은 수술, 빈혈 치료에 사용됩니다. 다소 낯설게 느껴지는 성분헌혈은 생명 유지에 필요한 전해질, 영양분, 비타민, 호르몬, 효소와 항체, 혈액 응고 인자 등 다양한 성분을 채혈하고 이는 백혈병, 소아암 치료나 의약품 원료 등으로 활용됩니다.

어떤 방식이든 헌혈은 우리의 소중한 생명을 살리고 다친 사람을 치료하는 데 보탬이 될 수 있습니다.

국민 헌혈률

2023 국민 헌혈률
5.41%
총인구 **51,325,329**명
총헌혈건수 **2,776,291**건

헌혈가능인구 대비 헌혈자 비율
3.35%
헌혈가능인구(16-69세)
38,873,293명
헌혈자 실인원 수 **1,300,774**명

늘 부족한 혈액…
오늘은 헌혈하러 가볼까요?

17년도 약 298만 명에 달했던 헌혈자는 23년도에 약 250만 명으로 감소했습니다. 적정량의 혈액을 보유하기 위해선 일평균 5일분 이상의 혈액이 있어야 합니다. 우리나라는 2024년 7월 기준 6.7일분을 보유하고 있어 현재 혈액수급위기단계는 아니지만 혈액은 장기간 보관하기 어렵고, 코로나19와 같은 팬데믹 상황이나 면역력이 약해지는 겨울철에는 평균적으로 필요한 혈액량에 비해 수혈량이 적을 수 있어 지속적인 관심이 필요합니다.

연도별 헌혈현황 단위: 건

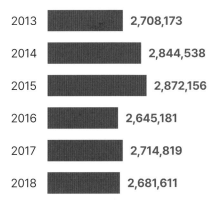

2013	2,708,173
2014	2,844,538
2015	2,872,156
2016	2,645,181
2017	2,714,819
2018	2,681,611

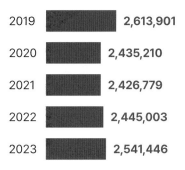

2019	2,613,901
2020	2,435,210
2021	2,426,779
2022	2,445,003
2023	2,541,446

아! 헌혈해야겠다! 생각했다면?
'헌혈' 이곳에서 할 수 있습니다!

1. 대한적십자사 혈액관리본부

(www.bloodinfo.net)
대한적십자사의 소속기관으로 헌혈의 집과 헌혈 버스를 운영하고 있습니다.

2. 한마음혈액원

(www.bloodnet.or.kr)
대한산업보건협회 부설인 한마음혈액원은 서울과 경기 지역을 중심으로 헌혈 카페와 헌혈 버스를 운영하고 있습니다.

세계 헌혈자의 날을 맞아 생명을 구하는 헌혈에 대해 좀 더 자세히 얘기해 보았습니다. 헌혈 전에는 금지약물 및 예방접종 여부, 국내외 말라리아 관련 제한 지역 방문 여부 등 확인해야 할 사항이 많답니다. 그러니 혈액원 방문 전에는 꼭 주의사항 등을 꼼꼼히 확인하고, 신분증도 반드시 챙겨가야 합니다.

수면시간 감소가
알지?에 미치는 영향

사람은 생애 3분의 1을 수면으로 시간을 보낸다는 말이 있을 만큼 우리 삶에 수면은 굉장히 중요한 부분입니다. 수면이 부족할 때 우리에게 어떤 변화가 있을지 알아보겠습니다.

오늘은 누군가를 돕고 싶지 않아요

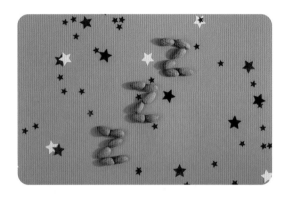

수면 시간이 부족하면 기억력 저하, 면역체계 저하, 우울감 증가 등 여러 문제가 발생합니다. 개인의 건강뿐 아니라 우리 사회에 미치는 영향도 적지 않은데요. 오늘은 수면 시간 부족으로 발생할 수 있는 일을 소개해 드리겠습니다.

타인을 돕고 싶은 욕구가 감소합니다.

같은 사람을 대상으로 충분한 수면을 가진 날과 수면을 가지지 못한 날에 뇌가 활성화되는 영역을 비교해 본 결과 수면을 가지지 못한 날이 충분한 수면을 가진 날에 비해 다른 사람을 돕고 싶은 욕구가 78% 감소한 것으로 나타났습니다.

기부금이 10% 감소하는 '이 시기'

미국에서는 해가 긴 여름철 동안 한 시간 일찍 생활하는 서머타임*을 실시하고 있습니다. 이 시기에는 평소보다 일찍 하루를 시작하는 반면 늦은 일몰 시각으로 더 늦은 시간에 잠에 들게 되면서 수면 시간이 줄어든다고 합니다.

2001~2016년 사이에 미국에서 이뤄진 자선 행사 데이터 300만 건을 분석한 결과, 서머타임이 시행된 후 모인 기부금이 이전보다 약 10% 감소한 것으로 나타났어요. 또한, 서머타임을 실행하지 않는 하와이, 애리조나 지역의 경우 같은 시기에 기부금이 줄어들지 않는 결과가 나와 수면 시간 단축이 기부에도 영향을 미치는 것을 확인할 수 있었습니다.

---

*서머타임(Summer Time): 하절기에 국가의 표준시를 원래 시간보다 한 시간 앞당겨 생활하는 제도

모두 안녕히 주무세요

성인의 권장 수면 시간은 7~8시간이지만, 우리나라의 평균 수면 시간은 약 6.3시간으로 전체 35개국 조사 대상 중에서 34위로 낮은 순위를 차지하고 있습니다.

따뜻한 세상을 만드는 일은 어쩌면 어렵지 않습니다. 여러분도 오늘 저녁은 숙면하시기를 바랍니다.

침수된 지하차도, 기적을 만든 사람들

누군가는 '영웅'이라 하면 영화, 드라마 속 영웅처럼 초능력을 가지고 있거나, 이에 견줄만한 능력을 가진 사람부터 떠올릴지 모릅니다. 하지만 우리 주변에는 남을 위해 의로운 행동을 하는 이웃들이 참 많습니다.

집중호우 속 영웅들

사진 출처: 조선일보

지난 2023년 7월 15일에 거세게 내리던 폭우에 강물이 범람하면서 충북 청주에 위치한 오송 지하차도가 물에 잠겼습니다. 차들이 침수되어 오도 가도 못하고 물이 차오른 상황에서 타인의 목숨을 구한 4명의 시민이 있었습니다.

화물차 기사 유병조 님(44), 공무원 정영석 님(45), 1톤 트럭 기사 한근수 님(57), 회사원 양승준 님(34)은 스스로 위험에 처한 상황에서도 탈출하지 못하고 있던 다른 시민을 돕거나, 물에 휩쓸리던 시민에게 손을 뻗어 타인의 생명을 구했습니다.

우리 곁의 영웅을 찾습니다. 'LG의인상'

LG복지재단은 이들의 용기를 격려하기 위해 2023년 8월 LG의인상을 수여했습니다. LG의인상은 국가를 위해 헌신하는 공직자, 의로운 행동과 남다른 선행으로 사회의 정의를 실현하는 데 이바지한 시민을 찾아 이들의 선행이 오래 기억되고, 남을 돕는 문화가 확산될 수 있도록 LG복지재단에서 수여하는 상입니다.

더 많은 '영웅'을 만날 수 있길

영웅은 영화 속에만 존재하는 인물이 아니라, LG의인상 수상자들처럼 우리 생각보다 더 가깝게, 그리고 더 익숙한 모습으로 있을지 모릅니다.

남을 돕는 문화가 확산될 수 있도록 수여되는 LG의인상의 의미처럼 도움이 필요한 누구에게나 손을 뻗어 우리 모두 일상 속 영웅들을 더 많이 만날 수 있다면 좋겠습니다.

홈런처럼 뻗어나갈
선한 영향력!

여러분이 야구를 좋아하신다면 매년 프로야구가 개막하는 봄이면 두근거리는 나날을 보낼 테지만 야구에 관심이 없더라도 이 글을 잘 읽어주시기 바랍니다. 야구장 밖의 우리 삶에도 야구는 큰 영향을 미치고 있기 때문입니다.

야구, ESG의 S(사회)를 실천하다!
지역 사회 활성화

프로 스포츠 구단은 지역 연고를 기반으로 운영되기 때문에 지역 사회에 미치는 영향이 큰데요. 한 지역의 브랜드 이미지를 높이고 주민들이 자신이 살고 있는 곳에 대한 애정을 갖게 해주며, 경제적 가치도 창출할 수 있습니다.

미국의 프로야구팀은 1994년 새 경기장을 개장할 당시 도시 활성화에 기여하고자 볼티모어의 역사적인 지역에 경기장을 만들었고, 지어진 지 100년이 넘은 오래된 건물을 그대로 야구장 한쪽에 보존했습니다. 이 뿐만 아니라 푸드뱅크와 함께 식량 나눔 행사를 열고, 비영리단체와 제휴해 주택을 건립하는 등 볼티모어 지역 사회의 식량 문제와 주택 불안을 해결하기 위해 직접 나서기도 했습니다.

미래 세대 지원

출처: 유튜브 LGTWINSTV

우리나라의 프로야구팀 LG 트윈스는 초등학교를 직접 방문해 진행하는 야구 체험 프로그램 '찾아가는 야구교실'을 통해 학생들의 스포츠 참여 기회를 확대하고, 팀 성적에 따라 어린이 도서를 적립해 시즌 종료 후 아동 복지 시설에 기증하는 '사랑의 도서 나눔' 캠페인을 진행하는 등 우리의 미래인 아동·청소년들을 위한 지원을 이어가고 있습니다.

우리 야구로 함께 나아가자!

북미 프로야구 리그 MLB는 사회공헌 플랫폼 MLB 투게더(MLB Together)를 운영합니다. MLB 투게더는 파트너십과 지역 사회의 힘을 통해 사회에 기여하는 것을 강조하고 있습니다. 7가지 핵심 요소를 토대로 온라인 콘텐츠 제공, 취약계층 지원, 교육 지원 등 다양한 사회공헌 활동을 진행하고 있습니다.

스포츠, 그저 '공놀이'라고 생각했다면?

이러한 스포츠 조직의 사회공헌 활동은 우리 사회에 직접적으로 기여할 뿐만 아니라, 스포츠 팬들의 만족감도 더욱 높여준다고 합니다. 팬들이 자신도 함께 사회공헌 과정에 참여했다고 느끼게 해 긍정적인 감정을 경험하게 한다는 것입니다.

그 자체만으로도 우리에게 큰 힘을 주는 스포츠가 경기장 밖에서도 우리 삶을 크게 바꾸고 있었다는 사실! 스포츠가 불러올 긍정적인 바람이 우리 사회 구석구석에 불어오길 바랍니다!

재미와 의미를 한 번에! 임팩트 게임

한국콘텐츠진흥원의 2022년 조사 결과에 따르면 우리나라 국민의 74.4%가 게임을 이용했다고 합니다. 그 정도로 게임은 대중적인 취미 중 하나가 되었고, 우리에게 큰 즐거움을 주고 있습니다. 그런데 임팩트 게임(Impact Game)이 등장하면서 '오락'이라는 이미지가 강했던 게임에 재미뿐만 아니라 의미까지 더하려는 노력이 이어지고 있습니다.

임팩트 게임이란

사회 문제를 해결하고 사회 문제를 해결해 사회에 긍정적인 영향을 미치는 게임을 말합니다. 게임이라는 익숙한 매체를 통해 전쟁, 환경, 역사 등의 사회적 메시지를 전달하고 있습니다.

게임에 의미를 더하다

해외에서는 사회적 변화를 이끄는 게임들을 소개하는 'G4C(Games for Change) Festival'이 매년 개최될 정도로 임팩트 게임에 대한 시도가 활발하게 이어지고 있습니다.

물을 찾아 떠나는 길, 남 일처럼 느껴졌나요?

출처: 'This Is A True Story' 게임 화면

알지?에서는 '오염된 물로 더 이상 아프지 않도록, 깨끗한 물을 선물해 주세요' 라는 기부 캠페인이 있었습니다. 10km에 달하는 먼 거리를 이동해 식수를 구했던 케냐의 주민들에게 식수 시설을 지원한 캠페인이었습니다. 미국의 비영리 단체 'Charity: Water'는 아프리카를 방문하며 만난 여성들을 인터뷰하고, 이들의 이야기를 게임으로 담아냈고, 식수를 얻기 위해 험난한 길을 떠나는 주인공의 여정을 함께 따라가며 물 부족 문제의 심각성을 몸소 체험할 수 있습니다.

아름다운 우리 섬은 우리가 지킨다!

출처: 'Alba: A Wildlife Adventure' 게임 화면

이번 게임은 지중해의 섬을 배경으로 섬 곳곳을 다니며 야생동물을 지키고, 생태계를 살리기 위한 모험을 떠나는 게임입니다. 주인공 '알바'는 지중해의 작은 섬에 있는 할머니 댁을 방문했다가 섬의 야생동물들이 위험에 처한 것을 발견하게 되어, 섬의 야생 동물들을 관찰해 동물도감을 만들고, 자연 보호 구역을 지키기 위해 주민들을 설득하는 등의 친환경 활동을 펼치는 내용입니다.

여러분도 게임을 즐기면서 사회적 메시지도 전달하는 임팩트 게임 한 번 해보시는 건 어떨까요?

재미로 했는데, 기부가 되었다고요?

퍼네이션(Funation)은 재미(Fun)와 기부(Donation)를 결합한 말입니다. 대표적인 퍼네이션으로는 아이스 버킷 챌린지가 있습니다. 알지?도 퍼네이션의 일종입니다. 오늘은 '재미있는' '기부' 퍼네이션을 알아보겠습니다.

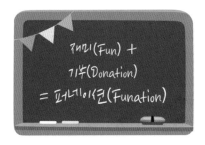

퍼네이션은 단순히 성금만 전달하고 끝나는 기부가 아닌, 쉽고 재미있는 방법을 통해 나눔에 동참하는 새로운 형태의 기부 문화입니다.

대표적인 퍼네이션은?

지난 2014년, 루게릭병 환자 지원을 위한 '아이스 버킷 챌린지'가 크게 유행했습니다. 얼음물을 뒤집어쓰는 영상을 SNS에 올린 뒤 다음 도전자 세 명을 지목하는 방식으로 진행되었습니다. 얼음물을 뒤집어쓰는 이유는 루게릭병 환자들이 느끼는 근육이 수축하는 고통을 차가운 얼음물이 닿는 느낌을 통해 체험하고자 한 것입니다. 온라인상에서 챌린지 영상이 화제가 되고,

이를 통해 루게릭병에 대한 관심이 커지면서 최종적으로 1억 달러 이상의 기금이 모인 대표적인 퍼네이션이라고 할 수 있습니다.

또 다른 퍼네이션은 바로...?

스마트폰이 널리 보급되면서 모바일 플랫폼을 기반으로 한 퍼네이션이 더욱 확산하고 있습니다. 앱으로 누구나 쉽고 재미있게 참여할 수 있는 대표적인 퍼네이션은? 바로 알지?입니다. 알지?는 얼마나 많이 기부하는지보다 어떻게 기부하는지에 초점이 맞춰진 퍼네이션 기부 앱입니다.

금전적 부담을 덜고 누구나 쉽고 재미있게 기부에 참여할 수 있는 퍼네이션은 앞으로도 계속 퍼져나갈 것으로 예상됩니다. 알지?는 퍼네이션을 바탕으로 누구나 부담 없이 기부를 실천하고, 우리 사회에 긍정적인 영향을 끼칠 수 있도록 계속해서 노력하겠습니다!

ESG, 모든 기업이 함께 할 수 있을까요?

ESG

기업의 비재무적 요소인 환경(E), 사회(S), 지배구조(G)를 뜻하는 ESG는 지속 가능한 발전을 위한 기업의 경영 전략으로 이제 선택이 아닌 필수로 자리 잡아가고 있습니다. 하지만 대기업들이 ESG위원회, ESG전담조직 등을 운영하여 ESG 경영에 발 빠르게 대처하고 있는 것과 달리 중소기업은 ESG 경영을 위한 준비에 어려움을 겪고 있습니다. 2021년 중소기업중앙회 조사에 따르면 90%에 달하는 중소기업이 ESG 경영 대처에 미흡한 것으로 나타났습니다.

이는 많은 중소기업이 영세성, 낮은 생산성, 빈약한 지배구조 등의 이유로 지속 가능한 발전을 이루기에는 현실의 벽이 높다는 의미입니다.

우리를 더 풍요롭게 만드는 ESG, 중소기업도 함께 참여할 수 있도록 하는 방안과 노력에 대한 이야기 나눠보고자 합니다.

중소기업 ESG 경영 실현을 위한 정부의 노력

중소벤처기업부는 글로벌 및 국내시장에서 ESG 경영 도입에 대한 요구가 확산함에 따라 중소기업의 체계적인 준비를 위한 ESG 컨설팅을 지원하고 있습니다. 또한 탄소 저감 가능성이 큰 제조 소기업을 대상으로 탄소중립 및 저탄소 경영 체계 구축을 지원하고 있습니다.

중소벤처기업진흥공단에서는 제조 현장의 탄소 저감을 지원하기 위해 탄소중립수준진단을 시행 중에 있습니다. 탄소중립수준진단은 공정·장비별 에너지사용 현황을 분석해 에너지 저감 방안을 도출하고, 맞춤 정책을 연계·지원하는 사업입니다. 경영·기술 진단 전문가와 에너지·탄소 저감 진단 전문가가 중소기업에 방문해, 에너지 효율 향상과 공정개선 2가지 관점에서 기업 맞춤형 탄소중립 전략을 수립해 무료로 알려주고 있습니다.

동반성장 상생의 노력

2050 넷제로를 선언한 LG화학은 대기업과 중소기업이 ESG 경영에 함께 참여하는 자발적 상생 협력 모델을 만들어 가고 있습니다.

신한은행과 함께 1,000억 원 규모의 저금리 대출 프로그램 'ESG 동반성장펀드'를 조성해 기후변화 대응, 인적자원 개발 등 협력회사의 ESG 경영을 위한 자금을 지원하고 있습니다.

이뿐만 아니라 LG화학은 중소기업의 환경(E), 사회(S), 지배구조(G) 각 분야에 있어 노하우와 기술도 함께 지원하고 있습니다.

환경(Environment) 분야에서 탄소 감축과 저탄소 관련 신기술 적용, 재생 에너지 전환, 설비·공정의 에너지 효율 개선 , 대기오염 물질 배출 저감과 폐플라스틱 재활용 등 환경 시스템 개선을 지원합니다.

사회(Social) 측면에서 LG화학은 안전 관리와 품질 개선에 힘쓰고 있습니다. 중대 사고 방지를 위한 안전·환경·보건 분야 장비와 품질 경쟁력 제고를 위해 분석, 실험 장비를 무상으로 지원하고 있으며 채용 장려금 및 온라인 교육 지원 등 인력 개발 분야를 지원합니다.

지배구조(Governance) 분야에서도 중소기업이 기업 윤리와 공정 경쟁, 재무 리스크 관리, 이사회와 감사위원회 구성 등에서 운영 자금이 필요한 경우 금융 지원을 받을 수 있도록 합니다.

ESG 경영을 통해 많은 기업이 환경보호를 강조하고, 사회적 책임을 다할 때 우리 사회와 삶은 더욱더 가치 있게 될 것입니다.

앞으로 많은 기업들, 특히 중소기업이 ESG 경영을 잘 실천해 나갈 수 있도록 관심을 가지고 주의 깊게 보면 좋겠습니다.

요즘 기업들이
윈윈하는 방법

최근 ESG 가치를 실천하기 위해 대기업과 스타트업이 함께 손을 잡는 사례가 늘고 있습니다. 대기업은 스타트업의 창의적인 아이디어와 기술을 활용해 새로운 시장과 사업을 개척할 수 있고, 스타트업은 대기업이 가진 풍부한 네트워크와 시장 경험을 통해 단기간에 빠른 성장을 이룰 기회를 갖게 됩니다. 수직적인 협력 관계가 아닌, 대기업과 스타트업이 함께 윈윈(win-win)하며 시너지 효과를 내는 상생협력이 중요해졌습니다.

대기업들은 어떻게 협력하고 있을까요?

대기업과 스타트업의 협력은 주로 다음과 같은 방식으로 이루어지고 있습니다.

1. 대기업이 스타트업에게 사무 공간과 금전적 투자 등을 지원해 사업 고도화를 돕는 방식
2. 대기업이 협력하고 싶은 과제를 공개하고 솔루션을 스타트업이 제시하는 방식
3. 대기업과 스타트업이 함께 사업을 공동 진행하는 방식

혁신은 열린 문!

이러한 기업들의 움직임은 오픈 이노베이션, 즉 개방형 혁신이라는 개념으로 설명할 수 있습니다. 폐쇄형 혁신이 기업 내부에서 연구개발을 진행하는 방식이라면, 개방형 혁신은 외부의 다른 기업, 학계, 기관 등과 함께 기술과 자산을 공유하며 혁신을 추구하는 것을 말합니다. 빠르게 변화하는 산업 현장에서 발 빠르게 대응하기 힘들다는 폐쇄형 혁신의 단점을 협력으로 해결하는 것입니다.

LG화학-넷스파 "손에 손잡고"

LG화학은 다양한 방식으로 스타트업과 협력하며 개방형 혁신을 이루어 가고 있습니다. LG화학, LG전자가 함께 사회적경제 기업을 육성하는 플랫폼인 'LG소셜캠퍼스'를 운영하면서 국내 스타트업을 위한 지원을 아끼지 않고 있습니다. LG소셜캠퍼스의 지원 대상으로 선발되었던 넷스파가 최근 LG화학과 업무 협약을 체결하기도 했습니다. 넷스파는 수거가 원활하지 않아 방치되던 페어망 등 해양 폐기물을 자원화해 순환 구조를 만드는 기업으로, 넷스파가 해양 폐기물을 수거 후 분류·선별하면 LG화학이 이를 재활용할 예정입니다. 두 기업의 협업을 통해 그동안 제대로 처리되지 못하고 방치되던 해양 쓰레기를 줄이고, 기존 플라스틱보다 탄소를 3배가량 줄일 수 있을 것으로 기대됩니다.

상생과 동반성장의 가치를 널리 알리고 있는 기업들의 만남은 '함께 가면 멀리 간다'는 말을 증명하고 있습니다.

갑질에 대하여
(feat. 직장 내 괴롭힘)

직장생활을 하다 보면 상사로부터 갑질을 당하거나 동료가 갑질을 당하는 모습을 심심치 않게 볼 수 있습니다. 갑질을 비롯한 직장 내 괴롭힘은 당하는 사람에게는 엄청난 고통을 안겨줍니다. 비난과 욕설 등 언어폭력은 물론, 별거 아니라고 생각하며 던진 작은 한마디가 상대에게는 상처가 될 수도 있습니다. 갑질감수성이라는 말이 생겨날 정도로 예민한 문제가 되고 있는 직장 내 괴롭힘. 갑갑한 갑(甲)질의 원인과 직장 내 괴롭힘을 당할 때 도움받는 방법에 대해 알아보겠습니다.

갑질의 원인이 무엇이라고 생각하시나요?

'갑질'은 사회 경제적 관계에서 우월적 지위에 있는 사람이 권한을 남용하거나, 우월적 지위에서 비롯되는 사실상의 영향력을 행사하여 상대방에게 행하는 부당한 요구나 처우를 의미합니다. 2020년 국무조정실에서 만 16~69세 남녀 2,500명을 대상으로 한 '국민의 갑질에 대한 인식' 설문조사에서 국민들의 상당수가 갑질의 원인을 '권위주의 문화'로 보고 있으며, 자주 발생하는 관계는 직장 내 상하관계라고 꼽았습니다.

그렇다면, 직장 내 괴롭힘 판단기준은 뭘까요?

개정된 법에서는 세 가지 핵심 요소를 판단 기준으로 삼고 있습니다.

✔ 직장 내 관계 또는 '우위'를 이용했는지?
✔ 업무상 적정 범위를 넘었는지?
✔ 신체적 정신적 고통을 주거나 업무 환경을 악화시켰는지?

세 가지를 따져봤을 때 모두 해당이 된다면 '직장 내 괴롭힘'으로 볼 수 있습니다.

직장 내 괴롭힘 인정 사례

회사에서 행사가 있을 때마다 직원들에게 장기자랑 준비를 강요했어요.
점심시간 등 휴식 시간까지 연습을 지시하고, '복면가왕'과 같은 장기자랑을 준비하라며 가면이나 복장까지 갖추고 이사장, 국장, 직원들 앞에서 노래를 부르도록 강요했어요.

피해자를 의도적으로 무시하고 면전에서 비웃음, 비난, 욕설 등 수시로 언어 폭력을 가했어요. 겨울, 여름에는 피해자에게 보일러나 에어컨 등을 제공하지 않고 가해자들끼리만 사용했어요.

상사의 지시로 흰머리 뽑기, 옥수수와 고구마 껍질 까고 굽기, 라면 끓이기, 안마 등 업무와 관련 없는 온갖 잡일을 해야 했어요.
상사가 먹고 남은 음식을 모두 먹으라고 하고, 막내라는 이유로 음식을 남기지 못하게 했어요.

직장 내 괴롭힘을 당한다면, 어디로 신고해야 도움 받을 수 있나요?

사업주는 직장 내 괴롭힘 발생 시 사내 '직장 내 괴롭힘 예방 및 대응 관련 담당 조직(담당자)'에 직접 신고하는 방법뿐 아니라 온라인 신고센터, 이메일 등을 통해 자유롭게 신고할 수 있는 다양한 창구를 마련해야 합니다.

만약 사업주를 신고해야 하거나, 직장 내 신고 장치가 없어 어려움이 있다면 고용노동부 직장 내 괴롭힘 상담센터 또는 관할 노동청 등을 통해 신고할 수 있습니다.

<오프라인>
근무지 관할 노동지청 방문/우편/팩스

<온라인과 모바일>
고용노동부 고객상담센터 ☎ 1350
국가인권위원회 ☎ 1331
여성노동법률지원센터 ☎ 0505-515-5050

착한 AI가 필요해!

'AI(인공지능)가 시험 성적을 매기고, 면접을 보고, 재판을 한다면 인간보다 훨씬 공정하지 않을까?' 이런 생각을 한 번씩 해보셨을 것입니다. 그렇다면 과연 AI는 인간을 대신해서 하는 일에 편견 없이 일을 수행할 수 있을까요?

AI, 너는 편견 없을 줄 알았더니…!

2020년 영국에서 실제로 그런 일이 일어났습니다! 코로나19로 졸업 시험을 치르지 못한 학생들을 대상으로 AI가 평가를 했더니, 공립학교에 다니는 학생들은 교사의 평가보다도 더 낮은 학점을 받은 반면, 부유층이 많이 다니는 사립학교 소속의 학생들은 높은 학점을 받은 것입니다. 이러한 결과가 나온 것은 AI가 학생 개개인뿐만 아니라 소속 학교의 학업 능력까지 포함해 평가했기 때문입니다.

재범 예측 AI의 편향 사례

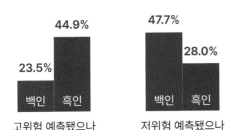

| 23.5% | 44.9% | 47.7% | 28.0% |

백인	흑인	백인	흑인
고위험 예측됐으나 실제 재범을 저지르지 않음		저위험 예측됐으나 실제 재범을 저지름	

출처: 한국일보

또한 미국의 한 재범 예측 AI는 백인보다 흑인의 재범률을 계속해서 높게 예측했습니다. 하지만 재범 위험이 클 것으로 예측된 사람 중 실제로 재범을 저지르지 않았던 비율은 흑인이 훨씬 높았다고 합니다. 이렇게 인간이 가진 차별과 편견을 AI가 그대로 학습한다면, AI가 내놓은 결과물도 편향될 수 있습니다.

이때 필요한 것이 바로 AI 윤리입니다. AI 윤리란 AI를 개발하고 사용할 때 우리가 지켜야 할 윤리적 기준을 의미합니다. 앞서 살펴봤던 차별 문제뿐만 아니라 개인정보 유출, 사이버 범죄 등 AI와 관련된 문제를 해결하기 위해 꼭 고민해야 할 부분입니다.

AI 윤리를 위한 국제적인 노력

유네스코는 지난 2021년, AI 윤리와 관련한 최초의 국제 표준인 'AI 윤리 권고(Recommendation on the ethics of artificial intelligence)' 채택 후 국내 첫 AI 윤리 실행 파트너사로 'LG AI연구원'을 선정해 국제 표준 'AI 윤리 권고'를 기반으로 글로벌 AI 정책 강화를 위한 파트너십을 체결했습니다.

과잉 조치 금지 및 위해 금지

✔ 돌이킬 수 없는 결정이나 삶과 죽음에 관한 결정은 AI에게 맡기면 안 됩니다.

✔ 대중 감시를 목적으로 AI를 사용하면 안 됩니다.

공정성 및 차별 금지

✔ AI 개발자는 AI가 내놓은 결과물이 차별적이거나 편향되지 않도록 노력해야 합니다.

✔ AI 기술의 혜택이 모든 사람에게 미칠 수 있도록 해야 합니다.

투명성 및 설명 가능성

✔ AI가 내놓은 결과물이 이해될 수 있도록 타당한 설명이 제공되어야 합니다.

책임성

LG AI를 개발하고 활용하는 조직과 구성원의 역할과 책임을 명확히 합니다. LG AI가 의도된 대로 작동할 수 있도록 책임을 다합니다.

투명성

LG AI가 도출한 결과를 고객이 이해하고 신뢰할 수 있도록 소통합니다. LG AI의 알고리즘과 데이터는 원칙과 기준에 따라 투명하게 관리합니다.

LG, 5대 핵심가치 담은 'AI 윤리원칙' 발표

LG는 우리 사회를 건강하고 지속가능하게 만들기 위해 AI 윤리원칙을 제정해 준수하고 있습니다.

인간존중

LG AI는 인간과 사회에 유익한 가치를 제공합니다. LG AI는 인간의 권리를 침해하지 않습니다.

공정성

LG AI는 인간의 다양성을 존중하고 공정하게 작동합니다. LG AI는 개인의 특성에 기초한 부당한 차별을 하지 않습니다.

안전성

LG AI는 안전하고 견고하게 작동합니다. LG AI는 잠재적 위험을 예측하고 대응합니다.

새로운 가족, 외국인 노동자를 위한 수기 _정구현

수상자의 작품 소개 한마디

공인노무사로 활동하며 외국인 노동자들의 안타까운 실상과 정면으로 마주할 때가 많습니다. 사회의 변두리에서 일하고 있는 외국인 노동자들에 대한 처우 개선 문제도 ESG 경영의 S(사회) 영역에 해당합니다. 외국인 노동자에 대한 인식 개선 캠페인을 통해 법적, 제도적 개선까지 이루어지면 좋겠습니다.

최근 몇 년간 ESG 경영에 대한 사회 일반의 관심이 크게 늘었다.

MZ세대는 이른바 가치 소비를 시작했고, 기업은 이러한 소비자의 니즈를 비롯해 각국 금융투자 회사의 요구에 응답했다. 아직 확정된 바는 없지만, 2026년 이후로는 ESG 공시도 의무화되어 제도권 안으로 편입될 예정이다. 가히 장족의 발전이라고 하지 않을 수 없다.

그러나 현재의 ESG는 환경(E)과 지배구조(G) 측면만을 부각하고 있는 듯해 못내 아쉬움이 남는다. 대표적인 ESG 평가기관 중 하나인 무디스 평가분석 결과 우리나라 기업의 2020~2021년 사회(S) 영역 점수는 선진국 및 아시아 주요국에 비해 크게 뒤처졌다. 구체적으로 18개 주요국의 무디스 S 점수의 평균은 19.7점이었는데 반해, 대한민국은 6.5점을 기록했다.

사회(S)는 인권 및 다양성 존중, 지역사회 협력, 일과 삶의 균형, 작업장 내에서의 안전보건 등 다양한 영역을 포괄한다. 기본적으로는 '법과 상식'에 대한 내용들이다. 오늘은 그중에서도 '외국인 노동자(이민 노동자) 문제'로 대변되는 다양성의 존중에 대해 이야기해 보려고 한다.

대한민국은 유독 단일민족 신화가 뿌리 깊은 나라다.

단일민족은 공동체의 이름 아래 힘을 합치기도 하지만, 때때로 낯선 이방인에 대해서는 적대감과 사회적 배제감을 드러내기도 한다.

직업(공인노무사) 특성상 인천을 비롯해 경기 북부 권역에 위치한 중소 사업체들을 방문할 기회가 많다. 서

울을 조금만 벗어나도 중국, 베트남, 태국, 파키스탄, 라오스 등 여러 국적의 외국인 노동자들과 마주할 수 있다. 외국인 노동자들은 대한민국 국민들의 더 나은 삶을 위해 보이지 않는 어두운 곳에서 근면하게 노동력을 제공한다. 그리고 대개 그들은 열악한 근로조건, 위험한 작업환경, 거주 이동의 제한이라는 굴레 속에서 이방인으로서의 삶을 근근이 이어 나간다.

구체적인 문제는 아래와 같다.
- 존중하지 않는 언어: 소규모 사업체의 한국인 관리자들은 외국인 노동자를 동등한 인격체로 존중하지 않는다. 기본적인 호칭은 보통 '쟤', '얘'인 경우가 많다.
- 미지급 수당: 외국인 노동자들은 주거비용의 부담으로 인해 사업체에서 제공(또는 급여에서 공제)하는 기숙사에서 생활하고는 하는데, 이로 인해 연장근로가 당연하게 여겨지기도 한다. 정당한 가산수당이 지급되고 있는지는 미지수다.
- 위험한 작업환경: 한국말이 서툰 외국인 노동자들이 한국인들도 꺼리는 유해·위험 사업장에서 작업하므로 안전사고의 위험성은 결코 낮지 않다. 그런데 많은 소규모 사업체에서는 외국어 안전보건표지조차 제대로 부착하지 않고 있다. 이에 산업재해가 빈번하게 발생하고, 온몸에 검은 재를 뒤집어쓴 나머지 외국인 노동자들은 최소한의 개인 보호구(예: 방진 마스크, 안전모)도 없이 고된 작업을 계속한다.
- 법률적 한계: 「출입국 관리법」에 의해 일반적인 E-9 (비전문취업) 비자 소지자는 근로를 제공하는 사업장을 임의로 변경할 수도 없다. 사업장 변경 사유와

횟수가 모두 제한되어 '현대판 노예제도'라는 비판까지 나온다. 그리고 이는 앞서 지적한 세 가지 문제를 유발하는 하나의 원인이 되기도 한다.

2024년 현재, 다양성 (diversity) 존중이 필요한 때

많은 이들이 환경(E) 보호와 지배구조(G) 개선을 목이 터져라 부르짖는다. 하지만 다양성(diversity) 존중이라는 견지에서 보장되어 마땅할 외국인 노동자들의 인권은 애써 무시되고 있다.

또 대한민국은 이미 저출산, 고령화의 늪에 빠져버렸다. 장기적인 국가경쟁력 강화의 측면에서도 외국인 노동자에 대한 인식 개선과 제도적 보호는 필수적이다. 한때 양대 정당이 모두 '이민청 신설'을 거론하며 외국인 노동자 관리의 필요성을 주요 의제로 내세우기도 했다.

우리 국민 한 명, 한 명이 외국인 노동자의 인권(다양성), 즉, 사회(S) 문제에 관심을 가지고 있어야 한다. 그러려면 외국인 노동자에 대한 국민의 왜곡된 인식과 무관심을 긍정적으로 전환하는 것이 급선무다.

미디어의 영향으로 외국인 노동자에 대한 세간의 인식은 '불법체류자', '범죄자'와 같은 것으로 전락해 버렸다. 그러나 이주민 밀집 지역의 범죄는 인근 지역의 평균 범죄율보다 발생률이 오히려 낮다. 국내 전체 범죄자 수에서 외국인이 차지하는 비율은 1.3%에서 2.4% 수준을 오간다. 인구 대비로 보면 지난 10년(2011~2020)간 외국인 10만 명당 범죄자 검거 인원 지수는 내국인의 '절반 수준'에 불과하다. 외국인이 내국인보다 범죄를 더 자주, 많이 저지른다는 인식과는 다른 결과다.

그렇다면 '사실'에 기반한 정보를 제대로 전달하는 범국민 캠페인이 지속적으로 이루어져야 한다고 본다.

- 외국인 노동자 범죄율에 대한 사실적 정보 제공
- 외국인 노동자 강제 근로의 원인이 되는 「출입국 관리법」 개정의 필요성
- 이민청 신설 운동 등이 될 것이다. 구체적인 캠페인 문구로는 아래와 같은 예시 안을 제시해 본다.
- 공생하는 대한민국, 외국인도 우리의 가족입니다.
- 우리 아버지들도 한 때는 외국인 노동자였습니다. 외국인 노동자 처우개선에 관심을 가져주세요.
- 대한민국의 지속 가능한 성장은 외국인 노동자와 함께합니다.

이러한 범국민 캠페인을 통해 국민의 인식이 개선되고 나면 제도 개선은 자연스럽게 뒤따를 것이다. 유럽 최고의 선진국 독일이 이민정책을 강력하게 추진하고 있는 이유가 과연 무엇일까. 사회(S) 영역 강화가 우리 사회의 소수자에 대한 보호, 그리고 기업과 국가의 장기 성장을 위한 교두보가 될 것이라 믿어 의심치 않는다.

GOVERNANCE

G

지배구조

기업의 지속가능한 성장을 위해, 알지?

Corporate governance guides how a company is directed and its relationships with its shareholders and stakeholders. With the right structure and systems in place, good corporate governance enables companies to create an environment of trust, transparency and accountability, which promotes long-term patient capital and supports economic growth and financial stability.

OECD, Corporate governance main messages

기업 지배구조는 기업이 어떻게 운영되고 주주 및 이해관계자와 관계를 맺는지에 대한 지침입니다. 올바른 구조와 시스템을 갖춘 우수한 지배구조는 기업이 신뢰, 투명성 및 책임감을 가질 수 있는 환경을 조성해 장기적인 인내자본을 촉진하고 경제 성장과 금융 안정을 지원할 수 있습니다.

경제개발협력기구, 기업 지배구조 주요 메시지

올바른 지배구조의 출발, 이사회 중심 경영

주식회사의 주인은 누구일까요?

주식회사의 주인은 회장도 사장도 아닌 **회사의 주식을 소유한 주주입니다.** 주식 수의 많고 적음에 따라 대주주, 지배주주, 소액주주, 일반주주 등의 용어로 주주를 구분하기도 하지만, 주식을 가지고 있는 주주 모두가 회사의 주인이라는 사실은 변하지 않습니다.

주주총회는 주주들이 모여 회사의 중요한 사항을 결정하는 기관입니다. 매번 모든 주주가 모여 주주총회를 열기에는 한계가 있어 주주들은 주주총회를 통해 대외적으로 회사를 대표하고, 대내적으로 회사를 상시 경영할 이사를 선출하게 됩니다. 선출된 이사에게 일종의 위임을 통해 회사 경영을 맡기는 것입니다.

이사회는 바로 주주총회를 통해 선출된 이사들로 구성된 기관을 말합니다. 이사들은 이사회를 통해 주주를 대신하여 회사 경영에 필요한 중요한 의사 결정을 담당하고, 대표이사를 선임하고 감시하는 역할을 하게 됩니다.

이사회 중심 경영의 중요성

올바른 지배구조의 출발점이 '투명하고 독립적인 이사회 운영'이라고 말할 수 있을 만큼 이사회 중심 경영은 중요합니다. 지속가능한 발전을 이루기 위해서는 조직

이 사회와 환경에 대한 책임을 의사결정과 실행 과정에 반영해야 합니다. 결국 환경(E)과 사회(S) 분야를 위한 첫 단추는 지배구조(G)인 것입니다.

모든 기업이 그런 것은 아니지만, 국내 많은 기업이 이사회 중심 경영을 하고 있다고 밝히면서도 실제로는 오너 중심의 경영을 하면서 소유와 경영이 분리되지 못한 거수기 이사회*의 모습을 자주 보여준 것도 사실입니다. 오너와 가까운 사람들을 이사로 임명하거나, 이사회 안건에 대해 99% 이상의 찬성률을 보이면서 감시와 견제라는 기본적인 역할을 제대로 수행하지 못한 것입니다. 이사회의 의장을 오너가 겸직하는 것 역시 늘 지적되어 온 부분입니다.

---

*거수기 이사회: 오너의 결정에 무조건 찬성하는 독립성 없는 이사회

2008년 유럽연합(EU)이 발표한 굿 거버넌스 원칙에 따르면, 기업은 권한위임, 견제와 균형, 이해 상충, 효과성에 기반한 전문적인 의사결정, 책임성과 투명성, 인센티브 등의 원칙을 지켜야 합니다.

✔ 권한위임
이사회와 경영진에게 권한위임의 범위와 절차를 명확히 제시해야 합니다.

✔ 견제와 균형
적절한 견제와 균형 안에서 누구도 독자적인 권한을 행사할 수 없어야 합니다. 이사회 의장 및 최고 경영자의 역할 범위가 규정되어야 하며, 이사회에 사외이사와 감사를 포함하여 이해관계에 따른 불공정한 의사결정을 하지 않아야 합니다.

✔ 이해 상충
특정한 주주, 이사회 구성원, 경영진에게 유리한 의사결정 및 활동을 하지 말아야 합니다.

✔ 효과성
기업의 효과, 효율적인 경영 성과를 창출하기 위해 효과성에 기반한 전문적인 의사결정이 이루어져야 합니다.

✔ 책임성과 투명성
투자자 및 기타 외부 이해관계자의 신뢰와 약속을 얻기 위한 수단으로 법에서 요구하는 것보다 더 많은 정보를 자발적으로 공개해야 합니다.

✔ 인센티브
이사회의 구성원과 경영진의 인센티브는 기업의 장기적 이익과 일치하는 방식이 되어야 합니다.

올바른 지배구조를 위한 기업들의 움직임

최근 몇 년 동안, 미국의 주요 기업들은 자신들의 공급망에 포함된 협력사를 대상으로 이사회의 독립성과 다양성, 이사의 평가와 보상, 사외이사 구성 등 기업 지배구조에 대한 정보를 요구하고 있습니다. 또한 글로벌 투자사, 투자자문사, ESG 평가사, NGO 등 많은 기관이 더 투명하고 공정하게 운영될 수 있도록 이사회의 독립성과 전문성 강화를 강하게 요구하고 있습니다.

독립적이고 투명한 의사결정 체계를 갖춘 이사회 중심 경영은 이제 당연한 시대적 흐름이 되었습니다. 여기서 더 나아가 이사회의 다양성과 전문성을 강화하는 것 역시 글로벌 경쟁력을 갖추기 위한 중요한 요건이 되었습니다.

이해관계자

모두를 생각한 기업 경영,
이해관계자 자본주의

시대의 흐름에 따라 사람들이 생각하는 주요 가치가 달라지듯 기업의 경영 방식도 시대에 따라 흐름이 달라집니다. 재무 영역의 실적만이 기업가치의 전부로 평가받던 시대를 넘어, 이제 지속가능한 경영의 시대가 도래했습니다. 이에 따라 '이해관계자 자본주의'가 기업 경영에 있어 중요한 가치로 떠올랐습니다.

모두와 함께, 지속가능하게!

이해관계자 자본주의는 주주에 대한 배려와 주주 이익 극대화보다는 기업 경영에 연결된 모든 이해관계자와 함께 지속가능한 경영을 목표로 하는 독일·일본식 자본주의를 말합니다. 이는 주주를 기업 경영의 제1순위로 두는 미국식 자본주의와 반대되는 개념입니다.

전 세계 기업 경영의 흐름을 바꾼
미국 대기업들의 선언

2019년 8월 열린 비즈니스라운드테이블(Business Round Table, BRT)*에서는 "주주 가치가 기업이 추구하는 모든 목적이어서는 더 이상 안 된다"며, 주주를 넘어 종업원·소비자·환경·지역공동체·거래납품업체 등 기업을 둘러싼 여러 이해관계자에 대한 공정한 대우와 지속가능한 이윤 창출을 새로운 기업 목적으로 두겠다는 내용의 성명이 발표되었습니다.

---

*비즈니스라운드테이블: 미국을 대표하는 대기업 200곳의 최고경영자(CEO)들의 모임

이 성명에는 애플의 팀 쿡, 아마존의 제프 베이조스, 뱅크 오브 아메리카의 브라이언 모이니핸, 제너럴모터스의 메리 배라, 블랙록의 래리 핑크, 제이피(JP) 모건의 제이미 다이먼, 보잉의 데니스 뮬런버그 등 181명의 CEO가 서명했습니다. 오랜 기간 계속돼 온 주주 중심의 경영정책에 변화를 가져오면서 전 세계를 떠들썩하게 만들었던 상징적인 이벤트였습니다.

한국도 빠질 수 없다! 신기업가정신협의회 설립

2022년 5월, 대한상공회의소를 중심으로 대한민국의 기업들이 참여한 신기업가정신협의회 (Entrepreneurship Round Table. ERT)가 설립되었습니다.

ERT는 ① 좋은 일자리 창출 ② 이해관계자 존중 ③ 보람을 느끼는 기업문화 ④ 친환경 경영 실천 ⑤ 지역사회와 함께 성장의 5대 명제를 실천하고, 이를 통해 보다 밝은 대한민국의 미래를 만들어 나가겠다는 '신기업가정신'을 선언했습니다.

ERT는 현재 60개의 지역상공회의소와 1,550여 개의 회원 기업이 함께하고 있습니다. 그 중

삼성, SK, 현대차, LG, 롯데 등 국내 대표 주요 기업들이 참여하는 Leaders' Club은 ERT의 주요 사업계획이나 기타 운영에 관한 주요 사항을 검토하고 결정합니다.

지금은 지속가능경영 시대!

2001년 미국 엔론, 월드콤의 대규모 분식회계 사건과 2008년 글로벌 금융위기, 그리고 최근 코로나19를 거치며 재무 영역의 실적만이 기업가치의 전부로 평가받던 시대는 지나간 것 같습니다. ESG로 대표되는 비재무 영역의 중요성이 강조되고, 글로벌 ESG 투자가 확산되며, ESG 관련 정보 공시*와 평가를 통해 기업가치를 인정받는 지속가능경영 시대가 온 것입니다.

---

*공시: 기업의 경영 실적 등을 이해관계자에게 알리는 제도.

ESG에도 기준이 필요해요!
'ESG 정책 협의회'

이 책에서 소개하고자 하는 'ESG'는 지속가능한 미래, 더 나은 세상으로 향하는 것에 있습니다. 조금 딱딱할 수 있지만, 알면 도움이 되는 '기업 ESG' 이야기를 함께 알아보겠습니다.

---

*ESG: 기업의 비재무적 요소인 환경(Environment), 사회(Social), 지배 구조(Governance)'를 뜻하는 말.

기업에게 ESG, 너의 의미는...

기업의 성과를 측정하는 비재무적 기업 성과 지표로 시작된 ESG는 점점 그 중요성이 강조되고 있고 최근에는 국제기구와 EU(유럽연합) 등을 중심으로 글로벌 ESG 제도화 움직임이 가속화되고 있습니다.

국내는 어떻게 대응하고 있을까요?

2023년에는 글로벌 ESG 제도화 움직임에 대응하기 위해 민관합동 컨트롤타워 역할을 하게 될 'ESG 정책 협의회'가 마련되었습니다. 이곳에서는 정부 부처, 민간 전문가들이 참여하여 ESG 관련 정책들을 통합 조정할 예정으로 지난 2월 첫 회의를 열고 공식 출범했습니다.

주요 내용으로는 글로벌 기준에 맞춰 기업의 환경·사회·지배구조(ESG) 공시 의무화를 위한 제도가 정비되고 2025년에는 공시 의무화될 것이며, 투명성과 공정성을 위한 평가 기관 기준치가 마련될 계획이라고 합니다. ESG 정책 협의회는 앞으로 분기마다 한 번씩 열릴 예정이라고 합니다.

점점 더 강조되는 ESG의 중요성

해외 글로벌 기업

> ESG에 대응하지 않는 기업은
> 우리와 함께할 수 없습니다!

애플, BMW 등 해외 글로벌 기업들은 ESG 경영 수준이 미흡한 협력사들과는 이미 거래를 중단하고 있습니다.

소비자

> ESG를 실천하지 않는 기업의 제품은
> 소비하지 않을 거야!

환경/사회 등의 인식이 높은 소비자는 기업의 활동에 관심을 기울이고 있습니다. 평가 기준이 점점 더 명확해짐에 따라 기업 ESG에 공정하고 투명한 평가가 이루어질 것을 기대합니다.

전에 알던 내가 아냐! '스튜어십 코드'

기관투자자란?

기관이란 투자자들의 자금을 모아 자본시장에서 운영하며, 주식·채권 등에 투자하는 법인 형태의 투자 주체를 뜻합니다. 대표적으로는 국민연금이 있고, 국민연금과 같이 연금제도에 의해 모여진 자금인 연기금(연금기금)과 자산운용사들도 기관에 속합니다.

국민연금은 우리나라 주식의 '큰손'이라는 사실!

우리나라에서 소득을 버는 국민이라면 누구나 국민연금에 의무적으로 가입해야 합니다. 이 국민연금의 국내 주식 투자 규모는 약 156조 원이고, 이는 국내 코스피와 코스닥 시가총액의 5.8%에 달하는 어마어마한 규모입니다. 그렇기 때문에 국민연금이 국내 주식 투자 비중을 높이면 주가가 오르고, 비중을 낮추면 주가가 떨어지는 모습을 볼 수 있습니다. 여러분들이 알고 계시는 삼성, SK, 현대차, LG 등의 대기업 역시 국민연금이 대주주로 이름을 올리고 있습니다.

기관투자자 "우리 어깨가 좀 무거워!"

과거 기관투자자들은 투자 수익률에 따라 주식을 단순하게 매수·매도하는 최소한의 역할만 수행했습니다. 하지만 점점 기업의 경영실적과 리스크 관리 이슈는

주가 등 기업 가치에 직접적인 영향을 끼쳤고, 기관투자자 역시 투자한 기업에 대한 경영 감시와 경영진에 대한 견제를 적극적으로 해야 할 필요성이 생겼습니다.

그래서 나왔다! '스튜어드십 코드'

스튜어십 코드란 기관투자자가 기업의 의사결정에 개입할 수 있도록 하는 제도입니다. 주인의 재산을 관리하는 집사(스튜어드)처럼, 연기금 가입자나 일반투자자의 재산을 제대로 관리하기 위해 투자 기업의 의사결정에 적극적으로 개입하라는 취지에서 생겼습니다. 투자 이익과 손해만을 생각하던 과거와 달리, 기업과의 적극적인 대화를 통해 기업의 지속가능한 성장에 기여하고, 고객들의 돈을 대신 관리하고 있는 만큼 이를 바탕으로 고객의 이익을 극대화하는 것을 목적으로 한다고 할 수 있습니다.

스튜어드십 코드가 주목받은 계기는 2008년 글로벌

금융위기였습니다. 영국 금융당국이 금융위기의 원인으로 지목된 경영진의 전횡을 막기 위해 기관투자자의 견제 역할을 강조하며 스튜어드십 코드를 도입한 후, 미국, 캐나다, 이탈리아, 일본 등의 나라도 스튜어드십 코드를 시행했습니다. 그리고 2016년에는 우리나라도 스튜어드십 코드를 도입하였고, 현재 국민연금 등 4대 연기금을 비롯해 은행·증권·보험·자산운용사 등 232개 기관이 참여하고 있습니다.

한국 스튜어드십 코드 원칙

1. 기관투자자는 고객, 수익자 등 타인 자산을 관리·운영하는 수탁자로서 책임을 충실히 이행하기 위한 명확한 정책을 마련해 공개해야 합니다.

2. 기관투자자는 수탁자로서 책임을 이행하는 과정에서 실제 직면하거나 직면할 가능성이 있는 이해상충 문제를 어떻게 해결할지에 관해 효과적이고 명확한 정책을 마련하고 내용을 공개해야 합니다.

3. 기관투자자는 투자 대상 회사의 중장기적인 가치를 제고하여 투자자산의 가치를 보존하고 높일 수 있도록 투자 대상 회사를 주기적으로 점검해야 합니다.

4. 기관투자자는 투자 대상 회사와의 공감대 형성을 지향하되, 필요한 경우 수탁자 책임 이행을 위한 활동 전개 시기와 절차, 방법에 관한 내부 지침을 마련해야 합니다.

5. 기관투자자는 충실한 의결권 행사를 위한 지침·절차·세부 기준을 포함한 의결권 정책을 마련해 공개해야 하며, 의결권 행사의 적정성을 파악할 수 있도록 의결권 행사의 구체적인 내용과 그 사유를 함께 공개해야 합니다.

6. 기관투자자는 의결권 행사와 수탁자 책임 이행 활동에 관해 고객과 수익자에게 주기적으로 보고해야 합니다.

7. 기관투자자는 수탁자 책임의 적극적이고 효과적인 이행을 위해 필요한 역량과 전문성을 갖추어야 합니다.

기업의 지속가능경영을 위한 모두의 노력

스튜어드십 코드의 국내 도입 이후 8년이 지난 2024년, 한국 ESG 기준원을 통해 스튜어드십 코드 강화를 위한 개정 작업이 진행되고 있습니다. 김병환 금융위원장과 이복현 금융감독원장은 기업가치를 높이기 위한 방안 중 하나로 기관투자자의 적극적인 의결권 행사를 주문하고 있습니다. 국회에서도 스튜어드십 코드 강화와 관련된 법안이 다수 발의되었습니다. 금융당국, 국민연금, 한국거래소가 자본시장 선진화를 위한 첫 번째 조건으로 스튜어드십 코드 적극 이행을 손꼽은 만큼, 앞으로 스튜어드십 코드 개정안 마련과 기관투자자의 변화된 모습을 계속해서 지켜볼 필요가 있습니다.

신뢰와 존중, 협력의 아이콘 '노사협의회'

한국경영자총협회(KEF)에서 MZ세대 400명에게 조사한 결과에 따르면 우리나라에서 '노사관계' 하면 가장 먼저 떠오르는 단어로 '파업', 그다음은 '투쟁'으로 노사관계를 부정적으로 보는 단어가 상당수를 차지했습니다. 노사가 서로 신뢰와 존중을 쌓고, 참여와 협력을 통해 긍정적 관계를 구축하는 방법. 노사가 서로의 입장에 관해 이야기를 나눌 수 있는 노사협의회가 그 시작이 될 수 있기를 바랍니다.

노사협의회는 무엇인가요?

노사협의회는 근로자와 사용자*가 참여와 협력을 통해 근로자의 복지증진과 기업의 건전한 발전을 도모하기 위해 구성하는 상시적 협의기구입니다. 근로자참여법 제4조에 따라 근로조건 결정권이 있는 근로자 30인 이상의 사업 또는 사업장에는 의무적으로 설치되어야 합니다.

---

*사용자: 사업주 또는 사업경영담당자

노사협의회에서는 뭘 하나요?

노사협의회는 생산성 향상, 근무 환경 개선, 고충에 관한 사항 등을 신뢰에 기반하여 협의하고 실행하는 기업 내 중요한 소통기구로 역할을 담당하고 있습니다. 3개월에 1번씩 정기 회의(임시 회의는 필요에 따라 수시로 개최)를 개최해서 노사 양측이 회의 안건을 상정하여 상호 논의하여 결정합니다. 안건으로는 근로자의 채용과 배치 및 교육훈련, 근로자의 고충 처리, 인사 노무의 제도 개선, 생산성 향상, 작업 수칙 제정 또는 개정 등 다양한 내용에 대해 논의하고 의결합니다.

노사협의회와 노동조합, 무슨 차이가 있을까요?

노사협의회와 노동조합 둘 다 노사관계를 기반으로 하는 집단 협의체라는 공통점이 있지만, 근거 법령, 목적 및 배경, 당사자, 효력 등 전반에 걸쳐 차이가 있습니다. 노사협의회와 노동조합의 가장 큰 차이점은 근로자의 지위나 근로조건 등 노동조합이 근로자의 이익을 주로 대변한다면 노사협의회는 노사 양측의 협력을 통해 노사 공동의 이익을 증진한다는 점입니다.

신뢰를 기반으로 노사가 소통하고 의견을 함께 모으는 창구로 노사협의회 제도를 활용한다면 근로자들의 만족도와 기업의 생산성도 함께 향상되는 긍정적인 노사관계를 만들 수 있습니다.

노사관계를 생각하면 부정적인 단어보다 '타협', '양보', '화합' 등 긍정적인 단어가 떠오를 수 있도록 모두의 노력이 필요합니다.

리스크 관리의 시작과 끝! 컴플라이언스

컴플라이언스란?

컴플라이언스(compliance)라는 용어는 기본적으로 법규 준수, 준법 감시, 내부 통제 등의 의미로 사용됩니다. 하지만 기업 경영에서 관련 법과 규정을 준수하는 것은 너무도 당연하고 기본적인 사항입니다. 따라서 단순하게 법과 규정을 준수하는 소극적인 의미가 아닌, 기업 경영에 있어 도덕적·윤리적으로 올바르게 행동하는 것까지 모두 포함하는 적극적인 의미로 보아야 합니다.

컴플라이언스가 제대로 갖춰지지 않는다면...!

잘나가던 기업의 경영이 갑자기 어려워지고, 주가가 폭락하며 결국 무너지는 일들을 우리는 종종 뉴스에서 접하게 됩니다. 기업 경영을 어렵고 위태롭게 만드는 리스크*는 대부분 윤리적인 부분에서 시작됩니다.

ESG를 아무리 중시하더라도 준법 경영과 윤리경영이 토대가 되지 않는다면 지속가능한 경영을 펼칠 수 없습니다. 기업 내부적으로 컴플라이언스 체계를 잘 갖추지 못한다면, 겉보기에는 좋은 기업일지 몰라도 결국 사상누각**에 지나지 않습니다.

---

*리스크: 기업 경영에 부정적인 영향을 끼치는 불확실한 위험 요인.

**사상누각: 모래 위에 지어진 누각이라는 뜻으로, 기초가 탄탄하지 않아 오래가지 못하는 것.

컴플라이언스를 향한 길

국제표준화기구(ISO, International Organization for Standardization)는 2016년 10월 ISO 37001(반부패경영시스템) 표준을 제정했고 2021년 4월에는 ISO 37301(준법경영시스템) 표준을 제정했습니다. 이러한 표준을 만든 배경에는 ①전 세계적으로 부패에 대한 부정적인 인식 공유 ②기업의 윤리의식과 법 준수에 대한 책임과 의무가 더욱 크게 요구되고 있는 최근 현실 ③준법 경영의 효과와 적합성을 기업 외부의 제3자에게 객관적으로 검증받을 필요성 등이 있습니다.

기업들은 이 ISO 인증을 통해 ESG·컴플라이언스 경영 노력과 성과에 대한 신뢰성을 갖추고 주주, 고객, 이해관계자에게 공시*합니다. ESG·컴플라이언스 경영을 잘하고 있음을 증명하는 수단으로 ISO 인증을 활용하고 있습니다.

---

*공시: 기업의 경영 실적 등을 이해관계자에게 알리는 제도.

그리고 ESG 공시 및 투자가 중요해지고 국내 기업이 미국의 해외부패방지법*을 위반하는 사례도 여러 차례 발생하면서, 국내 반부패 총괄기관인 국민권익위원회는 ESG의 핵심 요소인 반부패에 대한 적극적인 대응이 필요하다고 판단했습니다. 이에 2022년 6월 공공기관의 부패 위험을 최소화하고 청렴 윤리경영 문화를 조성하기 위해 '청렴윤리경영 컴플라이언스 프로그램 안내서'를 공공기관에 배포했고, 민간기업의 윤리경영을 지원하기 위해 '윤리경영 자율준수 프로그램(Compliance Program, CP) 가이드라인'을 마련하고 있습니다.

---

*해외부패방지법: 외국 공무원에게 뇌물을 제공하는 것을 금지하는 미국의 법.

믿을 수 있는 기업이 이익도 낸다!

신뢰는 좋은 기업이 되기 위한 가장 첫 번째 조건입니다. 최고경영진을 비롯해 조직 구성원 전체적으로 준법과 윤리경영을 위한 체계와 문화가 갖춰져 있다면 신뢰받을 수 있는 기업이고, 결국 이러한 기업이 사업에서도 더 큰 이익을 꾸준히 낼 수 있습니다.

ESG in 판타지 - 마왕의 결심 _김준성

사람들은 마왕컴퍼니의 제품을 사용하며
착한 소비를 했다는 생각에
자기 효능감을 느꼈어요.

소근

용사님.

소근

그 마음들이 모여서 사랑받는
ESG기업이 되었답니다.

소근

마왕을 해치우려면
지금이 기회에요!

소근

아니요.

녀석은 이제
마왕이 아닙니다.

INTERVIEW

인터뷰

What counts in life is not the mere fact that we have lived.
It is what difference we have made to the lives of others that
will determine the significance of the life we lead.

NELSON MANDELA

인생에서 가장 중요한 것은 삶을 살았다는 것 자체가 아닙니다.
우리의 삶이 다른 이들의 삶에 얼마나 긍정적인 변화를 일으켰느냐가 중요합니다.

넬슨 만델라

알지? 기부왕 'salow'님 인터뷰

모든 사람이 오늘보다 더 살기 좋은 하루하루를 만들어 나가길!

2022년~2023년 누적 알지? 기부왕 salow님을 소개합니다.

Q 안녕하세요. 먼저 자기소개 부탁드립니다.

안녕하세요. 알지?에 참여한 지 2년이 다 되어가는 salow라고 합니다. 제가 사회복지 분야에 종사하기도 하고 평소 사회공헌, ESG에 대한 관심이 많아서 관련된 콘텐츠들을 찾아보던 와중에 지인의 추천으로 알지?를 시작하게 되었는데요. 이렇게 인터뷰하니 쑥스럽네요^^

알지? 기부왕이 되셨어요!!

Q 기부에 꾸준히 참여하게 된 계기가 있으신가요?

알지?를 통해 잘 알지 못했던 분야나 사람들의 이야기를 접하면서 우리 사회에 관심을 가져야 할 곳들이 많다는 것을 알게 되었어요. 내 작은 실천이 얼마나 도움이 될까 싶다가도 그럼에도 불구하고 이런 작은 실천들이 모이면 분명히 사회는 좋은 방향으로 변할 거라는 믿음을 갖고 정기적으로 기부에 참여하고 있습니다. 기부 활동을 통해 사람들이 이웃을 돌아볼 수 있는 여

유가 생기길 바라고, 무엇보다도 미래 세대의 아이들이 꿈을 펼치며 살아갈 수 있는 사회가 되면 좋겠어요.

알지?를 통해 기부를 실천해 주셔서 감사해요.

Q 회원님이 느끼시는 알지?만의 장점이 있다면 무엇일까요?

알지?는 국내에서 유일한 ESG 실천 앱이 아닐까 하는 생각이 드는데요, 특히 일반 대중들이 사회와 환경 분야에서 새로운 정보들을 알게 되고 그 지식이 기부까지 이어질 수 있다는 점이 알지?의 큰 장점이라고 생각합니다.

2023년을 돌아보며 대답해 주세요!

Q 지난 1년간 회원님이 했거나 하지 못했던 일들 중 기억에 남는 일은?

잘했다고 생각되는 부분은 한 달간의 휴식을 통해 온

전히 가족과 함께 시간을 보냈다는 점이에요. 아쉬운 부분은 알지?에서 장기 미션을 다 참여한 적이 아직 한 번도 없네요. 여러 가지 바쁘다는 핑계로 중간에 포기하고 잊었던 것 같은데, 내년에는 마음을 다잡고 장기 미션도 성공하여 더 많은 기부활동도 하고 더 많은 기부활동도 하고 싶어요!

Q 알지?에 앞으로 바라는 점이나 다른 회원님들에게 응원의 메시지 부탁드려요!

항상 좋은 콘텐츠와 다양한 이벤트를 준비해 주시는 알지? 운영진분들께 참 감사드립니다. 앞으로도 알지?가 더 많은 사람들에게 알려져 사람들의 일상을 좋은 방향으로 바꾸어 나가는 앱이 되면 좋겠습니다.

저보다 더 활발히 활동하시는 알친 분들이 많은데 이렇게 기부왕 타이틀을 얻어 부끄럽기도 하네요. 모든 알친분들! 내년에도 열심히 참여하여 나도 바뀌고 사회도 바뀌는 일에 함께해요~ 화이팅!!

번외질문!

Q '기부왕'으로 삼행시 부탁드립니다.

기: 기대고 싶은 세상이 되면 좋겠습니다.
부: 부지런하게 그런 세상을 만들어 가렵니다.
왕: 왕왕 포기하고 싶을지라도 그 길을 걸어가렵니다.

중학교 진로 교사 '진로쌤' 님 인터뷰

"얘들아 같이 알지? 하자~"

안녕하세요!
중학교 진로 교사 '진로쌤'입니다.

아이들과 함께 실천할 만한 좋은 내용이 없을까요? 검색하다 '알지?'를 알게 되었어요!

학생들과 함께 실천해 보면 좋겠다고 생각해서 알지?를 함께 설치하고, 수업 시간에 활용해 보고 있답니다.

Q 진로쌤님, 자기소개 부탁드립니다!

안녕하세요! 대구 ○○중학교 진로 교사 '진로쌤'입니다. 저는 학생들이 최적의 직업을 찾는 데 초점을 두기보다는 자기 주도적인 사람, 창의적인 사람, 교양 있는 사람, 더불어 사는 사람으로 자라도록 돕는 것에 중점을 두고 수업을 진행하고 있는데요. 수업 시간 알지?를 활용해 더불어 사는 세상을 이해하고, ESG 실천이 거창한 일이 아니라는 것을 가르쳐주고 있습니다.

Q 알지?로 어떻게 수업을 진행하시는지, 학생들의 반응도 궁금합니다!

작지만 힘이 되는 기부 경험을 함께하고 있어요. 미션을 통한 기부 경험을 통해 일상생활에서도 쉽게 ESG 실천이 가능하다는 점을 알려주고 있어요. 사실,

아이들은 리워드에 더 호기심이 많긴 하더라고요. 하지만 미션에 꾸준하게 참여하는 것만으로도 교육적 효과는 크다고 생각합니다.

방학 직전 알지?를 알게 되어 수업을 많이 진행해 보진 못했는데, 2학기에는 한 달에 한 번 기부 데이를 운영하며 꾸준히 기부를 실천하는 경험을 함께해 보려 합니다.

Q 제일 기억에 남는 미션과 이유는 무엇인가요?

맑은 하늘 사진 찍기 미션이요. 제가 창문을 활짝 열어주며 "하늘 사진이 없다면 지금 창문에서 찍으세요"라고 했는데 단 한 명도 창문에 서서 사진 찍는 학생들이 없었어요. 다들 본인 핸드폰에 하늘 사진을 가지고 있더라고요. 우리 아이들이 바쁜 삶을 살아가지만 그래도 하늘도 한 번씩 보고, 사진도 남겨두는구나! 라는 생각이 들어 다행이라고 느꼈습니다.

Q 학생들이 알지?를 통해 느꼈으면 하는 부분이 있으신가요?

자신의 삶뿐만 아니라 공동체의 삶도 함께 고민해 봤으면 좋겠어요

저는 협력과 공동체 의식 함양이 미래 사회가 요구하는 핵심 역량이라고 생각해요. 알지?를 통해 나만 행복하게 사는 삶이 아닌 함께 행복하게 사는 삶, 더불어 살아가는 세상을 고민해 보는 어른이 됐으면 좋겠어요.

선한 영향력 실천이라는 것이 거창하게 느껴지기도 하지만 나비의 작은 날갯짓이 큰 변화를 불러오는 '나비효과'처럼 일상 속 작은 변화의 힘을 보여주는 것이 진정한 선한 영향력이라고 생각합니다. 학생들이 알지?에서 실천하는 사소한 선행들이 또 다른 사람들에게 긍정적인 영향을 미쳐 큰 변화를 가져올 수 있도록 알지?도 노력하겠습니다.

진로 수업 도구로 알지?를 활용해 학생들의 선한 영향력을 이끌어 주신 '진로쌤'님 다시 한번 감사합니다.

은둔 고수 브랜딩 '안무서운회사' 대표이사 '유승규' 님 인터뷰

은둔도 '스펙'이 될 수 있어요.

안녕하세요.
사회적 고립, 은둔 청년들과 가족을 지원하는
<안무서운회사> 대표이사 유승규입니다.

Q 안무서운회사
이름이 특이해요! 무슨 뜻인가요?

출처: 안무서운회사 홈페이지

저는 작명에 진심인 사람이에요. 회사 이름을 짓기 위해 2박 3일간의 워크숍도 다녀왔어요. 세상 멋있는 척 하는 이름들이 후보군으로 많이 등장했지만, 고립, 은둔 청년들과 가족들의 마음에 초점을 맞춰 봤어요. 어떤 수치스러운 경험, 어려움이 있을 때 무섭지 않은 사람이 있다면 그 사람에게는 고민을 털어놓지 않을까? 하는 생각이 들었고, 무섭지 않은 회사가 우리를 시작으로 많아져야 한다는 취지를 갖고 '안무서운회사'로 이름 짓게 되었어요.

Q 안무서운회사를 창업하게 된
계기가 있으신가요?

저는 과거 5년간의 은둔, 고립 생활을 경험하다가 마지막 해에 K2 인터내셔널 코리아라는 일본 히키코모리 전문 지원기관의 한국 지사의 도움을 받아 회복했어요. K2에서 약 1년간 도움을 받고 2년간 재직하게 되었는데요. 안타깝게도 21년 2월, K2가 급작스럽게 폐업하게 됩니다. 갑자기 회사의 폐업이 결정되자 소속되어 있던 많은 당사자와 직원들이 사회적 고향을 잃은 상실감에 힘들어 했죠. 저도 다시금 자신감을 잃고 허우적대고 있을 때 함께 재직했던 직원 중 한 명이 "우리가 해보는 건 어떠냐"고 동기를 부여해 줬고 그렇게 안무서운회사를 시작하게 되었어요.

안무서운회사 프로그램이 궁금해요~
Q '은둔 고수'라는 프로그램이
있던데 어떤 프로그램인가요?

'은둔 고수'는 은둔 경험을 했던 청년들이 자신의 이야기를 스펙 삼아 현재 은둔 상태에 있는 청년들에게 희망을 전하는 서포터즈 프로그램이에요.

대부분 은둔이 길어질수록 사회 복귀의 어려움을 느끼는데요. 은둔 그 자체가 '스펙'이 된다면 어떨까를 고민했어요. '게으르다', '허송세월하고 있다' 등의 프레임을 가진 은둔, 고립 청년들을 '은둔 고수'로 브랜딩하면 좋겠다고 생각해 프로그램 이름을 '은둔 고수'로 짓게 되

었습니다. 사회적 고립이 사회 문제로 대두되고 있는
만큼 이제는 은둔이 진짜 '스펙'이 되는 시기라고 생각
하고 있어요.

Q 이 일을 시작하길 잘했다! 라고 느낀 순간이 있으신가요?

사실 제 개인만 봤을 때 좋은 시도는 아니었을 거예요.
은둔이라는 경험이 하나의 트라우마로 자리 잡기도 해
떨쳐내는 데 시간이 많이 필요하거든요. 준비되지 않
은 창업을 하며 정말 힘들었고, 압도감에 내몰려 포기
하고 싶다는 생각을 자주 했어요. 하지만, 기부금 영수
증도 안되는 회사에 어느 날 툭 기부금을 던지고 가는
기부금 투척범(?), 은둔 생활을 잘 극복했다고 감사 인
사를 전하는 당사자, 긴 시간 끝에 당사자를 사회에 복
귀시키면 그들의 가족으로부터 받는 무한한 찬사, 안
무서운회사가 사회적 고향으로 기능하며 수십 명의 은
둔 고수들이 우리 행사에 부담 없이 찾아 주실 때...등
이 있어 우리가 하는 일이 꼭 필요한 일이라고 생각하
고, 시작한 것을 후회해 본 적은 없는 것 같아요.

은둔 생활 경험자로서,
Q 청년들이 은둔 생활을 하게 되는 이유는 무엇이라고 생각하세요?

20살부터 은둔을 시작했다고 응답하는 사람들의 비율
이 절대적으로 높지만, 이들을 깊게 만나보면 중, 고등
학교 때부터 문제를 가지고 있던 적이 많아요. 이유는
학교폭력, 가정폭력, 성 정체성, 조기탈모, 연애, 학업
실패 등 다양하죠. 핵심은 어떠한 어려움이 생겼을 때
누군가에게 도움을 요청하는 것이 너무나도 '익숙하지
않은' 세대라는 사실입니다. 불과 몇 년 전까지만 해도
정신병원이나 심리상담을 받는 것 역시 위축되던 시절
이었으니까요. 저 역시 비슷한 이유로 방 안에 들어가
게 됐죠.

Q 은둔 생활을 하고 있는 청년들, 가족들에게 한 마디 부탁드려요.

은둔 생활에서 벗어나기까지 오랜 시간이 걸릴 것입니
다. 하지만 불안해하지 않으셨으면 좋겠어요. 일본에
서도, 이탈리아와 같은 나라에서도 발생하고 있는 아
주 세계적인 현상입니다. 자기 스스로 페널티를 주는
일은 그만하셨으면 좋겠습니다. 하지만 이 모든 말이
와닿지 않을 수 있다는 것도 너무 공감하기 때문에 저
희와 같은 회사들이 더 강해지겠습니다. 그래서 도움
이 필요하실 때 떠올리실 수 있도록 저희가 노력하겠
습니다.

고립 청년들이
용기를 얻을 수 있도록
저희와 함께 노력해 주세요.

청년들이 은둔 생활을 끝낼 수 있도록 알지? 회원분들
도 많은 관심을 가져주셨으면 좋겠어요. '우리 같은 사
람들도 누군가 도와주는구나', '어쩌면 내 개인의 문제
만은 아니었을 수도 있겠구나' 하는 인식을 깨워주는
것만으로도 자신감을 심어줄 수 있습니다.

"선한 영향력을 전달해요"
셀럽인 '이성은' 님 인터뷰

**기부도, 봉사도 하나의 즐거운
문화가 될 수 있어요!**

안녕하세요
셀럽인 이성은 팀장입니다.

Q 안녕하세요.
셀럽인 소개 부탁드려요!

저희는 즐거운 기부와 봉사 문화를 만드는 브랜드예요.
'셀럽인'이라는 이름은 실제 셀럽이라고 표현되는 사람들과 일을 하며 그들의 영향력이 선한 방향으로 쓰이는 것에 영감을 얻었는데요. 사실 그런 영향력은 세상의 모든 사람이 가지고 있다고 생각하거든요. 영향력의 크기만 다를 뿐.

각자 가지고 있는 선한 영향력을 도움이 필요한 곳에 전하는 사람을 '셀럽인'이라고 표현하자! 라고 해서 탄생했습니다.

Q 셀럽인은 주로 어떤 활동을 하나요?

즐거운 기부, 봉사 콘텐츠를 제작하고 있어요. 강아지들이 편안하게 느끼는 bpm에 맞춘 강아지 노래를 만들어 유기견에게 기부하는 프로젝트, 만화가 기안84 님과 함께한 아이들 미술 교육비 지원 프로젝트 등이 있고 보육원, 유기견, 독거 어르신들께 도움을 드릴 수 있는 봉사도 진행하고 있습니다.

앨범 정보

[정규]
강아지 노래
콩국수

발매일   2023.03.04
장르   뮤직테라피
발매사   SeedM
기획사   (주)셀럽인

♥ 19   ⬇ 앨범다운 ›   ⬇ FLAC앨범다운 ›

오프라인 기부모임을 진행하시던데!
Q 기억에 남는 일화가
있으신지 궁금해요!

50명의 봉사자를 지원받는데 오픈 후 2분도 안 되어서 마감된 적이 있어요. 의외로 참가자 중 봉사가 처음인 분들이 많더라고요. 그래서 왜 봉사를 참여하게 되었냐고 물어봤는데 셀럽인 봉사가 재미있어 보여 신청했다는 이야기가 인상 깊었어요. 봉사도 하나의 즐거운 문화가 될 수 있겠다는 생각이 들었죠.

Q 알지?와 셀럽인이 함께해 보고 싶은 캠페인이 있다면?

알지?와 셀럽인은 비슷한 결을 가진 것 같아요. 그래서 셀럽인과 알지?가 운영하는 기부 모임이라든지 알지?와 함께하는 기부캠페인 등 여러 가지로 함께해 보고 싶은 것들이 많고 기대가 됩니다.

Q 일상에서 선한 영향력을 전달하고 있는 알지? 회원분들에게도 한마디 부탁드려요!

"더욱 건강하고 아름다운 하루를 위해 열심히 노력하는 알친님들! 누군가 인정해 주지 않고 알아주지 않더라도 내면의 양심을 따라 또 옳음을 따라 함께 열심히 가보도록 해요!"

알지?처럼 선한 영향력 확산을 꿈꾸는 셀럽인을 만나보았습니다. 셀럽인은 내가 누군가에게 힘이 될 수 있음을 알게 해주고, 도움이 필요한 누군가에게 조금 더 나은 하루를 선물해 줄 힘을 선한 영향력이라고 생각한다고 해요.

'소리를보는통로' 〈소보로〉 대표 '윤지현' 님 인터뷰

IT기술로 장애인과 비장애인의 차이를 넘어 소통이 필요한 모든 순간에 함께하겠습니다.

안녕하세요. 알지? 회원 여러분!
저는 '소리를보는통로' 〈소보로〉 팀 대표 윤지현입니다. 만나 뵙게 되어 반갑습니다.

소보로가 궁금해요!

Q 소보로는 어떤 회사이고, 어떤 서비스를 제공하고 있나요?

출처: 소보로 공식홈페이지

저희를 처음 들으셨다면 '빵집 이름인가?'라고 생각하실 수 있는데요. IT 소프트웨어 기업으로, '소리를보는통로'를 줄인 말입니다. 창업 초기에는 포털 검색에서 소보로 빵이 먼저 나왔는데, 요즘은 저희가 먼저 나올 때도 있습니다.

소보로는 기술의 선한 영향력을 꿈꾸는 소셜벤처로,

인공지능 기술을 활용해 청각장애인의 간편한 소통과 배움을 지원하고자 인공지능(AI) 음성인식 실시간 자막 서비스를 제공하고 있습니다.

Q '도움이 되는 기업'의 출발점 서비스를 시작한 계기가 있나요?

개발 프로젝트를 고민하던 중, 청각장애인이 도우미 없이 소통할 수 있는 프로그램을 만들기로 했습니다. 대학교 수업에서는 청각장애인 학생에게 전체 강의 내용을 타이핑하여 공유하는 도우미를 지원하는데요. 초·중·고등학교에는 그런 지원이 거의 없어요. 직장도 비슷하고요.

시제품을 만들고 청각장애인분들을 만나기 시작하면서 '정식으로 출시되어 어릴 때부터 청각장애 학생들이 수업에 이용했으면 좋겠다'는 이야기도 많이 들었고요. 소보로는 이렇게 시작해 지금까지 오게 되었습니다.

일상의 모든 순간에 함께하는 소보로

Q 서비스 운영 시 중점적으로 염두에 두고 진행하는 부분은?

현재 중요하게 생각하고 있는 부분은 자막이 필요한 일상의 모든 순간에 항상 소보로를 사용할 수 있도록 하는 것입니다. AI를 활용하면 시공간 제약을 없애고 합리적인 가격으로 자막을 볼 수 있기 때문에 자막 보편화에 한 발짝 다가갈 수 있습니다.

Q 서비스를 운영하면서 '우리 서비스 시작하길 잘했다!' 라고 생각했던 순간은?

실제 사용 고객이신 '이정선'님과 했던 인터뷰가 인상 깊었습니다. 정선 님은 현재 건축사로 공기업에 재직 중으로 청각장애가 있습니다. 인터뷰 내용을 간단히 요약해 드릴게요!

"코로나19 이후로 마스크 때문에 입 모양을 볼 수 없어 더 힘든 상황이었는데, 회사 동료와 청각장애인 지인을 통해 소보로를 알게 되었습니다. 소보로를 만나 음성인식이 필요한 상황에서 누구에게 대필이나 도움을 부탁할 필요 없이 태블릿 자막을 보며 내용을 파악할 수 있었습니다. 소보로를 조금 더 일찍 만났다면 좋았겠지만, 지금이라도 사회생활을 하며 실시간 자막을 통해 정확한 정보를 파악할 수 있어 좋습니다."

아직 기술적으로 보완해야 할 기능들이 많지만, 소보로 제품이 있어 일상생활에서 소통에 도움을 받았다는 고객분들의 피드백을 듣고 '우리 서비스 시작하길 참 잘했다'고 생각했습니다.

소보로, 앞으로도 잘 부탁해요!

Q 소리를 보는 통로가 지향하는 가치는 무엇인가요?

청각장애인의 소통을 위해 음성을 문자로 변환해 자막을 제공하는 소프트웨어로 시작해, 현재 자막이 필요한 모든 곳에 서비스를 제공하고 있습니다. 앞으로도 정보, 기회, 경험 등에 동등하게 접근할 수 있도록 접근성을 높인 서비스들을 제공하려 합니다. 장애인과 비장애인 모두 활용할 수 있는 유니버설한 서비스로 기업으로서 영속하고 싶습니다.

Q 마지막으로, 알지? 회원분들께 한마디 부탁드려요!

ESG 실천은 각국의 기업과 개인이 얼마나 관심을 갖고 참여하는지 중요하다고 생각합니다.

하지만 '알지?' 회원분들은 이미 많은 관심을 갖고 일상에서도 적극적으로 참여하고 계신 분들일 텐데요. 그것만으로도 아주 감사하다고 생각합니다. 알지?와 함께 앞으로도 지속적인 관심을 가지고 실천해 주시고, 그런 회원분들을 응원하며 저도 함께 실천할 수 있도록 노력하겠습니다.

찐바다사랑, 콘텐츠 제작자
'곤대장' 님 인터뷰

여름철 반짝이는 바닷가를 보며
여러분은 어떤 생각을 하고 있나요?
해양환경을 위해 힘쓰고 계신 '아이엠어서퍼'의
곤대장님과 함께 이야기해 볼까요?

안녕하세요. 본캐로는 ESG디렉터, 방송기획,
콘텐츠 제작자인 전성곤으로, 부캐로는 콘텐츠 활동을
하고 있는 N잡러 호기심 대장 곤대장입니다.

I AM A SURFFER?

Q **곤대장님이 운영하고 계신
'아이엠어서퍼'란 무엇인가요?**

어느 날, 서핑을 즐기다 바닷가에 널브러진 쓰레기들
을 보고 생각에 잠기게 되었습니다. 자연과 가장 맞닿
아 있는 서퍼들, 그리고 자연이라는 놀이터... 그런데
왜 우리의 놀이터가 이렇게 지저분해졌지?

고민 끝에 깨끗한 바다를 위해 'I AM A SURFER = 나
는 서퍼입니다 = 나는 환경운동가입니다'라는 공식을
만들었고, 지금까지 글로벌 비치클린 환경 프로젝트 'I
AM A SURFER'를 진행하며, 다양한 선한 영향력을
펼치고 있습니다.

서퍼의 생각, 궁금합니다!

Q **최근의 해양환경문제, 어떻게 생각하시나요?**
발리의 우기에 서핑을 하면 정말 많은 쓰레기, 그리고
악취가 나는 환경을 꽤 접합니다. 전 세계 해양 쓰레기
들이 돌고 도는 거죠. 국내기업의 과자봉지를 발리 바
다 한가운데서 발견한 적도 더러 있으니까요.

우리는 이미 꽤 많은 해양환경 문제를 알고 있고, 그
런 의식을 '알지?'와 같은 플랫폼을 통해 공유하고, 기
업은 해결책의 리드를, 회원분들은 참여한다면 문제를
기회로 만들 수 있을 겁니다.

Q 알지? 회원들에게 전하고 싶은 말이 있다면?

회원분들은 알지?를 통해 다양한 캠페인과 이슈를 접한다고 봅니다. 그만큼 응원과 참여도 많이 해주실 테구요. 알지?가 지속가능하게 운영되려면, 회원분들의 적극적인 참여와 (알지?와 회원들 간의) 주고받는 밸런스가 필요합니다. '알지?가 잘 운영되고 있구나'라는 데이터가 쌓인다면 그 힘으로 할 수 있는 프로젝트가 상당하거든요. 힘도 날 테고요! 후에 알지?와 아이엠어서퍼가 재밌는 캠페인을 기획하고, 그곳에 회원분들이 함께한다면 더욱 의미가 있을 것 같습니다. 알지?처럼 환경에 관심 있는 회원이 모여서 의식을 공유하다 보면 우리가 할 수 있는 일들이 더욱 많아질 거라 생각합니다. 우리를 지켜주고 이어가게 해주는 대자연의 고마움을 알고 있는 알지? 회원분들은 이미 개인의 환경 캠페인을 하고 있다고 생각합니다.

환경을 위하는 우리들은 'I AM A 알친'!

자연과 인간의 조화로움을 추구하는 서퍼, 곤대장님을 만나보았습니다. 바다에서 직접 해양환경 문제를 마주했던 곤대장님의 목소리로 들으니 환경을 위한 우리의 실천이 중요하다는 사실이 더욱 와닿았습니다.

지속 가능한 해양환경을 위해 우리의 관심과 노력이 꼭 필요한 일이라는 사실! 기억해 주세요!

스타트업의 성장을 돕는
소풍벤처스 '이학종' 님 인터뷰

일상의 실천에 대한 꾸준함을 가져야 중요한 타이밍을 놓치지 않을 수 있습니다.

안녕하세요 <소풍벤처스>에서 투자본부 총괄을 맡고 있는 이학종입니다.

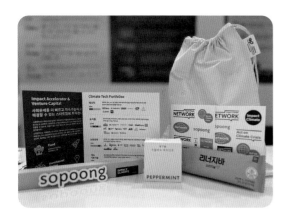

'소풍벤처스'가 궁금해요!

Q 소풍벤처스는 어떤 일을 하는 곳인가요?

<소풍벤처스>는 비즈니스를 통해 사회문제를 해결하려 하는 스타트업을 찾아 투자와 엑셀러레이팅을 통해 창업가의 도전을 함께하고, 창업 경험, 창업 육성 경험을 보유한 파트너가 되어 스타트업의 성장을 돕고 있습니다.

'초기 스타트업의 시행착오를 줄이고 빠른 속도로 성장할 수 있도록 돕는 역할'을 엑셀러레이터라 한다면,

소풍벤처스와 같은 '임팩트 엑셀러레이터'는 성장의 과정에서 재무적 가치*뿐만 아니라 사회적 가치 또한 중요하게 생각합니다. 투자 선별 시에도 기본적으로 UN SDGs**에 지향점을 갖고 있습니다.

---

*재무적 가치: 기업의 경제 상태에 관한 가치로, 기업의 자산과 수익에 대한 가치
**UN SDGs: '지속 가능한 개발 목표'라는 뜻으로 인류의 보편적 문제와 지구 환경 문제, 경제 사회 문제를 해결하고자 하는 UN과 국제사회의 최대 공동 목표

가치와 이윤, 하나가 되어가다

Q 사회문제를 해결하려는 기업, 스타트업에 투자하는 이유는?

사회문제를 해결하는 다양한 방법이 있다고 생각합니다. 그중 자본의 방식으로 사회문제를 해결하는 것은 현시대에 꼭 필요한 접근이라 생각합니다.

ESG 경영을 강조하고 있는 시대인 만큼 앞으로의 시대는 가치와 이윤이 하나가 되는 시대가 다가오고 있단 생각이 들고, 이를 조금 더 일찍 시작했다고 생각하고 있습니다.

Q '꾸준함'과 '타이밍'
소풍(작은 바람)으로 시작해 큰 임팩트를 펼쳐갈 많은 기업들을 만나며 든 생각은?

'꾸준함'과 '타이밍'에 대해 많이 생각합니다. 창업에서 타이밍은 중요한데, 그 타이밍이 왔을 때 잡아내는 건 꾸준함을 갖춘 팀인 것 같습니다. 과거에는 주목받기 어려웠지만 현시대에 주목받고 있는 팀들을 보면, 이전 몇 년 동안 포기하지 않고 꾸준하게 해온 팀들이라 생각합니다.

스타트업 창업자는 치열한 생존의 환경 속에서 빠른 의사결정과 실행을 요구받으며 그 누구보다 빠른 속도로 성장해 자신의 한계를 깨는 사람들이라 생각합니다. 그들이 사회적 가치에 대한 임팩트 지향성을 놓지 않는 모습을 근거리에서 지켜볼 수 있다는 것이 이 일의 매력이라 생각합니다.

이학종님의 생각이 궁금해요!
Q 소비자로서 기업의 ESG에서 중요하게 생각하는 부분은 무엇인가요?

ESG는 측정과 평가의 방법으로써 중요하다고 생각합니다.

한 명의 소비자로서 '기업들이 ESG를 잘 실천하고 있는지' 볼 때는 각 산업의 지속 가능 발전의 측면에서 기존의 관성이나 인프라를 개선하거나 이해관계자를 지원하는 의지를 가졌는지를 중요하게 생각하곤 합니다.

ESG, 일상의 실천이 될 수 있도록
Q 알지?에서 다뤘으면 하는 ESG 실천 주제가 있다면?

'제로 웨이스트'의 실천을 심도 있게 다뤄 주셔도 좋을 것 같습니다.

제로 웨이스트를 이해하려면 먼저 내가 일상에서 소비하는 제품들의 생산, 소비, 재사용 및 회수에 대한 산업 구조를 알고 있어야 합니다. 식품, 전자제품, 의류 등 다양한 제로 웨이스트 산업이 어떤 구조로 만들어져 있는지, 그 속에서 포장재 소재, 소비의 방식, 회수 후 자원 채취 등 기술적인 부분을 소개하고 나아가 일상에서 참여를 통해 실천할 방법들을 제시해 주면 좋을 것 같습니다.

"각자의 영역에서 일상 실천에 대한 꾸준함을 가져야"

기후 위기 등 거대한 문제를 직면하면 내가 실천하는 일상의 활동이 의미가 있을까 싶은 순간을 계속 경험하게 됩니다. 재활용, 분리배출을 하더라도 '내가 이렇게 해도 다른 사람이 안 하면 의미 없는 것'처럼 느껴질 수 있습니다. 그런데도 각자의 영역에서 일상의 실천에 대한 꾸준함을 가져야 중요한 타이밍을 놓치지 않을 수 있는 것 같습니다. 이런 실천을 이어가고 있는 알친 여러분을 응원합니다.

DONATION CAMPAIGN

기부 캠페인

I alone cannot change the world,
but I can cast a stone across the water to create many ripples.

MOTHER TERESA

나 혼자서 세상을 바꿀 수는 없지만,
물 위에 돌을 던져 많은 잔물결을 만들 수 있습니다.

마더 테레사

소아암 환아 의료비 지원 캠페인

연우가 소아암을 씩씩하게
이겨낼 수 있도록 응원해 주세요!

| 함께한 단체 | 한국백혈병소아암협회

연우(가명)는 첫돌을 앞둔 생후 11개월에 뇌에 종양이 있다는 판정을 받았습니다. 종양 일부를 제거하는 큰 수술을 받았지만, 결국 뇌병변 장애 1급 판정을 받게 되었습니다.

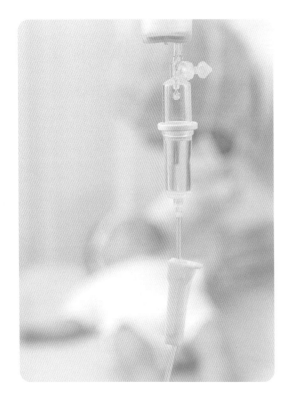

연우의 아픔은 여기서 그치지 않았습니다. 수술 이후에도 5년 동안 암이 세 차례 재발했고, 연우는 어른도

견디기 힘든 항암치료를 30회, 방사선 치료를 60회 이상 받으며 연우는 작은 몸으로 병마와의 싸움을 이어갔습니다.

작은 아이가 감당하기에 힘든 치료와 수술로 폐 기능이 약해졌고, 어쩔 수 없이 항암치료를 중단한 사이 호흡기 쪽에 암세포가 다시 자라 기관지 절개술을 받게 되었습니다. 기관지 절개 후 연우는 더 이상 말을 할 수도, 소리 내 울 수도 없었으며, 식사도 위루관*을 통해서만 먹을 수 있었습니다.

---

*위루관: 위장에 직접 관을 넣어 음식물을 주입할 수 있도록 만든 튜브

알지?는 연우가 하루빨리 건강한 일상을 살아갈 수 있도록 치료 보조 장비와 의료비를 지원하는 기부 캠페인을 진행했습니다.

연우 어머니 감사 편지

치료 보조장비 반납 날짜가 다가올수록, 너무 불안했는데 이번 도움으로 장비를 장기간 연장할 수 있게 되었습니다.

아이의 치료뿐만 아니라 일상생활에 필요한 보조 장비들을 대여하지 못해 연우를 제대로 지켜주지 못할까 봐 늘 걱정했는데... 정말 꿈만 같아요. 지금은 잠시 집중치료를 쉬고, 재활 치료를 받고 있습니다. 연우가 낱말 단어 교구들을 보며 의사 표현도 하는 거 보면 신기합니다.

알지? 회원들이 보내주신 사랑 덕분에 어린 생명을 지켜내고 희망을 키워낼 수 있었습니다. 감사합니다.

연우에게 전달된 따뜻한 손길

연우는 매일 여러 번 교체해야 하는 위루관을 충분히 구매하고, 산소통과 호흡기 등 일상생활에 꼭 필요한 치료 보조 장비를 대여할 수 있었습니다. 또한, 물리치료, 언어치료, 작업치료 등 그동안 미뤄왔던 재활치료도 병행할 수 있게 되었습니다.

"학교에 갈 수 있겠다는 희망이 생겼어요"

한참 걸어 다니는 또래와 달리 연우는 생후 11개월부터 뇌를 건드리는 수술과 독한 약물 치료로 두 다리로 걷지 못했습니다. 하지만, 지원 이후 꾸준히 치료를 이어 나갔고, 미세하지만, 다리에 조금씩 힘이 들어가고 있습니다. 또, 언어치료와 인지치료를 통해 엄마, 아빠의 말을 조금씩 알아듣고 반응하기 시작했습니다. 연우에게 조금씩 기적이 나타나고 있습니다.

소중한 소녀들의 꿈이 두려움 없이 하늘 높이 날아가도록 함께 응원해요!

| 함께한 단체 | 다사랑공동체

300명의 여성 청소년에게 여성용품 키트를 전달했습니다.

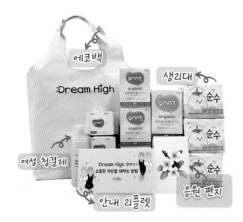

알지?는 여성 청소년들이 위생적이고, 건강한 월경 기간을 보낼 수 있도록 여성용품 키트를 지원하는 기부 캠페인을 진행했습니다.

월경이 다가와도 불안해하지 않도록

여성용품 키트 지원으로 여성 청소년들은 몸과 마음의 여유를 가질 수 있게 되었습니다.

1) 다양한 종류와 충분한 양의 여성용품을 지원했습니다.

2) 여성용품 키트에 안내지를 동봉하여 월경에 대한 이해와 여성용품 사용 방법 습득을 도왔습니다.

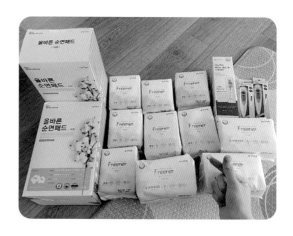

알지?의 지원을 받은 여성 청소년들의 이야기

알지?는 첫 번째 여성용품 키트 발송 이후에도 일정 기간에 필요한 생리대 리필 수량과 물품을 신청받아 충분한 양의 여성용품을 지원했습니다.

" 여러 종류의 생리대를 지원받고 사용해 보니
  이제는 상황에 따라 어떤 생리대를 써야 하는지
  알게 됐어요! "

" 엄마 없이 혼자 아이를 키우니까 어떤 생리대를
  사야 하는지 몰라 어려움이 있었습니다.
  다행히 알지?의 지원으로 여성용품과 설명이
  쓰여 있는 안내지를 받아 딸아이를 잘 챙겨줄 수
  있었습니다. "

_ 여성 청소년 자녀를 둔 아버지

" 동사무소에서 지원해 주는 생리대로는 부족
  했었는데, 알지?의 지원으로 여유 있게 사용할 수
  있게 됐습니다. 도와주셔서 감사합니다! "

든든한 지원군이 되어주셔서 감사합니다. 이번 기부
캠페인을 통해 여성 청소년들은 생리 빈곤에서 벗어나
자존감을 지킬 수 있는 소중한 기회가 되었습니다.

아이들의 생일을 축하하는 '비밀 친구'가 되어주세요!

| **함께한 단체** | 아동복지실천회 세움

수용자 자녀의 비밀 친구가 되었습니다!

가장 축하받아야 할 날을 쓸쓸하게 보내야 했던 수용자 자녀들은 알지? 회원들이 보내준 관심과 정성으로 행복한 생일을 맞이할 수 있었습니다. 알지? 회원들과 함께 만들어낸 일 년간의 특별한 생일 이야기를 함께 전해 드립니다.

"생일을 진심으로 축하해"

총 285명의 수용자 자녀 아이들은 알지? 회원들의 나눔으로 특별한 생일을 맞이하게 되었습니다.

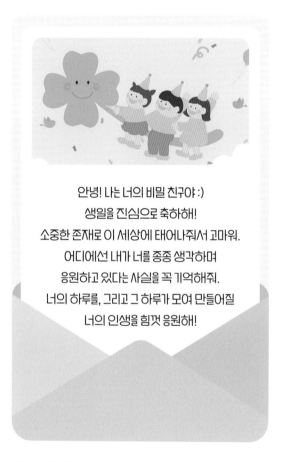

안녕! 나는 너의 비밀 친구야 :)
생일을 진심으로 축하해!
소중한 존재로 이 세상에 태어나줘서 고마워.
어디에선 내가 너를 종종 생각하며
응원하고 있다는 사실을 꼭 기억해줘.
너의 하루를, 그리고 그 하루가 모여 만들어질
너의 인생을 힘껏 응원해!

알지? 회원들이 비밀 친구가 되어 작성한 생일 축하 메시지는 형식을 유지하되, 아이들이 편하게 찾아볼 수 있도록 모바일로 제작하여 진심을 전달했습니다.

비밀 친구의 선물을 받은 아이들의 이야기

" 비밀 친구가 보내준 편지는 출력해서 보관하거나,
코팅해서 액자에 넣어둘 거예요! "

" 형편이 어려워서 민정(가명)이 생일에 떡을 사다가
조촐하게 축하하려고 했었습니다. 보내주신 케이크
쿠폰으로 케이크 사러 가자고 하니 민정이가 너무
좋아하네요. 감사합니다! "

" 그냥 케이크 하나라고 생각하실 수 있지만,
저희에겐 엄청난 사랑이고, 관심이고, 고마움이에요.
손자의 생일을 축하해 주셔서 감사합니다. "

존재 자체로 축복받아야 마땅한 아이들

수용자 자녀 생일 지원 캠페인을 통해 아이들은 이유
없는 응원과 사랑을 경험했고, 자신의 존재를 긍정하
고 존중하는 계기가 되었습니다.

> **세움 담당자가 전하는 감사 편지**
>
> 누군가 이유 없이 생일을 축하해 주고, 자신의 존재
> 를 축복해 준다는 것, 부모와 상관없이 자신을 한 사
> 람으로 바라보고 응원해 주는 사람이 있다는 것은
> 수용자 자녀들에게 잊지 못할 경험이 되었습니다.
> 아이들에게 잊지 못할 생일을 선물해 주셔서 감사드
> 립니다.

고은이에게 병과 싸울 수 있는 용기를 선물해 주세요!

| **함께한 단체** | 메이크어위시 코리아

알지?는 갑작스럽게 발병한 백혈병으로 힘든 시간을 보내고 있는 고은(가명)이가 희망을 잃지 않도록 소원을 이루어주는 기부 캠페인을 진행했습니다.

고은이의 소원을 이루기 위한 여정이 시작되었습니다.

기부 캠페인 종료 후, 고은이의 소원 성취를 위해 봉사팀이 함께하게 되었습니다. 고은이와 봉사팀은 코로나로 인하여 비대면으로 만나게 되었고, 처음엔 어색하였지만 이내 어색함을 풀고 편하게 이야기를 나누었습니다.

"이제 중학생이 되니까 어른스러운 방으로 꾸미고 싶어요!"

고은이는 백혈병 진단 이후 가족과 여행을 갈 기회가 없었기 때문에 가족과 함께 여행을 가고 싶어 했고, 투병 중 자주 보던 유튜브 크리에이터를 만나고 싶어 하는 등 여러 가지 소원을 가지고 있었습니다.

봉사팀과 몇 차례 만남을 가진 후, 고은이는 자신의 방을 새롭게 꾸미는 것을 소원으로 선택했습니다. 중학생이 된 고은이는 예전 어린 시절의 방 대신, 조금 더 성숙한 느낌의 공간을 원했습니다.

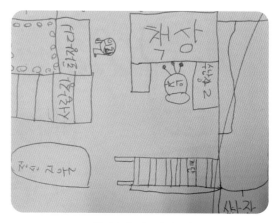

<고은이가 꿈꾸는 방의 모습>

고은이의 소원이 이루어졌습니다.

고은이의 소원 성취 당일, 벽지와 장판, 가구까지 모두 고은이가 상상하는 대로 꾸며진 방이 만들어졌습니다. 그동안 함께했던 봉사 팀원들은 비대면으로 참여하여 고은이가 변화된 방에서 환하게 웃으면서 방 소개하는 모습, 부모님과 눈물을 보이며 서로 안아주는 모습을 끝까지 지켜보며 함께 축하해 주었습니다.

고은이가 많이 아파하던 예전을 생각하면, 지금 이렇게 병세가 많이 호전되고, 가족들이 함께 웃으며 행복한 시간을 보내고, 바라던 소원까지 이루게 된 이 순간이 정말 행복하다는 어머니와 함께 서로 감사 인사도 나누었습니다.

고은이는 자신의 소원을 이루며, 투병 생활 중 느꼈던 절망을 넘어 점차 미래에 대한 희망을 찾아가고 있습니다. 앞으로도 고은이가 소중한 자신만의 공간에서 행복한 미래를 꿈꾸며 살아갈 수 있도록 응원해 주세요!

선(善) 넘는 정서 지원

| 함께한 단체 | 굿피플 인터내셔널

경계선을 넘어 함께 어울리며 살아가도록

경계선 지능 아동의 지능은 IQ가 71~84 사이로, 평균 지능보다는 낮고, 지적 장애 지능보다는 높은 정도의 지능을 가지고 있습니다. 애매한 '경계선'에 있는 지능으로 인해 경계선 지능 아동은 학업과 또래 관계 형성에 어려움을 겪습니다.

알지?는 경계선 지능 아동들이 집중력을 기르고 대인 관계를 개선할 수 있도록 정서 안정에 도움이 되는 미술 치료를 지원했습니다.

작지만 변화되는 아동들의 모습을 보고 있습니다.

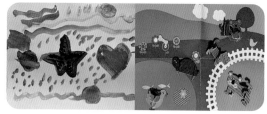

아동들의 미술 치료 작품

❝ 아동들이 무언가에 집중하는 모습이나 자신의 감정을 타인에게 표현하는 모습을 볼 때면 작지만 조금씩 변화되고 있음을 느끼고 있습니다. ❞

_그룹홈 시설 담당 선생님

경계선 지능을 가지고 있는 혜리(가명)는 집중 시간이 5분 이상 가지 않아 학습 및 일상생활에서 많은 도움이 필요했습니다. 이번 지원을 통해 혜리는 매주 2~4회씩 총 44회에 걸쳐 미술 치료를 받게 되었고, 현재는 집중 시간이 15분까지 늘어나는 모습을 보이고 있습니다.

알지?가 지원한 4명의 아동이 모두 미술 치료를 통해 자신의 감정을 표현하는 연습을 반복하였고, 시설 선생님들과 관계를 형성하는 것부터 시작하여 점차 대인 관계를 형성하고 있습니다. 또한, 스스로 충동과 감정을 절제하는 행동이 집중력 향상에도 영향을 주어 대부분의 아동이 이전보다 집중 시간이 10~30분 늘어난 것으로 확인되었습니다.

울지 않는 아이들의
손을 잡아 주세요!

| **함께한 단체** | 엔젤스헤이븐

발달장애 아동들은 한 가지에 몰입하면 자신이 낯선 곳으로 가고 있다는 것을 모르고, 의사 표현을 잘하지 못하는 경우가 많아 실종 시 위험 상황에 처하기 쉽습니다.

알지?는 발달장애 아동의 안전을 지키고, 가족들의 걱정을 덜기 위해 실종 방지 안전장치를 지원하는 스페셜 기부 캠페인을 진행했습니다.

울지 않는 아이들의 손을
잡아주셔서 감사합니다!

[실종 방지 안전장치 지원]

팔찌, 목걸이, GPS 장치와 함께 의류용 라벨을 출력할 수 있는 라벨기도 지원했습니다.

*아동의 성향에 맞추어 개별적으로 맞춤형 지원을 제공했습니다.

안전장치 지원 후기

" 아이가 자라면서 목걸이나 팔찌를 힘으로 떼어버리는 경우가 많았습니다. 최근 대중교통 이용을 연습하는 중이라 더욱 걱정이 많았는데, 라벨을 출력해서 옷 안쪽에 붙여두니 마음이 든든합니다. "

" 상황에 대한 인지가 부족하고 말을 잘하지 못하는 아이인데, 학교에서 이탈했던 경험이 있어서 목걸이와 팔찌를 채워도 늘 불안했습니다. GPS 손목시계를 통해서 실시간으로 아이의 위치를 확인하고, 심박수 등 몸 상태까지 체크할 수 있어 큰 도움이 되었습니다. "

" 당황하면 대답을 잘 하지 않고, 이곳저곳 헤매고 다니는 경우가 많아 길을 잃은 후 경찰서에서 연락이 오기까지 시간이 한참 걸렸던 적이 있어요. 이번에 지원받은 팔찌는 반짝거리다 보니 관심도 많이 보이고, 가벼워서 잘 착용하고 있습니다. "

알지? 회원들의 따뜻한 마음이 모여 실종에 취약한 발
달장애 아동들을 지켜낼 수 있었습니다!

한 명 한 명 소중한 우리 아이들이 안전하게 자랄 수 있
도록 앞으로도 많은 관심을 부탁드립니다!

⑦

장벽 없는 스포츠 공간 'Dream E-Sports Room'을 함께 만들어 주세요!

| 함께한 단체 | 밀알복지재단

알지?는 장애인들이 스포츠 활동에서 겪어온 장벽을 허물고, 다양한 운동을 안전하게 체험할 수 있는 실내 스포츠 공간을 조성하는 기부 캠페인을 진행했습니다.

제약 없이 운동을 즐길 수 있는 공간

알지?는 지원 기관으로 선정된 용인시처인장애인복지관의 상황에 맞추어 실내 스포츠 공간 조성하고, 실내 스포츠 프로그램을 체험할 수 있는 기기를 지원했습니다. 공간이 조성된 후에는 교육을 실시해 프로그램 작동법을 배우는 시간을 가졌습니다.

장벽을 허물고 누구나 운동을 즐길 수 있도록

실내 스포츠 공간은 단순한 스포츠 체험을 넘어서, 동작 센서를 이용해 전문적으로 자세 교정을 받을 수 있도록 조성하였습니다. 이를 통해 기관을 이용하는 장애인들은 신체 능력과 인지 능력을 향상할 수 있었습니다.

발달장애인들은 신체 활동을 통해 에너지를 발산하며 심리적 안정을 찾을 수 있게 되었습니다. 또한 장애 아동들에게는 각자의 특성에 맞춘 놀이 중심의 활동을 제공할 수 있었습니다.

하지 장애를 가지고 있는 지체장애인의 경우, 상지 운동 기회를 제공해 신체 활동에 대한 흥미와 능력을 기를 수 있게 되었습니다.

실내 스포츠 시설 이용자의 감사 편지

코로나 시대에 장애인들은 야외 활동에 많은 제약을 겪고 있었습니다. 그 때문에 신체적으로 많이 쇠약해지고, 의욕도 떨어져 있는 상태였습니다. 알지?에서 만들어 준 스포츠 공간을 이용해 보니 장애인들도 비장애인과 같이 신체 활동을 자유롭게 할 수 있다는 것을 몸소 체험했습니다. 앞으로도 장애인 복지에 많은 관심을 부탁드리겠습니다. 감사합니다.

장애인복지관 담당자의 감사 편지

우리 복지관에서는 스포츠 공간을 활용해 이용인들에게 체육 활동과 인지 활동을 제공하고 있습니다. 시각적인 효과와 체험 요소가 더해지면서 이용자들의 많은 관심과 참여가 이어져 더욱 적극적으로 활용되고 있습니다. 앞으로는 기관 이용인뿐만 아니라 지역사회의 장애인들에게 폭넓게 체험 기회를 제공하고자, 장애인 복지시설, 장애인 단체 등에 홍보하고 서비스를 제공할 예정입니다. 다시 한번 좋은 기회를 주셔서 감사드리며, 더욱 좋은 서비스를 장애인들에게 제공할 수 있도록 노력하겠습니다.

꿈꾸던 여행,
현실이 되다

| 함께한 단체 | 승가원

꿈에 그리던 여행이 이루어졌습니다!

승가원 자비복지타운은 성인 중증 발달 장애인들이 거주하는 시설입니다. 코로나19 이후 시설 이용인들은 외부 활동이 어려워 시설 내에 있는 시간이 많아졌습니다. 또한, 신체장애가 있으면 이동 수단 이용 등에 제약이 있어 잠깐의 외출도 쉽지 않습니다.

알지?는 시설 이용인들이 여행을 직접 계획하여 떠나보는 설렘을 느끼고, 그 과정에서 자립에 한 발 더 가까워질 수 있도록 함께 만드는 '힐링여행'을 지원했습니다.

'함께 만드는 여행'을 경험했습니다!

이번 힐링여행의 핵심은 시설 이용인들이 여행의 주체가 되는 것이었습니다. 시설 이용인들은 어디로 여행을 떠날지, 그곳에서 무엇을 할지 직접 고민하고 선택하며 여행을 준비했습니다.

❝ 강릉에 이런 관광지가 유명하대요.
우리 여기서 사진 찍어요! ❞

❝ 우리가 직접 준비해서 그런지 여행 전부터
너무 설렜어요. ❞

227

> " 오랜만에 바다를 봤는데 너무 시원하고,
> 속이 뻥 뚫렸어요! "

시설 이용인들은 여행 중에도 의견을 조율하며, '함께 만드는 여행'을 만들어갔습니다. 작은 선택들이 모여 하나의 여행이 되는 이 모든 과정이 시설 이용인들에게는 배움의 순간이 되었습니다.

민수(가명) 씨는 시설 이용인들과 함께 어머니의 집 근처인 평창으로 여행을 떠났습니다. 그리고 여행 중간에 잠시 어머니 집에 들러 100세가 된 어머니의 생신을 축하드렸습니다. 어머니께서는 민수 씨를 살갑게 맞이해주셨고, 오랜만에 가족의 정을 느낄 수 있는 시간이었습니다.

고향에서 만난 추억, 그리고 가족

정순(가명) 씨와 준명(가명) 씨 남매는 고향인 부산으로 가족여행을 떠났습니다.

서로 데면데면한 남매는 함께 여행을 준비하며 더 많은 대화를 나누고 가까워질 수 있었습니다. 여행을 통해 예전에 살던 고향 집에도 가보고, 맛있는 먹거리를 먹으며 지난 추억을 회상하는 시간을 가졌습니다.

⑨

인생의 가장 젊은 오늘,
어르신의 인생사진을 찍어드립니다!

| **함께한 단체** | 한국노인복지회

**어르신의 가장 아름다운 '지금'을
담아드렸습니다.**

알지?는 자신을 추억할 기회가 없었던 어르신들에게
잊고 있었던 자신의 아름다움을 발견하고, 현재를 소
중한 기억으로 추억할 수 있도록 '인생사진'을 선물하
는 기부 캠페인을 진행했습니다.

어르신들의 '인생사진' 촬영 현장을 공개합니다!

처음에는 홀로 카메라 앞에서 여러 표정과 자세를 취
하는 것이 낯설었던 어르신이었지만, 주위 사람들의
칭찬과 응원에 힘입어 점차 자연스러운 웃음을 지으며
촬영할 수 있었습니다.

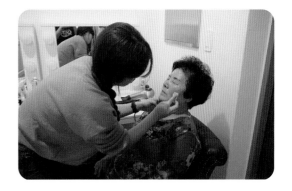

❝ 한복은 시집갈 때 입어보고, 처음인 것 같은데
누가 나를 단장해 준다는 게 기분이 좋네요! **❞**

❝ 나이 든 우리를 예쁘게 꾸며주고,
사진도 찍어주고... 정말 고맙습니다! **❞**

❝ 세수하기 싫을 만큼 지금이 마음에 들어요!
아들한테도 얼른 이 모습을 보여주고 싶어서
사진을 찍어서 보냈어요! ❞

어르신들에게 큰 기쁨을 드린 '인생사진'은 오랫동안 추억하고, 간직할 수 있도록 앨범과 액자로 제작하여 선물해 드렸습니다.

주름진 삶에 한 줄기 빛을 만들어주어 고맙습니다.

이번 인생사진 촬영을 통해 어르신들은 '지금'이 인생에서 가장 아름답고, 소중한 순간임을 깨닫고 자신감을 되찾는 소중한 시간이 되었습니다.

어르신이 전하는 감사 편지

어떤 분이 우리처럼 나이 든 사람들에게 이런 기회를 주셨는지 궁금했는데 알지? 회원분들이 조금씩 모은 기부금으로 선물해 준거라고 들었습니다. 저도 누군가에게 도움이 되는 노인이 되어 여러분이 주신 이 선물을 다시 돌려주겠습니다. 늙고 주름진 삶에 한 줄기 빛을 만들어주어 고맙습니다.

어르신들의 사회참여를 위한 '허그 투게더 캠페인'

| 함께한 단체 | 한국노인복지회

'허그 투게더 캠페인'은 폐양말목을 활용해 나무 옷을 만드는 활동입니다. 어르신들에게 사회 참여 기회를 제공함으로써 의미 있는 삶을 살 수 있도록 돕고, 이로 인해 어르신들이 느끼는 고립감을 해소할 수 있습니다. 동시에 병충해를 예방하는 효과까지 기대할 수 있는 일석이조의 캠페인입니다.

'허그 투게더 캠페인'의 '4가지 의미'

허그 ① 폐양말목 업사이클링 공예 활동을 통해 사회 적 소외감을 해소하고, 소근육 사용과 같은 신체적 건강과 정서적 건강을 돌보아드리는 허그

허그 ② 아름다운 남이섬 나무를 병충해로부터 보호 하기 위한 양말목 나무 옷을 입히는 허그

허그 ③ 나무 옷 이름표 캘리그라피 작업을 통해 사 회에 참여하는 허그

허그 ④ 우리가 모두 건강하게 살 수 있는 환경을 돌 보는 허그

전국 나눔터 어르신들은 양말목 나무 옷 제작을 위해 매일 같이 나눔터에 나와 뜨개를 하셨습니다. 평소에 도 하던 양말목 뜨개였지만, 자신들이 만든 나무 옷이 많은 사람들에게 보이고 나무들의 병충해를 막을 수 있다는 사실에 더욱 열정을 쏟으셨습니다.

어르신들은 서로 격려해 가며 많은 분량의 나무 옷을 완성했습니다. 어르신들의 손길이 가득 담긴 나무 옷 은 남이섬 벚나무길에 설치되었습니다. 나무 옷과 함 께 설치된 이름표에는 어르신들이 젊은 세대에게 하 고 싶은 말을 캘리그라피로 작성하여 더욱 풍성해졌 습니다.

❝ 이렇게 나무에 직접 입혀서 보니 예쁘네요! ❞

❝ 이거 보세요! 이거 우리가 직접 만든 거예요! ❞

남이섬에 도착하자 어르신들은 가장 먼저 자신들이 만든 양말목 나무 옷을 보기 위해 이동했습니다. 이동하던 길을 둘러보니 예쁜 나무와 동물들이 정말 많았습니다. 그중에서도 섬을 자유롭게 돌아다니는 공작새가 가장 인기가 많았습니다. 어르신들은 나무에서 포즈를 취하며 사진도 찍고, 동물들을 보며 신기해하다 보니 어느새 양말목 나무 길에 도착했습니다.

지난 몇 개월 동안 어르신들이 나눔터 활동을 하며 열심히 만들었던 양말목 나무 옷을 입은 남이섬 나무들을 보니 뿌듯한 표정을 감출 수 없었습니다. 어르신들은 각자 자신의 나눔터에서 만든 나무 옷을 찾아 기념사진을 찍고 지나가는 관광객들에게 자랑도 하며 시간을 보냈습니다.

위기 가정 자립 지원 캠페인

위기에 놓인 가정이 안정적인 직업을 통해 자립할 수 있도록 도와주세요!

| 함께한 단체 | 비투비

알지?는 어려움을 겪고 있는 비혼모, 한부모, 청소년 부모 등의 가정이 안정적인 직업을 통해 경제적 자립을 이룰 수 있도록 기부 캠페인을 진행했습니다.

위기 가정에서 자립 가정으로 변화될 수 있도록

경제적 위기에 처한 부모들이 자존감을 회복하고, 적성에 맞는 진로를 찾아 자립을 준비할 수 있도록 지원했습니다.
1) 운동을 통한 건강 회복 및 자존감 증진
2) 재활 치료 지원
3) 적성 검사 및 일자리 교육

자립을 위한 첫걸음에 알지?가 함께했습니다.

관절 통증이 심해 단기 근무만 해오던 한부모 수진(가

명) 씨는 운동을 시작하고 건강을 되찾아 가는 중이며, 현재는 8시간의 자활 근로를 시작해 자립의 첫걸음을 떼고 있습니다.

> " 역량을 키워서 화물 운송과 같은 운전 분야의 직업을 갖고 싶다는 목표가 생겼어요.
> 운송 자격증과 대형 면허를 준비하고 있습니다. "

청소년 부모 현주(가명) 씨는 문구 작가로서 홀로서기를 시작했습니다. 마스킹 테이프, 노트, 스티커 등의 문구를 직접 디자인하고, 제품 검수, 출고, 판매, 수익 창출까지 1인 사업자로서의 과정을 경험하고 있습니다.

" 물건을 만들고 판매하는 과정이 힘들기도 했지만
  살면서 몇 번 느끼지 못할 특별한 행복을
  느꼈습니다. 누군가의 엄마, 배우자로만 살던
  제가 일을 시작하고 '작가님'이라고 불리면서 더
  잘하고 싶다는 욕심도 생기고, 하고 싶은 일을
  한다는 것에 대한 감사함도 느꼈습니다. "

비혼모 예진(가명) 씨는 상담사 활동을 시작했고, 아동
전문 심리 상담사라는 목표를 이루기 위해 모래놀이
치료사 자격증 취득을 준비하고 있습니다.

" 내담자 아이들과의 만남이 기대되어
  일주일이 길게 느껴질 정도입니다. "

화상 환자에게 따뜻한 봄을 선물해 주세요

| 함께한 단체 | 베스티안재단

화상 흉터는 아물어가고, 따뜻한 봄이 찾아왔습니다.

알지?는 저소득 화상 환자들이 희망을 잃지 않고, 치료를 이어갈 수 있도록 의료비를 지원하는 기부 캠페인을 진행했습니다.

수차례에 걸친 치료와 재활로 인해 경제적 부담을 느끼던 화상 환자들은 이번 의료비 지원을 통해 꾸준히 치료를 받을 수 있게 되었고, 아물 것 같지 않던 흉터에는 어느새 새살이 돋기 시작했습니다.

다시 일어설 수 있는 희망을 선물해 주셔서 감사합니다!

" 알지?의 지원으로 꾸준히 치료를 받을 수 있었고, 이제는 조금씩 일상으로 복귀하고 있습니다. 힘없는 청년이던 저를 아무 이유 없이 도와주셔서 감사합니다. "

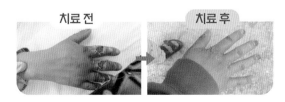

치료 전   치료 후

고시원에 거주하며, 생계를 이어가던 영석(가명) 님은 일용직 근로 현장에서 화학 화상을 입게 되었습니다. 의료비를 감당할 수 없던 영석 님에게 의료비 지원은 한 줄기 희망으로 찾아왔습니다.

" 수술비 걱정으로 밤에 잠도 오지 않았습니다. 저한테 의료비를 지원해 주신다는 이야기를 들었을 때 얼마나 울었는지 모릅니다. 정말 감사합니다. "

양경(가명) 님은 압력밥솥 폭발로 인해 얼굴에 화상을 입었습니다. 경제적 부담으로 화상 치료를 포기하려고 했으나 알지?의 지원으로 수술과 입원을 할 수 있었습니다.

환자 영석 님의 감사 편지

만약 알지?의 도움이 없었더라면, 저는 중간에 치료를 포기했을지도 모릅니다. 이름도 모르는 사람에게 이런 큰 도움을 주시는 게 신기하면서도 감사한 마음이었습니다. 아직 많은 치료가 남았고, 아픈 과정이지만 가족과 저를 도와주신 많은 분을 생각하며 잘 이겨나가겠습니다. 다시 한번 도움을 주셔서 감사드립니다.

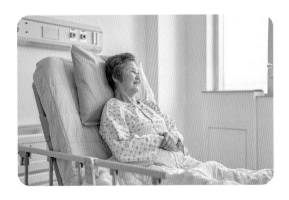

알지?는 세상 곳곳에 따뜻한 봄을 만들어갑니다.

예상치 못한 사고로 큰 의료비를 부담해야 했던, 화상 환자들은 알지? 회원들의 따뜻한 나눔으로 다시 일어설 수 있는 희망을 보았고, 감사한 마음으로 일상을 회복하고 있습니다.

독립유공자 가족의 희생과 헌신을 기억하며, 깨끗한 환경에서 편히 쉬실 수 있도록 함께해 주세요!

| 함께한 단체 | 한국해비타트

알지?는 우리나라의 독립을 위해 헌신한 독립유공자의 후손들을 지원하는 스페셜 기부 캠페인을 진행했습니다.

독립유공자 후손들은 열악한 주거 환경에서 지내는 경우가 많아 안전하고 쾌적한 환경에서 건강하게 지낼 수 있도록 주거 환경 개선을 지원하였습니다.

건강이 우려되었고, 누수 문제를 해결하기 위해 지붕을 교체했습니다. 덕분에 어르신은 비가 새지 않는 쾌적한 집에서 생활할 수 있게 되었습니다. 깨끗해진 환경으로 어르신 얼굴에 미소가 떠나지 않게 되었고 주변 주민들에게도 좋은 에너지를 전달하고 계십니다.

故 김상억 애국지사의 후손의 집은 지붕의 칠이 벗겨지고, 처마 기둥이 떨어져 나간 상태였습니다. 이 때문에 비가 새고 천장과 바닥에 곰팡이가 피어나 어르신의

故 김정규 애국지사의 후손은 비닐하우스에서 살고 계셨습니다. 추위와 누수 문제를 해결하고, 안전하고 안락하게 생활할 수 있도록 새로운 보금자리를 지원했습니다.

어르신에게 맞는 집을 설계하여 짓고, 외부와 내부 인테리어까지 완료했습니다. 지자체, 후원자, 협력사, 마을 주민 등 많은 분의 협조와 도움으로 새 보금자리를 지을 수 있었습니다.

어르신은 무엇보다 따뜻한 물이 나오는 공간에서 평안한 여생을 지낼 수 있음에 감사하다는 말씀을 전해 주셨습니다. 여름에는 시원하고 겨울에는 따뜻하게 지낼 수 있게 되었으며 덕분에 건강도 조금씩 찾아가고 계십니다.

어르신의 일상에도
긍정적인 변화가 찾아왔습니다.

두 어르신은 그동안 쾌적하지 않은 환경 탓에 누군가를 집에 초대하기 어려웠고, 주변 주민들과 소통이 적은 상황이었습니다.

이번 지원 이후 새로워진 집에 누군가를 초대할 수 있다는 사실에 기뻐하셨고, 주민들에게 먼저 다가가 이야기하는 등 주변 주민들과의 관계도 건강해지고 있습니다. 주변 주민들 또한, 이번 지원으로 어르신들의 집이 바뀌어 가는 것을 보며 "세상에 도움을 전하려는 손길이 많이 있다"는 사실을 느끼셨다고 합니다.
집이 변했을 뿐인데 어르신들의 일상이 변했고, 어르신들의 변화가 주변 주민들에게도 긍정적인 변화를 불러올 수 있었습니다.

우리 이웃에게 따뜻한 에너지를 나눠주세요.

| **함께한 단체** | 따뜻한한반도사랑의연탄나눔운동

알지?는 에너지 취약 계층 이웃들이 에너지 걱정 없는 사계절을 날 수 있도록 28,000장의 연탄을 지원하는 스페셜 기부 캠페인을 진행했습니다.

따뜻한 愛너지로 더 따뜻해진 마음!

1) 경제적 효과
연탄 구매 비용이 절감되어 난방비에 대한 부담을 덜고 여름은 습하지 않게, 겨울은 따뜻하게 보낼 수 있습니다.

2) 정서적 효과
코로나19 완화로 연탄 봉사 참가자가 늘면서, 마을 주민과 봉사자의 대면 접촉을 통해 상호 교감이 이루어졌습니다.

3) 건강 증진 효과
체온이 떨어지면 면역력이 떨어지기 쉬운데, 지속적인 난방이 가능해지면서 건강 유지에도 큰 도움이 되었습니다.

"덕분에 남은 겨울이 든든해졌습니다."

이번 지원을 받으신 구로구 천왕동의 어르신은 연탄이 거의 떨어져 걱정하고 계셨는데, 2월에 연탄이 지원되면서 남은 겨울 동안 넉넉하게 사용할 수 있게 되었다며 고마움을 전하셨습니다. 집이 오래되고 단열 상태가 좋지 않아서 연탄이 없으면 춥게 지낼 수밖에 없는데, 덕분에 따뜻하게 지내게 되었다고 좋아하셨습니다.

알지? 회원들의 참여로 우리 이웃들에게 따뜻한 愛너지를 나눌 수 있었습니다.

(15)

새로운 내일을 기다리는 노숙인 분들이 희망을 찾을 수 있도록 응원해 주세요!

| 함께한 단체 | 옷캔

처음부터 노숙인이 되려고 했던 사람은 없습니다.

주변을 지나치며 보는 노숙인들을 나와 전혀 다른 사람이라고 생각할 수 있지만, 사실 그들은 단지 일정한 주거지가 없을 뿐, 실직이나 사업 실패 등 다양한 이유로 거리로 내몰린 우리의 이웃입니다.

알지?는 기본적인 생활을 이어가기 어려웠던 노숙인 1,200명에게 사단법인 옷캔에서 기부된 의류, 생필품, 그리고 세탁을 위한 위생용품을 지원했습니다. 특히 옷과 신발은 지원받는 분들의 사이즈를 고려해 세심하게 배분했으며, 몸이 불편한 분들을 위해 기관에서 직접 배달도 진행했습니다.

노숙인들이 새로운 내일을 살아갈 수 있도록

일상에서 반드시 필요한 옷과 생필품을 지원함으로써 노숙인 생활 시설에 큰 도움이 되었으며, 지원받으신 분들도 매우 만족해하셨습니다. 특히, 한여름에도 적절한 옷이 없어 두꺼운 옷을 입고 다니시던 노숙인 어르신은 이번 지원 덕분에 시원하게 여름을 보낼 수 있었다며 감사의 인사를 전하기도 했습니다.

알지?는 앞으로도 도움이 필요한 이웃들이 더 나은 환경에서 행복을 느낄 수 있도록 나눔 활동을 꾸준히 이어갈 것입니다. 여러분도 알지?와 함께 따뜻한 손길을 전해주세요!

시민문화유산 보존 지원 캠페인

사라져 가는 시민문화유산, 우리 함께 지켜 나가요!

| 함께한 단체 | 내셔널트러스트문화유산기금

시민문화유산은 시민들의 후원으로 보존되며, 누구나 방문해 우리 문화의 가치에 대해 배울 수 있는 공간입니다. 알지?는 소중한 우리 유산이 더욱 오래 보존될 수 있도록 시민문화유산 세 곳의 시설 보수 및 정비를 지원하는 기부 캠페인을 진행했습니다.

안전하고 쾌적한 문화유산을 미래 세대에게 이어줄 수 있도록

유산별로 노후된 시설과 장비를 점검하고, 보수가 필요한 곳을 파악해 정비했습니다. 이를 통해 문화유산을 안전하고 쾌적하게 관람하고 활동할 수 있는 환경을 제공하고, 시민 대상 문화체험 프로그램도 더욱 활발히 진행할 수 있게 되었습니다.

이후 시민문화유산 보존 활동과 그 가치에 공감하는 관람객이 증가했고, 시민문화유산의 중요성을 미래세대에게 알릴 수 있는 소중한 계기가 되었습니다.

최순우 옛집(시민문화유산 1호)

<무량수전 배흘림기둥에 기대서서>의 저자로 유명한 미술사학자 혜곡 최순우 선생님이 사시던 근대 한옥으로, 선생님의 손길과 안목이 더해져 한국미를 느낄 수 있는 공간이 되었습니다. 2002년 시민 후원금으로 매입해 보존하면서, 현재는 시민들과 함께하는 다양한 문화예술프로그램을 진행하고 있습니다.

매일 자원봉사자와 활동가들이 돌보고 있지만, 지은 지 오래된 터라 손 볼 곳이 계속 생기고, 관람객이 늘어나며 신경 쓸 부분도 더 많아졌습니다. 관람객의 안전을 보호하기 위해 보안 카메라와 동작감지기를 설치했고, 노후된 전시실의 보일러를 교체해 관람객의 편의를 높이고자 했습니다.

도래마을 옛집(시민문화유산 2호)

전라남도의 대표적 전통마을인 도래마을 중심에 위치한 근대 한옥입니다. 2006년 시민들의 후원금으로 보존하여 지역의 역사와 문화를 알리는 시민문화유산으로 운영 중입니다.

한옥은 나무와 흙으로 짓다 보니 몇 년에 한 번씩 큰 보수를 해도 조금씩 어긋나고 허물어지곤 합니다. 15년 가까이 튼튼하게 잘 쓰던 문짝이 떨어지고, 담장과 지붕의 기와가 빠지면서 자칫하면 관람객이 다칠 수도 있는 상황까지 벌어졌습니다. 이번 지원으로 전문가의 손을 빌려 문을 새로 짜맞춰 달고, 기와도 깔끔하고 안전하게 보수했습니다.

권진규 아틀리에(시민문화유산 3호)

조각가 권진규 선생님이 1959년에 직접 짓고 1973년 삶을 마감할 때까지 작품 활동을 하셨던 작업실입니다. 2006년 유족이 기증해 영구히 보존하게 되면서 젊은 예술인을 지원하는 프로그램과 지역 문화예술교육 프로그램을 진행하고 있습니다.

동선동 언덕 위 골목 끝에 자리 잡은 아틀리에는 도시가스가 끊기고, 관리되지 않은 기반 시설 탓에 신경 쓸 곳이 특히 많았습니다. 겨울 한파에 보일러가 고장 나면서 누수로 인해 마당이 빙판이 되기도 하고, 장맛비가 내리면 나뭇잎과 흙으로 배수로가 막히기도 합니다.

나무와 넝쿨이 무성하게 자라 아틀리에 지붕을 덮칠 뻔하기도 했습니다. 이번 지원으로 보일러와 지붕, 배수로, 나무 등을 수리하고 정비해 아틀리에를 더욱 안전하게 지킬 수 있었습니다.

아름다움 그 이상의 가치가 담긴 문화유산

문화유산은 그저 아름답기만 한 것이 아니라, 역사적 사실과 교육, 그리고 사람들의 이야기를 함께 담고 있습니다. 알지? 회원들의 따뜻한 참여 덕분에 우리 문화유산을 지켜낼 수 있었습니다. 특히 시민문화유산은 시민들의 참여와 관심 덕분에 보존되고 있어, 그 의미가 더욱 깊습니다.

한 뼘 옆의 생태계, 가로수를 건강하게 지키고 환경을 보호합니다!

| 함께한 단체 | 서울환경연합

가로수가 마음껏 가지를 뻗을 수 있도록

알지?는 도심 속 가로수를 보호하고, 가로수에 대한 시민들의 관심을 키우기 위한 활동을 지원하는 기부 캠페인을 진행했습니다.

시민들의 노력으로 지킨 나무의 권리

시민들이 직접 가로수 상태를 살피고, 나무를 들여다보며 관심을 키울 수 있도록 하는 서울환경연합의 가로수 보호 활동을 지원했습니다.

1) 2023 서울 가로수 트리맵

가로수 건강 점검표를 정리해 시민들과 함께 서울 시내 가로수 1,011그루를 조사하고, 그 데이터를 모아 지도를 만들었습니다.

2) 나의 나무 일지 캠페인

더 많은 사람들에게 나무 이야기가 퍼지도록 나무와 관련된 시민들의 사연을 모아 나무 일지를 만들고, 우수 참여자들에게는 새활용 굿즈와 안내지를 전달했습니다.

멸종 위기종 보호 및 생태환경 교육 지원 캠페인

겨울을 맞아 찾아온 멸종 위기종 독수리 보호 캠페인

| 함께한 단체 | 자연의벗연구소

독수리의 겨울이 더 따뜻해지도록

알지?는 환경 파괴로 먹이 부족을 겪고 있는 천연기념물 독수리의 멸종을 막고, 멸종 위기종 보호의 중요성을 알리기 위해 기부 캠페인을 진행했습니다.

천연기념물 독수리를 지킵니다!

독수리를 보호해 개체 수 감소를 막고, 멸종 위기종에 대해 알리기 위한 활동을 진행했습니다.

1) 독수리 먹이 주기 활동
5개월간 주 3~4회 주기적으로 먹이를 주었습니다.

2) 독수리 구조 후 방사 및 모니터링
독수리의 이동 경로를 실시간으로 파악해 데이터를 연구했습니다.

3) 멸종 위기종 독수리 홍보 활동
독수리 서식지 확대 캠페인 안내지와 교육 자료를 제작했습니다.

4) 멸종 위기종 인식 개선 활동
고성 생태체험관 교육을 월 1회 실시하고, 멸종 위기종 보호 캠페인 굿즈를 제작했습니다.

여러 손길이 모여 변화를 불러왔습니다.

- 독수리 먹이 주기 활동과 보호 활동을 꾸준히 할 수 있게 되어 독수리 개체 수를 안정적으로 유지할 수 있었습니다.
- GPS를 통해 독수리의 이동 경로, 먹이 공급지, 주 서식지 등을 파악하고, 체계적인 보호 방안을 마련하기 위한 기초자료 수집이 가능해졌습니다.
- 생물 다양성 확보의 장을 마련하고 인식 전환의 계기를 마련했습니다.

독수리의 비상을 함께 응원했습니다!

경남 고성에 위치한 독수리 자연학교는 독수리에게 친숙한 몽골식 천막집 게르를 설치하여 예민한 동물인 독수리와 이를 알아가는 사람들의 교감 및 교육 공간으로 활용하고 있습니다.

이번 지원을 통해 독수리 자연학교에 시민 31명이 모여 직접 독수리 먹이 주기와 방사 활동에 참여하는 행사가 열렸습니다.

겨울을 나기 위해 몽골에서 날아온 독수리들에게 배를 든든히 채울 수 있는 먹이를 나누고, 구조되었다가 치료를 마치고 방사되는 독수리들에게는 몽골로 무사히 돌아갈 수 있도록 응원을 보냈습니다.

오염된 물로 아프지 않도록 깨끗한 물을 선물해 주세요!

| 함께한 단체 | 팀앤팀

물 부족을 겪고 있던 마을에 깨끗한 물을 지원했습니다.

알지?는 오랜 기근으로 어려움을 겪고 있던 케냐 투르카나 지역에 식수 시설을 설치하여 깨끗한 물을 공급하는 기부 캠페인을 진행했습니다.

알지? 회원들의 기부로 이렇게 지원했습니다!

식수 시설을 통해 주민들에게 깨끗한 물을 공급하고, 교육을 통해 시설의 지속 가능한 이용을 지원했습니다.

1) 식수 시설 설치
대용량 물탱크, 파이프, 식수대

2) 주민 역량 강화
식수 시설 관리 및 유지 보수 교육

깨끗한 물이 가져온 마을의 변화를 소개합니다.

케냐 투르카나 지역에 위치한 에포로토 마을의 주민들은 평균 10km에 달하는 먼 거리를 이동해 물을 길어올 정도로 물 사용에 어려움을 겪었습니다.
이번 지원으로 식수 시설을 설치해 먼 거리를 이동하지 않고도 마을 내에서 충분한 양의 깨끗한 물을 공급받을 수 있게 되었습니다.

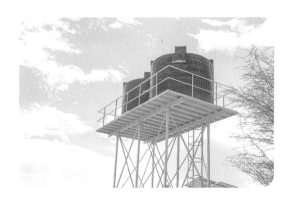

깨끗한 물을 통해 마을 주민들의 위생이 개선되고, 위생이 개선되고, 오염된 물로 유발되는 질병의 발병률을 낮출 수 있습니다.

농업과 목축업에 필요한 물을 공급받고, 물을 길어오는 시간을 줄이게 되면서 경제 활동을 활발히 할 수 있게 되었고, 생계에 도움이 되었습니다.

작은 변화로 시작된 새로운 미래
주민들이 깨끗한 물을 공급받는다는 것은 물 부족에서 벗어나는 것에서 그치지 않습니다. 물을 얻으러 이동하는 시간이 줄어들면서 경제 활동에 전념할 수 있게 되었고, 아이들은 학업과 자유 시간을 보장받으면서 새로운 내일을 꿈꿀 수 있게 되었습니다.

팀앤팀 담당자가 전하는 감사 편지
팀앤팀은 앞으로도 동아프리카 지역의 식수 문제를 해결하기 위해 끊임없는 노력을 기울이겠습니다. 긍정적으로 변화된 한 사람의 삶이 만들어 낼 영향력을 믿습니다.
알지? 회원들과 팀앤팀이 함께 만든 변화들은 하나의 스노우볼이 되어, 거대하게만 보이던 문제를 해결해 낼 수 있을 것입니다.

캄보디아 아이들에게
한 권의 희망을 선물해 주세요.

| 함께한 단체 | 아름다운배움

알지? 꼬마 도서관이 개관했습니다!

알지?는 캄보디아 아이들이 출생지와 가정 환경과 상관없이 동등하게 교육의 기회를 얻을 수 있도록 꼬마 도서관 개관을 지원하는 기부 캠페인을 진행했습니다.

아이들을 위한 꼬마 도서관이
이제는 마을 도서관이 되었습니다.

알지?는 대중교통 이용이 어려운 캄보디아 외곽 마을의 특성을 고려하여 많은 캄보디아 학생이 쉽게 도서관에 방문할 수 있도록 꼬마 도서관 4곳의 개관을 지원했습니다.

다양한 책들로 채워진 꼬마 도서관에서는 책을 읽고, 보는 선생님과 아이들로 가득 채워졌습니다. 특히 많은 사랑을 받은 알지? 꼬마 도서관 2호점은 개관 이후 규모를 확장하여 모든 마을 주민이 모여 책을 읽을 수 있는 마을 도서관으로 발전했습니다.

알지? 꼬마 도서관은 아이들이 꿈을 향한 첫걸음을 내디딜 수 있도록 진로 프로그램을 진행했습니다. 아이들은 다양한 직업을 살펴보고, 자신에게 빗대어 보며 미래를 그려보는 시간을 가졌습니다.

꼬마 도서관을 통해 선명해지는 아이들의 꿈

알지?는 당장의 생계를 위해 학업을 포기하고, 저임금 노동을 선택하는 빈곤의 악순환을 끊어내기 위해 교육 공간인 '꼬마 도서관'을 만들었습니다.

꼬마 도서관에서는 출생지, 가정 환경에 상관없이 아이들과 마을 주민들이 책을 읽을 수 있게 되었고, 도서관 내 진로 프로그램을 통해 아이들은 꿈을 꾸며 성장하게 되었습니다.

마무리

이 책은 ESG 실천 기부 챌린지 앱 '알지?'의 주요 콘텐츠의 내용을 편집하고, 새롭게 보완해 완성한 책입니다. 쉽고 재미있는 글을 쓰려고 노력했고, 우리 일상생활과 밀접한 주제를 선정해 책을 구성하였습니다.

변화를 만들어 가는 일은 늘 어렵습니다. 현실을 마주하고 행동을 통해 실천하는 용기가 어느 때보다 절실합니다. 알지?와 함께 일상생활 속 다양한 ESG 주제에 대해 소통하고, 실천과 나눔의 경험을 쌓아간다면 지속가능한 더 나은 미래를 우리 모두 함께 만들어 갈 수 있을 것입니다.

이 책이 많은 독자분들께 ESG를 쉽고 재미있게 알아가는 유익한 도구가 되었길 바랍니다. 나아가, 알지?가 추구하는 가치에 공감하고 동참해 주시면 좋겠습니다. 알지? 회원인 알친님들이 더 많아지기를 기대합니다.

Change doesn't come to us because we wait for someone or something or a future.
We are the people we are waiting for and we are the change we seek.

BARACK OBAMA

변화는 우리가 누군가나 무엇, 혹은 후일을 기다린다고 찾아오지 않는다.
우리 자신이 우리가 기다리던 사람이고 우리가 바로 우리가 추구하는 변화이다.

버락 오바마

누구나 쉽게 읽는 ESG
알지 용어 설명서

부록

환경 (E)

기후변화/탄소

그린스완
Green Swan

기후변화가 가져올 경제 위기를 뜻합니다. 검은 백조의 발견으로 '백조는 흰색'이라는 통념이 깨졌던 사건에 빗대어, 가능성이 없어 보이지만 일단 일어나면 큰 충격을 일으키는 경제 위기를 '블랙 스완(Black Swan)'이라고 부릅니다. 2020년 국제결제은행(BIS)이 기후변화가 불러올 충격을 경고하는 의미로 이 블랙스완을 변형해 '그린스완'이라는 용어를 처음 사용했습니다.

기후변화관련재무정보공개전담협의체
TCFD, Task force data-on Climate-related Financial Disclosures

기후변화와 관련한 기업이나 금융 기관의 정보를 투자자들이 쉽게 파악할 수 있도록 정보에 대한 공개 기준을 마련하는 국제 조직입니다. 기후변화관련재무정보공개전담협의체(TCFD)가 2017년에 발표한 권고안에 따르면 기후변화와 관련한 기업 외부의 리스크나 기회 요인, 기후변화에 대비한 기업의 목표치와 성과 등을 공개해야 합니다.

파리기후변화협약
2015년 제21차 당사국총회(COP21)에서 채택된 협약으로, 국제사회가 기후변화를 막기 위해 공동으로 노력하는 최초의 기후 합의입니다. 산업화 이전 대비 지구 평균 온도 상승을 2°C 아래로 억제하고, 1.5°C를 넘지 않도록 노력하겠다는 약속이 담겨있습니다.

탄소중립
탄소 배출량을 줄이고, 탄소 흡수량을 늘려 탄소의 순 배출량을 '0'으로 만드는 것을 말합니다. 탄소 배출량을 줄이기 위해서는 화석 연료 사용을 줄이는 등의 노력이 필요합니다. 탄소 흡수량을 늘리기 위해서는 숲 복원, 바다숲 조성 등의 노력이 필요합니다. 우리나라를 비롯한 국제 사회는 파리기후변화협약에서 약속한 '지구 평균 온도 상승 1.5도 억제'라는 목표를 지키기 위해, 2050년까지 탄소중립을 이루고자 노력하고 있습니다.

탈탄소화
화석 연료를 재생 에너지로 전환해 탄소의 순 배출량을 0으로 만들기 위한 움직임입니다.

기후중립
탄소 배출량을 줄이는 등 인간 활동이 기후에 미치는 영향을 0으로 만드는 것을 말합니다.

스코프 1, 2, 3
기업들의 온실가스 배출량은 스코프 1, 2, 3으로 구분해 측정합니다. 스코프 1은 기업이 직접 배출한 온실가스를 뜻합니다. 스코프 2는 기업이 사용하는 에너지를 만들면서 간접 배출되는 온실가스를 뜻합니다. 스코프 3은 스코프 1이나 2에는 포함되지 않지만 산업 전반에서 배출되는 간접적인 온실가스(폐기물 처리, 운송, 출퇴근 등)를 뜻합니다.

탄소발자국
인간 활동을 통해 배출되는 탄소의 양을 계산한 것을 말합니다. 걸어온 길에 발자국이 남듯, 인간이 얼마나 많은 탄소를 남기는지를 발자국에 비유한 것입니다. 탄소발자국 수치가 적을수록 탄소 배출량이 적다는 뜻입니다.

글로벌탄소 프로젝트
GCP, Global Carbon Project

과학자, 경제학자 등의 전문가들이 모여 인간 활동이 배출하는 탄소와 지구 생태계에 관한 지식을 연구하고 통합하는 국제 공동 연구단체입니다. 전 세계의 탄소 배출량과 기후 목표 달성 결과를 담은 '글로벌 탄소 예산(Global Carbon Budget)' 보고서를 2006년부터 매년 발표하고 있습니다.

RE100
Renewable Electricity 100

재생에너지(Renewable Electricity) 100%'의 줄임말로, 2050년까지 기업에서 사용하는 모든 전기를 태양광, 풍력 등 재생에너지로 만들자는 캠페인입니다. 전기를 만들 때 배출되는 탄소를 줄여 기후 위기를 막는 것이 목적입니다.

기후 위기

기후변화가 심해지면서 날씨가 극단적으로 변하고, 물 부족, 해수면 상승, 생태계 파괴 등 인간에게 해가 되는 위협이 생기는 것을 말합니다.

온실가스

이산화탄소, 메탄, 아산화질소 등 대기 중에 머물면서 지구 온도를 높이는 가스를 말합니다. 지구 평균 온도를 적당하게 유지하는 데 중요한 요소이지만, 인간이 만들어내는 온실가스가 점점 많아지면 지구의 열을 붙잡아두게 되면서 지구온난화의 원인이 됩니다.

지구 가열화

지구 전체 온도가 과도하게 높아지는 상황을 말합니다. 그동안 온실가스 배출량이 많아지면서 지구 온도가 높아지는 현상을 '지구 온난화'라고 불러왔고, 기후 위기가 더욱 심해지면서 이제 지구가 따뜻해지는 것을 넘어 끓고 있다고 표현하는 것입니다. 2023년 열린 제78차 유엔 기후 목표 정상회의에서 안토니우 구테흐스 유엔 사무총장이 "지구온난화(global warming) 시대는 끝났다. 지구 가열화(global boiling) 시대가 도래했다."고 언급하기도 했습니다.

재생에너지

태양광, 풍력, 수력 등 재생 가능한 자원을 변환시킨 에너지를 말합니다. 대부분의 재생 에너지는 탄소 배출을 하지 않고, 대기 오염 물질을 최소화하기 때문에 탄소중립을 실천하기 위해서는 재생에너지로의 전환이 필수적입니다.

바이오에너지

생물에게서 얻는 에너지를 말합니다. 식물에서 기름을 추출해 에너지로 활용하거나, 가축의 배설물과 음식물 쓰레기 등의 유기성 폐자원을 활용해 얻는 에너지도 모두 바이오 에너지에 해당합니다.

환경규제/환경영향

탄소가격제
Carbon Pricing

할당량 이상으로 배출한 탄소에 대해 비용을 책정하고, 이를 통해 탄소 감축을 유도하는 제도입니다. 탄소세, 탄소국경조정제도, 탄소배출권거래제 등이 포함됩니다.

탄소세
Carbon Tax

기업이 제품을 생산하는 과정에서 배출되는 탄소량에 따라 부과되는 세금을 말합니다.

탄소국경조정제도
CBAM, Carbon Border Adjustment Mechanism

탄소 배출량 감축 규제가 약한 나라에서 강한 나라로

제품을 수출할 때, 제품 생산 과정에서 발생한 탄소 배출량만큼 부과하는 일종의 무역 관세 제도입니다. 유럽연합(EU)은 철강, 시멘트, 전기, 비료, 알루미늄, 수소의 6개 품목에 대해 탄소국경세를 부과하고자 하고 있습니다.

탄소배출권거래제
국가나 기업이 온실가스를 내보낼 권리를 사고팔 수 있는 제도를 말합니다. 정해진 할당량보다 온실가스를 적게 배출하면, 남은 할당량만큼 배출권을 다른 국가나 기업에 판매할 수 있는 것입니다.

국가온실가스 감축목표
NDC, Nationally Determined Contribution
파리기후변화협약을 지키기 위해 각 나라가 5년마다 제출해야 하는 감축 목표를 뜻합니다. 우리나라는 2030년까지 온실가스 배출량을 2018년 대비 40%까지 감축하고, 2050년에는 탄소중립을 달성하겠다는 목표를 제출했습니다.

배터리 여권
Battery Passport
배터리의 원자재 조달부터 생산, 사용, 재활용에 이르는 생애주기 동안 얼마나 많은 탄소가 배출되고 환경에 어떤 영향을 미치는지 등 정보를 담고 있는 디지털 인증서입니다. 배터리가 만들고, 사용되고, 버려지는 동안의 탄소 배출량, 환경 영향 등을 추적하고 관리하고자 하는 것입니다. 유럽연합(EU)는 2027년 2월부터 배터리 여권 제도를 본격적으로 시행합니다. 유럽으로 2kWh 이상 산업용 배터리를 수출하는 기업은 모두 이 배터리 여권을 의무적으로 도입해야 합니다.

그린뉴딜
Green New Deal
친환경 산업을 키우고 기후변화에 대응하는 동시에 고용과 투자를 늘리는 지속가능한 발전을 지향하는 정책입니다.

그린 택소노미
Green Taxonomy
그린 택소노미*는 친환경 산업을 판단하고 분류하는 기준을 말합니다. 명확하게 친환경 활동의 범위를 정하고, 이를 통해 그린워싱을 방지하고자 하는 것입니다. 2020년에 유럽연합(EU)이 최초로 발표했습니다. 우리나라는 2022년에 한국형 그린 택소노미인 K-택소노미를 마련했습니다. K-택소노미의 기준에 따르면 친환경 산업은 (1) 6대 환경 목표**에 기여하고, (2) 환경 목표 달성 과정에서 다른 환경 목표에 심각한 피해를 끼치지 않고, (3) 인권·노동·안전·반부패·문화재 파괴 등의 법규를 위반하지 않아야 합니다.

*택소노미: 분류 체계, 분류 기준
**6대 환경 목표: 온실가스 감축, 기후변화 적응, 물의 지속 가능한 보전, 순환 경제 전환, 오염 방지 및 관리, 생물 다양성 보전

대기관리권역
우리나라는 대기 오염이 심하거나 대기 오염 물질이 많이 배출되는 곳을 대기관리권역으로 지정하고 있습니다. 대기관리권역으로 지정된 곳에서는 대기 오염 물질을 배출하는 사업장의 경우 설치 허가를 받아야 하고, 할당받은 배출 허용 총량을 초과하면 과징금을 부담해야 합니다. 이전에는 수도권만을 대상으로 대기관리권역이 지정되었으나, 2020년 4월 3일부터는 범위가 전국으로 확대되었습니다.

녹색 채권
Green Bond
신재생에너지, 기후변화 대응, 생태계 보호 등 친환경 프로젝트나 사회기반시설*을 위한 자금을 마련하고자 발행하는 채권입니다. 녹색 채권을 통해 마련된 자금은 반드시 친환경 관련 사업에만 사용해야 합니다.

*사회기반시설: 각종 생산활동의 기반이 되는 도로, 항만, 철

생물다양성

생물다양성
지구에 사는 생물의 종류, 생물을 둘러싸는 생태계, 생물이 지닌 유전자가 다양한 정도를 아울러 부르는 말입니다. 생물다양성이 줄어들면, 생물 간 균형이 깨져 기후 위기, 자연재해, 감염병과 같은 문제가 발생할 수 있습니다.

바다숲
미역, 김, 다시마와 같은 해조류가 바닷속에 무성하게 자라 숲을 이룬 것을 말합니다. 바다숲은 해양 생물들에게 안식처가 되기도 하고, 탄소를 흡수해 기후변화를 막는 데 도움이 되기도 합니다.

백화(갯녹음)현상
지구온난화로 '산호말'이라는 생물이 퍼지면서 바다 밑바닥이 하얗게 변하는 현상을 말합니다. 백화 현상이 지속되면 해조류가 뿌리내릴 공간이 사라지면서 탄소 흡수에 중요한 역할을 하는 바다숲이 점점 사라질 수 있습니다.

자원/폐기물관리

순환 경제
제품을 생산하고 사용하면 폐기하는 기존의 선형 경제와 달리, 폐기물을 최대한 줄이고 자원을 재활용하는 경제 시스템을 말합니다.

새활용
폐기물에 새로운 가치와 디자인을 더 해 또 다른 물건으로 재탄생시키는 것을 말합니다. 예를 들어, 버려진 현수막으로 지갑을 만들거나, 더 이상 입지 않는 청바지로 가방을 만드는 것이 새활용입니다. 개선한다는 뜻의 '업그레이드(Upgrade)'와 재활용을 뜻하는 '리사이클링(Recycling)'을 합쳐 '업사이클링'이라고도 부릅니다.

PCR
Post-Consumer Recycled
소비자 사용 후 재활용이라는 뜻으로, 제품을 소비자가 사용하고 버린 후에 폐기 처리하지 않고, 다른 자재 생산에 쓰거나 원래 용도를 되살려 활용하는 것을 말합니다.

자원순환 보증금
소비자가 빈 병이나 일회용 컵을 쓰고 나서 가게나 카페로 다시 가져가면 돈으로 돌려주는 제도입니다. 소비자와 기업이 버려지는 병이나 컵을 재활용할 수 있도록 돕는 것이 목적입니다.

제로웨이스트
쓰레기가 생기지 않는 것을 목표로 하는 생활 방식을 말합니다. 일회용품이나 포장재 사용을 줄이고, 물건을 오래 사용하고, 버리려고 했던 물건을 새롭게 활용하는 등의 방법을 통해 제로 웨이스트를 실천할 수 있습니다.

생분해성 플라스틱
시간이 지나면 자연스럽게 썩어 없어지는 플라스틱을 말합니다. 생분해성 플라스틱은 물과 이산화탄소로 쪼개지면서 빠르게 썩어 없어지기 때문에 일반 플라스틱의 대안으로 떠오르고 있습니다.

플로깅 (줍깅)

걷거나 뛰면서 쓰레기도 줍는 활동을 말합니다. 조깅하며 줍는다는 의미로 '줍깅'이라고도 부릅니다.

에너지효율화

신재생에너지

신에너지와 재생에너지를 합쳐 부르는 말입니다. 신에너지란, 기존의 화석 연료를 변환하거나 수소, 산소 등의 화학 반응을 통해 전기나 열을 이용하는 에너지를 말합니다. 재생에너지란, 태양광, 풍력, 수력 등 재생 가능한 자원을 변환시킨 에너지를 말합니다.

탄소포집·저장·활용
CCUS, Carbon Capture Utilization and Storage

대기 중 탄소를 잡아 해저 또는 지하에 저장하거나, 에너지나 원료 생산에 새롭게 활용하는 기술을 말합니다. 탄소를 잡아 저장하는 기술은 CCS(Carbon Capture and storage), 활용하는 기술은 CCU (Carbon Capture and Utilization)이며 이를 합쳐 부르는 것이 CCUS입니다.

그리드 패리티
Grid Parity

화석 연료로 전기를 생산하는 비용과 신재생에너지로 전기를 생산하는 비용이 같아지는 시점을 말합니다. 현재 우리나라는 태양광 에너지를 통해 전기를 생산하는 비용이 화석 연료를 사용해 생산할 때보다 더 많습니다. 에너지 조사 기관 블룸버그 뉴에너지 파이낸스 (BNEF)는 우리나라가 그리드 패리티를 2027년에 달성할 것으로 예측했습니다.

사회(S)

인권/노동

설리번원칙
Sullivan Principles

1977년 GM*사 이사회 구성원이었던 리언 설리번이 만든 원칙으로 '남아프리카공화국에서 활동하고 있는 미국기업은 인종차별을 하지 않는다'는 내용입니다. 남아프리카공화국이 인종차별 정책을 이어가자 많은 기업이 설리번 원칙을 따르면서 투자 제한, 금융 제제를 통해 정부를 압박하였습니다. 설리번 원칙은 기업이나 투자자들이 사회책임투자**에 참여하게 되는 중요한 계기가 되었습니다.

*GM: 포드, 크라이슬러와 함께 미국의 3대 자동차 회사 중 하나

**사회책임투자: 인권, 환경, 노동, 지역사회 공헌 등 다양한 사회적 성과를 기준으로 기업에 투자하는 금융 활동

인권영향평가

기관이나 단체 또는 특정 사업이 인권에 영향을 미칠 수 있는 문제를 파악하고, 평가하는 절차입니다.

현대판노예방지법

2015년 영국 의회에서 만든 법으로 영국의 현대판 노예를 막기 위해 만들어졌습니다. 현대판 노예는 인신매매, 사람을 노예처럼 부리는 활동, 강제 노역을 의미합니다. 기업은 현대판 노예제가 발생하지 않기 위한 조치를 발표해야 하고, 법을 위반하였을 경우 벌금을 내야 합니다.

근로자지원프로그램
EAP, Employee Assistance Program

미국 등 선진국에서 보편화된 제도로, 기업이 근로자의 업무에 있어 부정적인 영향을 미칠 수 있는 심리적인 문제를 해결할 수 있도록 돕는 프로그램입니다. 직장 내부의 어려움뿐만이 아니라, 부부 문제, 자녀 문제 등 개인의 문제도 상담받을 수 있습니다. 근로자지원프로그램(EAP)를 이용한 근로자는 스트레스가 감소하고, 업무 만족도가 높아집니다. 이는 기업의 생산성 향상으로도 이어집니다.

탈시설

장애인이 살고 있는 시설에서 나와 지역사회에서 자립하며 구성원으로 함께 살아가는 것을 말합니다. 우리나라에서는 현재 탈시설을 찬성하는 입장과 반대하는 입장이 모두 있습니다. 찬성 입장은 장애인이 지역사회와 분리되어 살아가는 환경이 차별이라고 이야기합니다. 반대 입장은 한국 사회는 장애인이 자립해 살아가기 위한 준비가 아직 더 필요하므로 시기상조라고 이야기합니다.

인권침해

다른 사람의 인권을 함부로 간섭하거나 무시, 피해를 주는 것을 말합니다. 폭언, 폭력, 혐오 발언, 차별행위 등이 인권침해에 해당합니다.

안전/보건

SHE 경영

안전(Safety), 보건(Health), 환경(Environment)의 앞 글자를 따온 단어입니다. 지구환경을 지키고, 안전한 작업환경을 만들며, 구성원들의 건강한 삶을 위해 노력하는 경영방침을 말합니다.

공급망 관리

공급망

원재료부터 시작해 제품이 생산되고, 소비자에게 전달되기까지의 흐름을 말합니다.

적도원칙
Equator Principles

금융 회사들이 스스로 만든 행동 협약으로, 대규모 개발 프로젝트가 환경파괴를 일으키거나 지역 주민 또는 사회적 약자들의 인권을 침해할 경우 자금 지원을 하지 않겠다는 내용을 담고 있습니다.

공정거래

기업들이 서로 정당하고 공정한 방법으로 거래하며 경쟁하는 것을 말합니다. 공정거래를 하지 않고, 한 기업이 독점해서 물건을 팔거나, 소비자를 속여 물건을 팔면 소비자와 다른 기업에 피해를 줄 수 있습니다.

RBA
Responsible Business Alliance

글로벌 전자 산업을 중심으로 사회적 책임을 다하고자 노력하는 기업들로 이루어진 비영리 단체입니다. RBA는 노동, 건강과 안전, 환경, 윤리에 대한 기준을 만들고 기업이 기준을 잘 지키고 있는지에 대한 진단과 평가를 진행합니다.

사회공헌/CSR

기업의 사회적 책임
CSR, Corporate Social Responsibility

기업이 경제적 이익뿐만 아니라 환경이나 사회에도 긍정적인 영향을 줘야 한다는 책임 의식을 말합니다.

지속가능발전목표
SDGs, Sustainable Development Goals

인류의 지속가능한 발전을 위한 국제사회의 공동목표입니다. 빈곤, 질병, 교육 등의 인류 보편적 문제, 기후변화, 생물다양성 등의 지구·환경 문제, 기술, 고용, 법 등의 경제·사회 문제를 17가지 주요 목표와 169개의 세부 목표로 정하였고, 2030년까지 해당 목표를 달성하기로 국제사회가 함께 약속한 것입니다.

적정기술

지역의 경제적, 환경적 조건에 맞춰 만들어지는 기술로, 비용이 적게 들면서도 효과적이고 지속가능한 것이 특징입니다.

기업시민

시민 개개인이 사회적 책임과 의무를 다하듯이 기업도 지역사회의 구성원으로 권리와 책임을 가지고, 사회에 공헌하는 시민의 역할이 있다는 개념입니다.

프로보노
Probono

공익을 위하여'라는 뜻의 라틴어 'pro bono publico'의 줄임말로, 자신의 전문성을 활용해 사회나 공익을 위해 봉사하는 것을 말합니다.

소셜택소노미
Social Taxonomy

사회적으로 지속가능한 경제 활동인지 판단하고 분류하는 기준을 말합니다. 2022년 유럽연합(EU)이 발표한 소셜 택소노미는 경제 활동을 하는 과정에서 인간의 권리가 잘 보호되었는지, 경제 활동으로 인해 인간의 권리가 얼마나 개선되었는지 등의 내용을 담고 있습니다.

ESG 채권

환경 또는 사회적 가치를 창출하는 정책이나 사업의 자금을 마련하기 위해 발행되는 채권*입니다. ESG 채권의 종류에는 녹색 채권, 사회적 채권, 지속가능 채권 등이 있습니다.

*채권: 기업이나 국가, 지방 정부 등의 기관들이 정책이나 사업 수행을 위해 돈을 빌리고, 정해진 기한이 지난 이후 투자자에게 원금과 이자를 갚는 것

사회책임투자
SRI, Socially Responsible Investing

기업의 경영 능력이나 재무 상태뿐만 아니라 인권, 환경, 노동, 지역사회 공헌 등 다양한 사회적 성과를 기준으로 기업에 투자하는 것을 말합니다. 예를 들어, 환경을 오염시키는 기업이나 살상 무기를 만드는 기업 등과 같이 사회적으로 나쁜 영향을 끼치는 기업을 투자 대상에서 제외하는 것입니다.

사회성과연계채권
SIB, Social Impact Bond

사회적 문제를 해결하는 사업의 자금을 마련하기 위해 발행되는 채권입니다. 사업 진행 후 사회 문제를 해결한 성과에 따라 이자를 지급합니다.

사회적투자수익률
SROI, Social Return on Investment

사회적기업이나 비영리조직이 만들어낸 사회적 가치와 경제적 가치를 더하여 객관적인 금액 단위로 성과를 나타내는 지표입니다.

인구소멸위험지수

인구 소멸의 위험성과 저출산·고령화 현상의 심각성을 나타내는 지수로, 20~39세 여성 인구를 65세 이상 인구 수로 나눈 값입니다. 숫자가 적을수록 인구가 사라질 위험이 높다는 뜻입니다. 인구소멸 위험지수가 1.5 이상이면 인구 소멸 위험이 매우 낮고, 1.0~1.5인 경우 보통, 0.5~1.0인 경우 주의, 0.2~0.5는 소멸 위험, 0.2 미만은 소멸 고위험 지역에 해당합니다.

소비자 보호

가치소비

소비자 본인이 추구하는 가치관에 따라 제품을 구매하는 소비 방식을 말합니다. 예를 들어, 환경 문제에 관심이 많은 소비자의 경우 제품을 만드는 과정에서 환경을 오염시켰는지 확인해 보고 구매할 수 있습니다. 동물 문제를 중요시하는 소비자의 경우 동물 실험을 하지 않은 제품을 골라 구매할 수 있습니다.

지식재산권

지식재산은 사람의 창조적인 활동 또는 경험을 통해 만들어지거나 발견된 것으로, 지식, 정보, 기술, 사상, 예술 등 형태가 없는 것을 재산의 가치로 인정하는 것을 말합니다. 지식재산권은 이러한 지식재산을 보호하는 권리를 말합니다.

다양성/접근성

DE&I

다양성(Diversity), 형평성(Equity), 포용성(Inclusion)을 합쳐 부르는 말로, 차별과 편견 없이 다양한 구성원이 함께했을 때 기업의 생산성도 좋아진다는 점이 주목받으면서 떠오른 개념입니다. 다양성은 연령, 성별, 교육, 인종, 종교 등의 다양한 배경을 이해하고, 존중하는 것을 뜻합니다. 형평성은 모든 사람이 동등한 기회를 받고 제도 안에서 공정한 대우를 받는 환경을 말합니다. 포용성은 개인의 특성을 이해하고 존중받는 환경 속에서 모든 구성원이 심리적 안전감과 소속감을 느낄 수 있는 문화를 만들어 나가는 것입니다.

여성 이사 할당제

자본시장법 제165조 20항은 자산 총액 2조 원 이상의 상장사*의 경우 이사회 구성원을 특정 성별로만 구성할 수 없도록 규정하고 있습니다. 보통 이사회에서 남성이 많은 수를 차지하고 있기 때문에, 이 제도는 '여성 이사 할당제'로도 불립니다. 이 법을 지키지 않을 경우 법적 처벌은 없지만 ESG 경영 평가에 있어 좋지 않은 영향을 미칩니다.

*상장사: 주식이 거래되고 있는 기업

접근성

누구나 시설, 교통, 제품, 서비스, 권리, 정보 등을 불편함 없이 이용할 수 있는 정도를 말합니다.

유니버설디자인
Universal Design

성별과 연령, 국적 또는 장애 유무 등과 관계없이 모든 시민이 안전하고 편리하게 이용할 수 있는 디자인을 의미합니다. 그래서 '모든 사람을 위한 디자인'이라고도 불립니다. 예를 들어, 계단과 경사로가 함께 설치된 공원, 자동문이 설치된 건물 등이 유니버설 디자인에 해당합니다.

공급망 관리

가치사슬
Value Chain

1985년 마이클 포터(Michael E. Porter) 교수가 처음 언급한 것으로, 원료 조달부터 판매, 서비스 등 사업 전 과정에서 가치가 얼마나 생산되는지를 파악하는 것입니다. 그 중 경쟁력이 있는 과정은 더 발전시키고, 부족한 과정은 수정하거나 축소하여 기업의 경쟁력을 높여나갈 수 있습니다.

지배구조(G)

이사회

GRI
Global Reporting Initiative

지속가능경영보고서의 국제 기준을 제안하는 비영리 기구입니다. GRI는 지속가능한 경영 성과를 평가하고 개선할 수 있도록 돕고, 투자자, 소비자, 정부, 협력업체 등 다양한 이해관계자에게 투명하게 정보를 전달할 수 있도록 합니다.

국제 지속가능성 기준위원회
ISSB, International Sustainability Standards Board

지속가능성과 관련된 공시 기준을 표준화하자는 요구가 증가하자, 세계적으로 통용될 수 있는 공시 기준을 개발하기 위해 설립된 위원회입니다. 투명한 정보 제공을 목표로 하며, 투자자들이 기업의 리스크를 보다 정확하게 평가할 수 있도록 합니다. GRI와 지속가능발전목표(SDGs)가 사회 전반적인 이해관계자를 대상으로 하는 반면, 국제 지속가능성 기준위원회(ISSB)는 자본 시장의 투자자를 대상으로 합니다.

주주총회

주식회사라면 반드시 두어야 하는 중요 기관으로, 기업의 주식을 가진 주주들이 모여서 경영에 관한 중요한 사항을 결정하는 기관을 말합니다. 주주들은 주주총회에서 회사의 기본 구조에 대한 사항, 기관 구성에 대한 사항, 주주와 재산적 이해관계가 있는 사항 등에 대한 의사결정 권한을 가집니다. 주주총회에 참여해서 공정하게 기업을 운영하고 자원을 관리하여 목표를 이루기 위해 힘을 모을 수 있습니다.

주주행동주의

주주가 기업의 의사결정에 적극적으로 참여하며 자신의 이익을 추구하는 것을 말합니다. 주주들이 경제적 이익만 중요하게 생각하는 것이 아니라 투명한 경영 등 지속가능성을 높이는 활동에도 관심을 갖고 행동하는 것입니다.

스튜어드십 코드
Stewardship Code

연기금*, 자산운용사 등 주요 기관투자자가 기업의 의사결정에 적극 참여해 주주로서의 역할을 충실히 수행하고, 자금의 주인인 국민이나 고객에게 이를 투명하게 알리는 것을 말합니다. 단순히 주식 보유와 의결권 행사에 한정하지 않고, 기업의 지속가능한 성장에 기여하고 이를 바탕으로 고객의 이익을 극대화하는 것이 목적입니다. 집안일을 맡아보는 집사(steward)처럼 기관투자자들도 고객의 재산을 잘 관리해야 할 의무가 있다는 점이 강조되면서 생겨난 말입니다. 우리나라에서는 국민연금 등이 스튜어드십 코드를 원칙으로 채택해 시행하고 있습니다.

*연기금: 연금기금의 약자로, 연금을 지급하는 원천이 되는 기금. 그 예로는 국민연금기금, 공무원연금기금 등이 있습니다.

기업 지배구조 코드
Corporate Governance Code

기업 경영의 투명성과 효율성을 높이고 지배구조를 개선하기 위해 기업들이 자발적으로 마련하고 지키는 기준이나 준칙입니다. 기업의 지배구조 코드에는 주주 권리를 보호하고, 이사회의 다양성과 전문성을 강화하고, 투명한 공시를 하는 등의 내용이 포함됩니다.

결의사항

집단이나 조직의 구성원이 의견을 모아 결정한 내용을 말합니다. 특정 문제를 해결하거나 목표를 이루기 위해 구성원들의 의견을 반영하여 공식적으로 결정을 내리는 과정입니다.

주주가치

주주들이 주식을 갖고 있음으로써 얻을 수 있는 대가를 말합니다. 주주가치는 주식의 가치 상승, 배당 등을 포함하고 기업의 성과를 평가하는 주요 지표로 사용됩니다. 예를 들어, 회사의 이익이 크게 증가하면서 주주들에게 배당을 늘릴 수 있게 된다면 주주가치가 증대되었다고 할 수 있습니다.

배당정책

회사는 영업활동을 통해 발생한 이익을 주주에게 나누는 것이 원칙입니다. 배당정책은 주주를 대상으로 회사의 이익을 언제, 어떻게, 얼마나 나눠줄 것인지, 회사에는 얼마나 남길지 결정하는 정책을 말합니다. 배당정책은 회사의 돈의 흐름이나 주식의 가격, 많은 이해관계자들에게 영향을 미치기 때문에 신중히 결정해야 합니다.

이해관계자 자본주의

기업이 주주뿐 아니라 노동자, 협력업체, 소비자, 지역사회 등 다양한 이해관계자들을 똑같이 주인으로 대접하는 것을 말합니다. 회사 경영에 있어 주주 외에도 다양한 대상을 고려한다는 점에서 기업이 이윤의 극대화에 앞서 환경과 사회에 대한 책임을 다하는 ESG 경영과 이어지는 개념입니다.

이사회 다양성

이해관계자를 두루 고려해 폭넓은 관점으로 의사결정을 할 수 있도록, 다양한 분야의 전문가로 이사회를 구성하는 것을 말합니다. 성별, 연령, 출신 배경, 국적, 인종, 종교, 민족, 문화적 배경 등의 다양성을 추구해 이사를 선출하는 것입니다. 이러한 이사회 다양성은 ESG 경영 평가에 있어 긍정적인 영향을 미칩니다.

사외이사제도

기업 외부 인사를 이사회에 참가시킴으로써, 대주주가 경영에 대해 권력을 함부로 사용하지 못하도록 하는 제도입니다. 기업 경영의 투명성을 높이고, 기업의 지배구조를 개선하기 위해 도입되었습니다. 사외이사에는 대주주, 임직원 등의 기업 관계자들이 선임되지 못하도록 하고, 독립성을 보장하고 있습니다.

민관협력 거버넌스

효율적인 공공서비스를 위하여 정부, 민간 기업, 비정부기구 등 다양한 사람이 힘을 합쳐 사회문제를 해결하는 운영 방식입니다.

국제기업지배구조네트워크

ICGN, International Corporate Governance Network

기업지배구조 개선에 관한 정보 교류 및 연구를 위해 1995년 설립된 비영리기구입니다. 국제기업지배구조네트워크(ICGN)는 기업지배구조 관련 정보와 기업지배구조 관련 글로벌 기준 확립, 회원 간 정보교류 및 공동연구를 수행합니다. 전 세계 기업지배구조 전문가들이 국제기업지배구조네트워크(ICGN) 활동과 연구에 동참하고 있고, 연구 결과는 국제기구 정책에 대한 합리적인 근거를 제공하고, 기업의 지배구조를 개선하는데 활용됩니다.

기업윤리/컴플라이언스

윤리경영

사회적 책임을 중요시하며 공정하고 합리적인 경영 정신으로 기업을 운영하는 것입니다. 예를 들어, 기업이 친환경 제품을 만들고, 이에 대한 기업의 정보나 제품의 정보를 소비자에게 꾸밈없이 공개하는 것입니다. 최근 기업이 적극적으로 사회적 책임을 다하고 친환경 경영을 실천하는 것이 중요해지면서 윤리경영은 기업의 지속가능한 성장을 위한 필수 요소로 떠오르고 있습니다.

기업의 설명 책임
Accountability
기업의 주주, 근로자, 소비자, 지역사회 등 이해관계자에게 기업이 현재 어떻게 운영되고 있는지, 그리고 앞으로 어떻게 운영할 것인지 설명할 책임을 말합니다.

상생 경영
상생이란 서로 도움이 되며, 더불어 사는 것을 말합니다. 상생 경영은 대기업과 중소기업이 함께 협력하여 더 큰 가치를 만드는 경영 방식을 말합니다. 협력사에게 자금, 기술 개발, 교육 및 훈련 등을 지원하며 함께 성장하고, 서로 윈-윈할 수 있도록 합니다.

컴플라이언스
Compliance
준수, 이행이라는 뜻을 가진 'Compliance'에서 유래한 말입니다. 회사의 경영 활동과 관련된 법을 지키며 영업 활동을 하는 것을 뜻합니다. 기업의 준법의식과 윤리의식을 높이고, 법 위반에 대한 리스크를 사전에 예방하는 것이 목적입니다.

준법 경영 시스템
CMS, Compliance Management Systems
공정거래, 품질, 환경 안전, 정보 보안, 부패 방지 등의 영역에서 사업 활동과 관련된 법이나 규칙 등을 잘 지키고 있는지, 위험 요소들은 없는지 사전에 확인하고 관리하기 위한 절차와 시스템을 말합니다.

내부고발제도
영어로 'whistle blowing'라고 하며, 영국 경찰관이 호루라기를 불어 시민의 위법행위와 동료의 비리를 경계한 것에서 유래한 말입니다. 내부고발제도는 조직 내에서 발생한 불법, 부정부패, 비리 등의 문제를 신고하는 것을 말합니다. 문제가 생겼을 때 빠르게 발견하고 해결하기 위한 제도인 동시에, 문제를 사전에 예방하는 효과도 큽니다. GRI 기준에서 비윤리적이거나 불법적인 행위, 조직의 청렴성 문제에 대한 신고 절차가 있는지를 중요한 지표로 볼 정도로 기업의 지속가능한 발전에 중요한 요소로 인정받고 있습니다.

리스크관리

정보보안 거버넌스
정보 보호를 위한 기업의 시스템을 통합해 불필요한 과정을 줄이고, 효율적으로 정보 보호 활동을 진행할 수 있도록 하는 것입니다. 이러한 정보 보호 활동은 주주 등 이해관계자의 신뢰를 확보하기 위한 중요한 요소입니다.

개인정보 영향평가
개인정보를 활용하는 새로운 정보 시스템을 도입하거나, 기존의 정보 시스템을 변경할 때 프라이버시에 미칠 영향에 대해 미리 조사·분석·평가하는 것을 말합니다. 시스템 초기 단계에서부터 개인정보 침해 위험성을 검토하고 개선하기 때문에 프라이버시가 침해될 위험이 줄어들고, 문제가 발생했을 때에도 보다 효과적인 대응 방법을 마련할 수 있습니다.

중대성
중대성은 기업의 ESG 공시가 의무화되면서 주목받고 있는 개념입니다. 기업의 ESG 경영에 영향을 미칠 것으로 예상되는 지속가능성 관련 정보를 말합니다. 기업은 중대성 평가를 통해 지속가능성과 관련된 문제를 발견하고 개선할 수 있습니다. 국내에서는 '중대성'과 '중요성'이라는 표현이 모두 사용되고 있습니다.

리스크관리
회사의 경영에 위험이 될 수 있는 요소를 미리 발견하고, 경영에 미치는 영향을 최소화하고 제어하기 위해 계획을 세우고 관리하는 모든 과정을 말합니다.

내부통제제도

기업이 경영 목표를 차질 없이 달성하기 위해, 업무 진행 사항을 상시 점검하고 위험 요소를 자체적으로 관리하는 내부 시스템을 말합니다. 내부통제제도가 잘 갖춰져 있다는 것은 임직원들이 법규와 규정을 잘 준수하고 조직 목표를 효과적으로 달성하려 노력한다는 뜻이기도 합니다.

네거티브 스크리닝
Negative screening

ESG적 관점에서 부정적으로 평가되는 산업이나 사업에 투자하지 않는 투자 전략을 말합니다. 예를 들어, 탄소 배출을 많이 하는 산업, 노동 환경이 열악한 산업 등을 네거티브 스크리닝 체크리스트에 포함하고 해당하는 기업을 투자 대상에서 제외하는 것입니다.

참고 자료

- NBS한국농업방송 유튜브
- 「제철장터」 공식홈페이지
- 사랑의장기기증운동본부 공식홈페이지
- 한국장기조직기증원 공식홈페이지
- 코다코리아 codakorea.com
- 뉴스1 「외딴 섬 이어준 다리 '코다 코리아'… "불쌍한 시선으로 안봤으면"」
- 카카오 같이가치 「코다(CODA)는 누구일까요?」
- 고용노동부 「야외노동자 보호 조치 가이드라인」
- 대한적십자사 혈액관리본부
- 한마음혈액원
- 국립국어원 「농인의 문해 교육 실태 기초 연구」, 2014
- 대한비만협회
- 참여연대 「[특집] 질병은 병균이 만들고 차별은 사회가 만든다.」
- 시사IN 「왜 코로나19로 아픈 사람들이 죄송해야 하나」
- 한겨레신문 「직장서 병들면 실패한 사람? 아픈 건 네 잘못이 아냐」
- 유튜브 채널 '닥터프렌즈' 「당신이 비만에 대한 시선을 당장 바꿔야 하는 이유」
- 보건복지부 보도자료 「가족돌봄청년, 주당 21.6시간 가족돌본다」, 2023.04.27
- 한겨레 「가족돌봄청년, 우울감 7배 이상 높아」, 2023.04.26
- 한국일보 「영케어러 대책 첫발 뗀 정부 발굴→연계」 지원시스템 구축해야」, 2023.05.05
- 서울특별시 청년활동지원센터 「2022년 영케어러 케어링 사업 효과성 분석 연구 결과보고서」
- 스토리뉴스 「#1영케어러(가족돌봄청년)에게 보이는 공통점」
- 한국장애인고용공단 공식 블로그 「흰 지팡이의 날 유래와 시각장애인 안내에티켓」, 「시각장애인의 자립과 성취의 상징, 흰 지팡이를 아시나요?」
- 사단법인 한국시각장애인연합회 홈페이지
- 사회복지법인 한국시각장애인복지관 홈페이지
- 광주광역시시각장애인복지관 홈페이지
- 시사상식사전 한글 점자의 날
- 국립한글박물관 훈맹정음
- 우리문화신문 모두를 위한 한글, 「훈맹정음을 만든 박두성」
- SBS뉴스 「[리포트+] 6개의 점, 훈맹정음을 아시나요?」
- 어린이동아 「국가등록문화재 된 우리 고유 점자 체계 '훈맹정음', 과학적인 한글 원리, 고스란히」
- 뉴스1 「최초 6점식 한글 점자 '훈맹정음' 복원했다」
- 행정안전부 「점자의 날 맞아 우리나라 최초 '한글점자(6점식)' 복원」
- LG유플러스 「시각장애 학생 전용 'U+희망도서관' 7호점 건립」, 「LG U+, 임직원이 만든 '점자 동화책'으로 시각장애인 학습 돕는다」

- 문화체육관광부 「2022 장애인 생활체육조사」
- LG상남도서관 홈페이지
- 장애인 스포츠 강좌 이용권 홈페이지
- 한겨레 「취약계층 돌봄 공백 막는 '지역아동센터'의 손을 잡아주세요」
- 연합뉴스 「"초등생 3분의 1 방과후 방치 '나홀로 아동'"」
- 아동권리보장원 공식유튜브 지역아동센터 홍보영상
- 해럴드포스트 「청송군 청소년방과후아카데미, LG이노텍 소재부품 과학교실운영」
- 청소년방과후아카데미 홈페이지
- 지역아동센터서울시지원단 홈페이지
- 서울경제 「'연결감'이 수명 늘린다…日 시니어 취미클럽 36만명 '북적'」
- 시니어 매거진 「브라보 마이 라이프」 「노인들 "취미·여가 활동이 가장 중요"…"온라인 중심 불편해"」
- 더퍼블릭뉴스 「노인이 즐거운 여가를 즐기는 사회를 꿈꾸다」
- 문화체육관광부 「2022 국민여가활동조사 보고서」
- 보건복지부 「2020 노인실태조사 보고서」
- 서울경제 「국민 10명중 7명은 게임 한다」
- 매일경제 「"공시생 주인공 구하라"…요즘 MZ세대 푹빠진 이 게임은」
- Charity: Water 「This is a True Story」
- 한국콘텐츠진흥원 「글로벌 게임산업 트렌드 2022년 5+6월호」
- 아시아경제 「10명 중 1명은 알바 경험…시간당 6575원 벌어」
- 고용노동부 유튜브 「청소년 근로자가 꼭 알아야 할 10가지」
- 부산일보 「청소년 알바, 용돈벌이 NO! '노동' 인권 보장을」
- 경향신문 「"외로움, 담배 15개비 피는 것만큼 건강에 나빠"…WHO, '세계 보건 위협' 지정」, 2024.11.17
- 서울경제 「솔로인 것도 서러운데…'하루 15번 흡연 만큼 해롭다'는 이 감정」, 2023.05.04
- KBS 뉴스 「외로움도 질병…영국의 해답은 '사회적 처방'」, 2024.01.28
- KBS 뉴스 「1인 가구 절반이 '고독사' 걱정…'고립의 시대' 어떻게 넘어설까?」, 2024.01.23
- 통계청 발표자료 「2022 한국의 사회지표」, 2023.03.23
- 희망제작소 홈페이지 「솔로는 혼자 살지 않아요」, 2023.11.28
- 시사위크 「문해력 논란, 무엇이 문제일까?」, 2024.01.31
- 이데일리 「"가결'이 뭔가요?" 문해력 논란 재점화」, 2023.10.05
- 중부일보 「디지털 시대」 학생 문해력 뚝뚝…학교.가정 함께 나서야」, 2022.12.28
- 중앙일보 「"심심한 사과"에 "안 심심해" 발끈…문제는 '문해력'이 아니다」, 2022.08.25.
- 전북일보 「퍼네이션'의 진화」, 2023.09.05
- 영남일보 「좋은 일도 우리답게! 놀이처럼 즐기는 요즘 기부…퍼네이션」, 2023.05.26

- 데일리팝 「취미를 즐겼을 뿐인 기부가 된다고? 퍼네이션이란?」, 2023.05.01.
- 경기신문 「정상? 비정상? 우리 가족은 어떤 형태일까?」, 2023.04.23
- 연합뉴스 「"부모 있는 가정만 정상?"...공공기관 사이트 82곳에 편견요인」, 2023.01.31
- 한겨레 「'정상가족' 없듯이 '결손가족'도 없다」, 2021.09.13
- 경대뉴스 「누구와 함께 살고 있습니까? '정상가족'은 무엇인가?」, 2021.05.26
- 지속가능윤리적허브
- 울산매일 UTV 「[경제칼럼] 소가 뜯어먹은 헌 옷, 양말이 되다」
- 펭귄뉴스 「우리가 버린 옷은 개발도상국으로 수출돼 소 먹이가 됐다」
- 조선일보 「열대지방 사는 '생태계 파수꾼'...바닷가 생물에 안식처 제공해요」
- 뉴스트리 「해안 맹그로브 숲 육상 산림보다 5배 많은 탄소 저장」
- 서울신문 「탐욕이 잉태한 양식 새우...'맹그로브 숲' 파괴하고 쓰나미 불렀다」
- 동아일보 「보잘것 없어 보이는 '맹그로브 숲', 인류에겐 없어선 안되는 삶의 터전이라는데...」
- 경향신문 「산림파괴가 '버마 참사' 키웠다」
- 지속가능저널 「CO2 저장거 '맹그로브 숲'이 아프다」
- 산림신문 「기후변화 대응, 블루카본의 보고인 맹그로브 숲 조성 추진」
- 머니투데이 「예쁘다고 좋아했는데...'핑크뮬리' 실체에 깜짝」
- 유튜브 채널 JTBC News 「[팩트체크] 핑크뮬리가 '생태계 교란 생물'이라고?」
- 환경부 보도자료 「생태계 교란하는 외래곤충 44종을 한눈에 봅시다」
- 환경부 공식블로그 「환경부와 친해지구」 「'뉴트리아'의 모든 것! 생태계 교란종 '뉴트리아'」
- 유튜브 채널 JTBC News
- 한국 외래생물 정보시스템
  생태계 교란생물이란?
  생태계 교란생물 피해사례 - 붉은귀거북
  외래생물 신고센터
- 세계일보 「[연중기획 - 지구의 미래] 소리없이 퍼지는 외래종... 알아챘을땐 이미 생태계 '골병'」
- 한국일보 「차례상도 채식으로...추석 때 가벼운 비건 한 끼 어때요?」
- KBS뉴스 「9살 연우네는 설날에 '비건식 차례상'을 차렸습니다」
- 그린피스 「풍성한 설날을 위한 채식 레시피 삼총사 (tip. 한식으로 채식하기)」
- 한겨레 「'동물기념일' 포진한 추석...채식 명절음식 어때요?」
- 비건뉴스 「[비건COOK] 느끼하지 않은 채식 명절요리」
- 한겨레 「첼시 구장도 잠긴다...축구장 덮친 기후위기는 인과응보」
- 헤럴드경제 「"첼시 홈경기 직관이 꿈"...2050년 이후론 힘들어질 수도」
- 인더스트리뉴스 「토트넘, 4년 연속 영국 프리미어리그 최고의 친환경 구단 선정」
- 조선일보 더나은미래 「탄소추적 나선 EPL 구단들... 직관 팬 교통수단부터 TV 시청 전력량까지 측정」
- 그리니엄 「스포츠계도 '탄소중립' 바람 확산 중!」
- 아레나 옴므 플러스 「스포츠가 지구를 지킨다」
- 대한민국 정책브리핑 「해양쓰레기 문제, 얼마나 심각하며 어떻게 해결할 수 있을까」
- 한국일보 「지난해 수거한 해양쓰레기 13.8만톤... 80% 이상이 플라스틱」
- 세계자연기금(WWF) 「플라스틱 대신 생명이 가득한 바다」
- 뉴스프리존 「LG생건, 강원 동해시 망상해변 정화 '비치코밍' 캠페인 전개」
- 유튜브 채널 LG생활건강TV 「[LG생활건강 ESG] 글로벌에코리더 YOUTH 비치코밍 현장스케치!」
- 연합뉴스 「LG화학, 바닷속 탄소흡수원 '잘피숲' 복원 나선다」
- 어업in수산 「같은 듯 다른 해조류, 해초류 차이점은?」, 2022.09.21
- 인천시 공식블로그 「해조류와 해초류의 차이점은?」
- 채널A뉴스 「바다의 슈퍼푸드 '해조류, 세계로 간다」, 2023.09.17
- 한국환경산업기술원 공식블로그 환경을 위한 먹거리, 해조류
- 국가환경교육센터 공식블로그 「해조류도 플라스틱 대체!」
- 데일리안 경제 「버려지는 해조류로 친환경 바이오 플라스택 개발한다」, 2022.06.07
- 그리니엄 「가장 좋은 포장은 '먹는 거죠'」
- 오마이뉴스 「먹어서 없애는 포장재라니...친환경에 재미까지」
- 비건뉴스 「[에코노믹스] '완두콩 단백질 활용' 식용 포장재 개발」
- 과학기술정보통신부 공식 블로그 「쓰레기 없는 포장 기술, 포장재까지 맛있게 먹는다?」
- 환경부 공식 블로그 「12월 5일, '세계 토양의 날' 유래에 대해 알아볼까요?」
- 교육부 공식 블로그 「흙의 중요성과 보전 방법」
- 환경부 「토양을 살리기 위한 8가지 실천방법!」
- YTN 「지구 결국 한계가 왔다... 심상치 않은 '위험 수치'」
- 한겨레 「이제 지구는 인간에게 안전하지 않다, 인간 때문에」
- 그리니엄 「지구 환경, 9개 지표 중 6개 '악화일로' ... 연구진 "심장마비 직면한 고혈압 환자와 비슷"」
- 뉴스펭귄 「탄소감축 해법, '기후테크'가 이끈다」
- 아람코코리아 「탄소포집 활용 저장 (CCUS)」
- 한국일보 「배기가스서 탄소 뽑아 묻고 재활용...탄소포집 어떻게 이뤄지나」
- 한국석유공사 공식 블로그 「지구가열화의 시대 ,기후테크가 뜬다!」
- 해럴드경제 「녹슨 사랑...남산 '사랑의 자물쇠' 안전.환경오염 논란」, 2016.09.20
- 내 손안의 서울 홈페이지 「나에겐 로맨스, 남산에겐 환경파괴범」, 2015.04.15
- 매일경제 「사랑의 징표로 걸어놓은 '이것' 때문에 멸종위기 동물 죽을 수 있다?」 2023.10.22.
- 연합뉴스 「카카오 가격 44년 만에 최고...핼러윈 캔디류 가격 치솟을 듯」, 2023.10.24
- 네이버 지식백과 「해양학백과」 「엘니뇨」

- 조선비즈 「라니냐 끝나고 엘니뇨 온다…"내년 지구 온도, 산업화 이후 가장 뜨겁다"」, 2023.01.16
- 시사IN 「올여름 '슈퍼 엘니뇨' 때문에 정말 더울까?」, 2023.06.22.
- 한겨레21 「쓰레기 운동 30년사: 줄이고, 돈내고, 다시 쓰고, 공유한다」, 2021.08.11
- 시사오늘 (시사ON) 「세계 최초…쓰레기 종량제 언제 도입됐나[정진호의 정책史⑤]」, 2022.11.04
- 서울시공익활동지원센터 홈페이지 「[퍼스트 펭귄] 쓰레기 분리수거, 언제부터 했을까?」, 2019.04.09
- 연합뉴스 「프랑스, 음식물 쓰레기 분리 시작…"한국, 선두 주자"」, 2024.01.16.
- 오마이뉴스 「커피 한 잔에 99%의 쓰레기, 그게 얼마나 위험하냐면」, 2022.12.04., 「커피 한 잔이 남긴 99% 커피박, 그 놀라운 변화」, 2021.08.20
- 뉴스트리 「친환경 가구부터 대체육까지…'커피박' 어디까지 변신할까?」, 2023.03.30
- 국회입법조사처 보고서 「커피찌꺼기 수거체계 확립을 통한 바이오에너지 연료자원화 방안」, 2020.09.28.
- 법제처 법령정보센터 「장사 등에 관한 법률 (약칭: 장사법)」
- 뉴스 트리 「장례문화도 친환경 바람…흙으로 돌아가는 '녹색매장'」, 2021.03.26
- 뉴스어스 「친환경 장례에 주목, '물의 장례식'」, 2023.09.28
- KBS 뉴스 「[뉴스 더하기]'일회용품'없는 장례식장, 가능할까?」, 2023.05.30
- KBS 뉴스 「[지구촌 돋보기] "죽으면 퇴비로, 바다로"…다양한 친환경 장례」, 2022.09.23
- BBC NEWS 코리아 「가장 친환경적인 장례 방법」, 2019.02.10
- 연합뉴스 「장례도 기후변화시대…자가조립관부터 친환경분해까지」, 2018.04.23
- 에코미디어 「[이슈]장례문화는 점차 진화 중」, 2023.11.07.
- 뉴스펭귄 「된장은 음식물쓰레기?' 설 연휴 쓰레기 처리법」, 2024.02.13
- 데일리 환경 「음식물쓰레기, 잘 버리면 득 잘못 버리면 독 "뼈나 양파껍질은 일반쓰레기로 버려야 하는 이유는?"」, 2022.08.22
- 서울시 교육청 블로그 「음식물 쓰레기? 일반 쓰레기? 알쏭달쏭 음식물 쓰레기 분리배출 방법 알아보기」, 2017.12.14
- 중앙일보 「하루 음식쓰레기 2만t의 비밀… 4분의 1은 먹기도 전에 버려진다」, 2022.01.17
- 헬스조선 「고춧가루, 커피 찌꺼기는 음식물 쓰레기가 아니다, 왜?」, 2022.11.03
- 그린피스 홈페이지 「음식물 쓰레기를 줄이면, 기후위기를 막을 수 있다고?」, 2022.10.27
- MBC 뉴스투데이 「미국 텍사스 산불에 '서울 면적' 7배 잿더미」, 2024.03.04
- 경향신문 「관광지 경포 일원 화마에 쑥대밭…해변가 송림도 불타」, 2023.04.11
- 헬로tv 뉴스 「"한순간에 잿더미"…대형 산불 반복되는 이유는?」, 2024.02.09
- SBS 뉴스 「지구에 켜진 '산불경보'…산불→기후 위기→산불 악순환」, 2023.04.04.
- 조선일보 「우리나라에서만 年 488만마리 실험동물 희생…아직은 인류를 위한 필연적 존재」, 2021.05.31
- BBC 뉴스 코리아 「실험비글 4000마리 대규모 구조… '입양견으로 새 삶'」, 2022.08.14
- KBS 뉴스 「[애피소드] 오늘은 실험동물의 날…3R을 아시나요?」, 2020.04.24.
- 경향신문 「김해시, 올해 장례식장 일회용쓰레기 22t감축.. 동창회 노동단체도 동참」, 2022.12.27
- KBS 뉴스 「[뉴스 더하기] '일회용품' 없는 장례식장, 가능할까?」, 2023.05.30
- 한국일보 「문상 손님에게 '종이컵 대접' .. 장례식장 일회용품 왜 사라지지 않을까」, 2023.09.27
- 포천일보 「[기고] "마지막 길에 일회용 쓰레기를 남기고 싶지 않습니다"」, 2023.10.23
- JTBC뉴스 「[르포+] '일회용품 금지'장례식장 가보니… "쓰레기 80% 줄어"」, 2023.08.06
- 이모작뉴스 「[제로웨이스트] '일회용품 없는 장례식장' 왜 못 만드나… 제도개선, 세척사업장 마련 시급」, 2022.07.26
- 경상남도 홈페이지 「김해시, 민간 장례식장에서 전국 최초 다회용기 사용」, 2022.04.08.
- YTN 사이언스 유튜브 「기후 변화로 인한 질병의 88%, 아동에게 발생… [맑은 공기, 숨 편한 대한민국]」, 2021.09.27
- 세이브더칠드런 보고서 「기후위기보고서 - 기후위기 속에서 태어나다」, 2021.10.27
- 세이브더칠드런 보고서 「희망의 세대: 지구온난화와 불평등 위기를 끝내야 하는 24억 가지 이유」, 2022.11.11
- 유엔아동권리위원회 「일반논평 26호」(국문번역: 아동권리보장원) 「기후변화를 중심으로 보는 아동권리와 환경의 관계」, 2023
- 초록우산 어린이재단 아동복지연구소 보고서 「기후변화 위기가 아동권리에 미치는 영향과 완화방안」, 2023.02.08.
- 그린피스 홈페이지 「10분만에 읽는 '파리협정' A to Z」, 2021.04.15
- 환경부 자료 「파리 협정 함께 보기」, 2022.04.21
- 대한민국 정책브리핑 「[딱풀이] 'LEDS(장기 저탄소 발전 전략)'이란?」, 2020.12.29
- 환경부 자료 「지속가능한 녹색사회 실현을 위한 대한민국 2050 탄소중립 전략」, 2020.12.15
- 한국에너지정보문화재단 블로그 「NDC가 뭐예요? 국가 온실가스 감축목표에 대해 알아보자!」, 2023.12.11
- 탄소중립녹색성장위원회 자료 「탄소중립·녹색성장 국가전략 및 제1차 국가 기본계획 요약」, 2023.04.12
- 국토교통부 자료 「그린리모델링 지원사업 운영 등에 관한 고시」, 2023.07.05.
- KOREANRE 「이버징 리스크(우주 쓰레기) 소개 및 전망」

- 조선일보(23.04.18) 「시속 2만7000km 날아다니는 우주 쓰레기.. 불태워 버릴 수 있다?」
- 동아사이언스(19.03.31) 「[Science토크] 지구상 가장 빠른 '탈 것'들의 전쟁」
- 국립부산과학관 공식블로그 「우주에도 쓰레기가 있다고?! 우주쓰레기」
- 국립과천과학관 공식블로그 「우주 쓰레기, 앞으로 어떻게 해결해야 할까?」해설이 있는 과학뉴스」
- 동아사이언스 「천문연 "우주 쓰레기 추락사례 5년 사이 884% 증가"」
- LG재단 공식홈페이지 「LG, 오송 지하차도서 시민 구조한 4명에게 '의인상'」
- 중앙일보 「오송 지하차도 속 영웅 있었다...3명 목숨 구한 화물차 기사」
- 세계개발센터 「US Holiday Lights Use More Electricity Than El Salvador Does In a year」
- 세계일보 「'낭만의 날' 또는 '낭비의 날'...크리스마스 [더 나은 세계, SDGs]」
- 연합뉴스 「[지구촌톡톡] 유럽 에너지난 속 전기 아끼는 '똑똑한 트리' 눈길」
- 뉴스피처 「"덜 반짝여도 이해해줘요" 성탄절 장식서 퇴출된 이것은?」
- 서울경제 「반짝이는 크리스마스 트리...지구 망치는 독약」
- 지구용 리포트 「The Carbon Trust」,「The Carbon Trust's tips for a more sustainable Christmas」
- 서산시 「스쿨존 노란발자국 설치공사 현장 방문」
- 용인특례시 「수지구, 신봉동 광교산자이아파트 사거리에 색깔 유도선 설치」
- 서울특별시 「서울시, 청소년 디지털 과의존 문제 식물로 푼다... 교내에 '마음풀' 조성」,「서울시, 오감힐링 상담공간 디자인으로 정신건강 회복 돕는다」,「청소년 스마트폰 중독...디자인으로 해결하다!」
- 서울디자인국제포럼 「좋은 환경이 청소년의 건강한 정서를 만든다」
- 이로운넷 「사회문제, 우리는 디자인으로 바꾼다」
- 내 손안에 서울 「디자인으로 사회문제를 해결한다?!」,「'사회적 디자인'이 담긴 4곳은?」
- 동아일보 「마음이 힘들 땐 여기, 정원으로 오세요」
- LG소셜캠퍼스 「디자인으로 실현하는 사회적가치, 공공디자인이즘 허진옥 대표」
- 대학신문 「독서실이 아닌 도서관이 필요하다」, 2023.05.28
- 무등일보 「공공도서관, 지상 최고의 평등과 자유를 누리다」, 2020.09.09
- 문화체육관광부 「2022년도 작은도서관 운영 실태 조사 결과 보고서」, 2023.05.31
- 작은도서관 홈페이지
- 경기도공익활동지원센터 「지속가능한 세상을 만드는 공정여행」
- 한겨레 「여행자와 지역민 상생하는 공정관광」
- 트래블러스맵 「공정여행이란?」
- 연합뉴스 「[오늘은?]소비자의 권리를 아시나요?」, 2021.12.03
- 어린이 경제신문 「소비자 '8가지 권리'와 '5가지 책임」,2022.11.30
- 대구광역시 소비생활센터 홈페이지 「소비자권리와 역할」, 2019.01.07
- 우먼컨슈머 「소협 "3월 15일은 세계소비자권리의날"」, 2020.03.15
- 한국NGO신문 「한국소비자단체협의회, 2023 세계소비자권리의 날 기념행사」, 2023.03.14.
- 서울경제 「[도시에는 다 계획이 있다]②단순한 공놀이를 넘어 지역사회를 변화시키는 스포츠」, 2020.03.29
- 볼티모어 오리올스 홈페이지 「2022 Community Impact Report」, 2023.03.23
- LGTWINSTV 유튜브 「야구 매력 전파 완료 LG트윈스 찾아가는 야구교실! [트윈스REC]」, 2023.09.13
- 용인신문 「타격은 서툴지만 마음은 홈런!」, 2023.11.06
- 마이데일리 「LG 트윈스, 사랑의 도서 나눔 실시」, 2019.04.08
- 국민체육진흥공단 뉴스레터 「스포츠산업동향」 「[vol.162] 스포츠산업과 ESG경영」, 2023.06.28
- MLB 홈페이지 「Major League Baseball launches "MBL Together" as new social responsibility platform」, 2023.03.18
- 한국스포츠산업경영학회지 제26권 4호 「프로스포츠 구단 CSR활동의 사회 위기상황 관련성이 소비자의 감사, 구단이미지, 구매의도에 미치는 영향: COVID-19을 중심으로」, 2021.08
- 매일경제 「길거리 모금에 성공하려면 '푹 잔 사람' 노려라」, 2022.08.25
- PLOS BIOLOGY 「Sleep loss leads to the withdrawal of human helping across individuals, groups, and large-scale societies」, 2022.08.23
- YTN 「평균 6.3시간 자는 한국인...수면 시간 전 세계 최하위 수준」, 2023.09.20.
- 대한법률구조공단 공식홈페이지 「갑질피해신고센터」
- 네이버 지식백과 시사상식사전
- 이데일리 「갑질 원인은 '권위주의 문화'...직장내 폭언,폭행 가장 많아」, 2020.01.12
- SBS 뉴스 「[뉴스딱] 이것도 직장 내 갑질일까? 상관-사원 인식차 '여전'」 2023.08.07
- 고용노동부 「근로기준정책과 직장 내 괴롭힘 판단 및 예방,대응 매뉴얼」
- 워크넷 공식홈페이지 「직장 내 괴롭힘 발생 시 대처」
- 매일경제 「태어나자마자 버려진 아이들..."출생신고 안된 아동 2154명"」
- 뉴시스 「내년 7월부터 '익명 출산' 가능...위기 임산부 '병원 밖 출산' 막는다」
- 스포츠경향 「'추적 60분' 가격표 달고 태어난 '유령 아기'들 ...영아 매매 브로커의 세계」
- 한국경제 「2010년부터 5년 간 태어난 아동 1만명, 아직도 주민번호 없어」
- 중앙일보 「"유령아기 몸값 고작 수백만원"...'불법입양' 낳는 출생신고제」
- 한겨레 「산천어처럼 괴롭히다 죽이는 동물축제, 시민 77% "이대론 안돼"」, 2023.01.12
- 동아사이언스 「동물 축제, 이대로 괜찮을까?」, 2019.02.17
- 이코리아 「동물 학대 없는 동물 배려 축제, 공존을 외치다」, 2024.01.19
- 한국일보 「동물을 위한 축제는 없다」, 2020.08.01
- 연합뉴스 「[디지털스토리] "동물학대의 장" vs "지역경제 살려"...

  동물축제, 엇갈린 시선」, 2020.08.01.
- 유네스코한국위원회 「SDGs 돋보기 / 지속가능발전목표」
- 에듀넷 「국제연합은 어떤 일을 할까?」
- KDI 경제정보센터 「지속 가능한 미래를 꿈꾸는 지구인의 선택, SDGs」
- 이로운넷 「왜 유엔은 SDGs를 만들었는가」
- BCG 보스턴컨설팅그룹 「지속가능발전목표(SDGs)의 실천 - SDG를
  이루기 위한 5가지 행동」
- 서울시공익활동지원센터 「[현안과 이슈] 우리는 왜 '지속가능성'에
  관심을 가져야 할까」
- 머니투데이 「부자학생에 '고학점' 주는 AI...전문가들 "인권영향평가
  도입해야"」, 2022.08.31
- 한겨레 「AI가 준 학점, 가난한 학생을 차별했다」, 2020.08.25
- 한국일보 「피고인 척 보면 미래 범죄 예측... AI가 판사되면 세상은
  나아질까?」, 2023.04.18
- 소년중앙 포스트 「인공지능 윤리(AI Ethics)」, 2021.12.06
- 인공지능신문 「최초의 '세계적 AI 표준' 지침 마련됐다!... 유네스코,'
  인공지능 윤리 권고' 193개 회원국 만장일치로 채택」, 2021.11.26
- 유네스코한국위원회, 한국법제연구원 보고서 「인공지능 윤리와 법 I_AI
  윤리의 쟁점과 거버넌스 연구」, 2021.12.10
- LG AI연구원 보도자료 「LG, 신뢰할 수 있는 AI 개발을 위한 'AI 윤리
  원칙' 발표」, 2022.08.24

지속가능한 내일을 위해, ESG 알지?

ESG 아는 척하기 딱 좋은 이슈 모음.zip

초판 발행   2024년 10월 21일

지은이   최기영 이영준 정준용 박은지
             박옥정 이승주 정채빈 김채희
펴낸이   이성용
펴낸곳   빈티지하우스
주소   서울시 마포구 성산로 154 4층 407호(성산동, 충영빌딩)
전화   02.355.2696
팩스   02.6442.2696
이메일   vintagehouse_book@naver.com
등록   제 2017-000161호(2017년 6월 15일)
ISBN   979-11-89249-90-8 13320